U0515038

SERIES

ON

OVERSEAS CHINESE

AND

CHINA'S

FOREIGN RELATIONS

华侨华人·中外关系书系

SERIES ON OVERSEAS CHINESE AND
CHINA'S FOREIGN RELATIONS

主编 何亚非

风云
论道

何 亚 非 谈 变 化 中 的 世 界

CHINA'S PERSPECTIVE ON
GLOBAL AFFAIRS

何亚非/著

社会科学文献出版社
SOCIAL SCIENCES ACADEMIC PRESS (CHINA)

华侨华人·中外关系书系
编委会

华侨华人·中外关系书系
总　序

　　中外关系研究是国际关系研究的重要组成部分，指以中国为主体，研究中国与其他国家之间关系的历史、现状和发展趋势，涵盖中外政治、经济、文化、科技、教育、移民等领域交流和发展的研究。华侨华人也是中外关系发展、特别是国际移民的产物，国际格局的演变对华侨华人产生深刻的影响，华侨华人因其与中国和住在国的特殊联系，也对国际体系演变发生着作用。因此，研究华侨华人问题与中外关系发展相互关联、一脉相通。

　　中国是世界上疆域最广、人口最多、历史最久的文明古国之一。中华文明不仅是世界上延续迄今唯一没有中断的古老文明，而且长期处于世界领先地位，是世界文明发展的主要推动力之一。

　　"昔者有道守四夷，舟车所至及蛮貊。"自中国在东亚大陆形成后，即开始与周边的国家和民族进行各种交往。由于西有雪域高原，北有大漠，东南有浩瀚汪洋的阻隔，中外交往的重心在周边区域。近代以前，中原虽有陆上丝绸之路通往泰西，但这一通道大多时期因战乱、天灾或政策变化而阻断；唯有海上丝绸之路自汉代以来一直是中西交往的通道。

　　18 世纪以前，中国的经济与文化水平高于周边地区，中华文明向外广泛传播，是东亚区域文明的核心。周边国家官方和民间与中国保持密切的经济、政治和文化关系，与中国一起建构出独具特色的东亚区域秩序。华夏先民在与周边各族的交往中，形成"中国中心主义"的天下观，不但认为中国在地域上居天下之中，而且有文明中华与蛮夷周边之别，即中土之外的各国全归番夷之列。这种天下观一直持续到 19 世纪后期，表现在对外交往方面，中国朝廷将所有与中国官方打交道的外国人视为"朝贡者"，在对外国的记载中以"朝贡"和"藩属"视之。

18 世纪后期，欧洲工业革命开启了世界历史和国际关系的新时期。欧洲资本主义迅猛发展并向全世界扩张，将全球纳入欧洲人主导的殖民主义和帝国主义体系。中国的清朝统治者固步自封，闭关锁国，沉醉在"天朝上国、无所不有"的迷梦中。中国古老的农耕文明受到西方近代工业文明的极大冲击，力量对比发生逆转，中国全方位落后于西方。

1840 年鸦片战争后，西方依其"船坚炮利"，多次武力打败腐朽的清朝政府。此后一百多年中外关系的主流，是中国不断遭受列强的侵略与欺凌，也是西力东渐后周边国家不断脱离与中国的特殊友好关系并沦为殖民地和半殖民地。中国被迫与列强签订一系列割地赔款、丧权辱国的不平等条约，一步步陷入半殖民地的深渊，面临三千年来未有之危局。

国家和民族面临生死存亡，激发了海内外中华民族的抗争与自强精神。鸦片战争后一个多世纪的中外关系的最显著特征，是中华民族在不断进行反侵略斗争，也一直在走学习西方、寻求现代化的道路。先是统治阶层的洋务派提出"师夷长技以制夷"的发展方向，谋求通过建设现代化军事力量和发展现代工业达到自强和富国之目的。由于清朝政府的腐败，自强目标尚未达到，却在甲午海战中被强邻日本击败。继而中国有识之士试图引入西方宪政理念，推动变法维新，也在保守派反对中失败。此后以孙中山为代表的革命党人领导、华侨积极参与的民主革命，推翻了腐朽的皇权统治，但民主的宪政制度和政府建设屡遭挫折，中国陷入军阀混战的乱世，仍然是积弱积贫。

近代中外关系的发展、尤其是中国的落后导致大批国人移民海外。中国第一次海外移民潮始于西方大规模殖民扩张的 17 世纪，空前规模的海外移民则盛于鸦片战争后。列强以武力胁迫清政府准许华工出国，华工被贩运至世界各地，开启"有海水处皆有华人"的中国海外移民新时期。华侨华人源自中国，又熟悉住在国情势，成为推动中外关系发展的重要角色。

1949 年，中华人民共和国建立，结束了近代中外关系以中国主权不断被侵蚀为特征的历史。在全球冷战的背景下，20 世纪 50 年代，中苏结盟，中外关系发展呈中国向社会主义国家"一边倒"的态势，而美国及其追随者则不同程度地参与封锁中国。20 世纪 60 年代后，中苏逐渐交恶直至反目，中外关系的重点转为中国重视与发展中国家的关系。

1971 年，在广大发展中国家支持下，联合国大会通过 2758 号决议，恢复了中国在联合国的合法席位。随后，中国与美国重新打开交往大门，扭转四面受敌的处境。1972 年 2 月，中美签署相互承认的《上海公报》，互设联络处。同年，中国与日本建立大使级外交关系。接着，中国先后与马来西亚、菲律宾、泰国等国建立外交关系，周边关系得到根本性缓和。而实际上，即使在冷战期间，中国与其他国家尤其是周边国家的交往也未完全中断，经济、文化和人员交流仍在继续，香港和海外华侨华人是保持中外关系的重要渠道。

改革开放以来，中国全面加入全球化进程，中外关系发展突飞猛进。首先，1979 年，中国与美国建立外交关系，稳定并发展了与美国、苏联、欧洲各大国及亚洲大国——日本和印度的关系。

其次，中国积极主动推动与周边国家的密切合作关系，塑造了中国崛起的国际和地区和平环境。1978 年《中日友好合作条约》签订，推动中日经济、政治和人文诸领域的密切合作。接着，中国先后与印度尼西亚、新加坡、文莱等国建交，并于 1991 年与东盟成为对话伙伴国。1996 年，中国、俄罗斯、哈萨克、吉尔吉斯、塔吉克等中亚国家成立上海合作组织，标志着中国与西面各国关系从和平共处进入合作共赢的新时期。1997 年亚洲金融危机爆发，中国坚持人民币不贬值，向东盟国家提供力所能及的援助，并积极参与东盟主导的多边机制。同年 12 月，中国参与第一次"东盟 + 3"（东盟加中、日、韩）领导人非正式会议和"东盟—中国"领导人会议，中国与东盟邻国睦邻合作关系得到加强。2002 年，中国与东盟共建中国东盟自贸区，开启中国与东盟国家的"黄金十年合作"。在此期间，中国与越南划定陆地边界，中国与周边国家除印度、不丹外全部解决陆地边境划界问题。

21 世纪以来，中外关系面临全面发展新机遇。大国关系总体稳定及与周边国家的友好合作为中国提供了和平崛起的外部环境。中国成为吸引外资最多的发展中国家，成为世界第一外贸大国、世界第一制造业大国，并成为世界第二大经济体。中国的快速发展为周边国家乃至世界提供了经济增长的重要机遇。搭乘中国高速发展的列车，成为周边国家和世界各国的普遍共识。

中外政治、文化、教育和科技交流的规模也呈飞速发展态势，而伴随中外密切交往的是大规模的中外人员交流。改革开放以来，成千上万中国人移民海外，为海外华社发展注入新的血液，"有阳光的地方就有华人"，他们在 21 世纪的中外关系、尤其是中国走出去的进程中扮演着不可或缺的角色，发挥着越来越重要的作用。

由于各国各民族的差异与不同的利益诉求，交流和合作中也存在矛盾和冲突。霸权思维和极端民族主义的存在，使不断发展的中外关系常有不和谐杂音。随着中国日益成长为世界性大国，长期主导国际体系的西方大国对中国崛起的警惕提高，一些周边国家也生疑惑，中外关系不稳定事件时有发生，如南海争端和钓鱼岛冲突。

在中国共产党领导下，中国人民经过几十年的艰苦奋斗，彻底改变了中国的面貌。中国与世界的关系发生了历史性变化，已站在世界舞台的中心，在新的历史条件下，在新的历史起点上，为实现中华民族伟大复兴的中国梦而不懈努力。

2013 年以来，习近平总书记提出中国特色大国外交思想，倡导在中外关系中建立"命运共同体"和"利益共同体"理念，为中国的周边关系和大国关系提供了卓有远见的思维。只要秉持"共同体"理念，就能克服中外关系的波折，为中国和平发展创造并维护友好的国际环境。

把握中外关系发展的脉络，兼顾华侨华人研究的特色，需要把华侨华人的历史看作世界历史的一部分，用全球主义的眼光来分析和展望华侨华人的历史、现实与未来。毋庸置疑，中国的未来直接影响着世界格局的走向，中国的发展与海外华人有着密切关系。在审视中外关系历史经验和教训的同时，突出华侨华人研究的特色，从学理层面解析华侨华人与中外关系的现状和发展趋势，提出改善和推动华侨华人与中外关系发展的战略思维和政策建议，是编辑本书系的目的。

序　言

天下之势，阴阳圆缺，变化莫测。当今世界变化之大、之快，令人目不暇接，2015 年是万隆会议 60 周年、世界反法西斯战争和中国人民抗日战争胜利 70 周年，世界和平大势依旧，但局部战争不断，战争风险四处可见。2014 年爆发、至今战火纷飞的乌克兰危机使美俄陷入"新冷战"，就是例证。

2008 年全球金融危机似"撒旦"之手，把世界推向崩溃的深渊，二十国集团齐心协力，同舟共济，应对有方，全球经济复苏已成定局，但债务危机和经济失衡的阴影至今挥之不去。全球治理体系缺陷凸显，改革势在必行，何去何从，世人关注。

当今世界格局最大的变化是中国的发展壮大。正如习近平总书记所言，中国离实现中华民族伟大复兴的"中国梦"，从来没有像今天这么接近。中国的改革开放与和平发展走出了一条在中国共产党领导下的社会主义大国改天换地的康庄大道。习近平总书记关于"中国梦"和"21 世纪海上丝绸之路"、"丝绸之路经济带"的战略思想和构想，不仅为中国的可持续发展指明了方向，更是"中国梦"与各国人民美好梦想的"对接"，是中国对新世纪全球治理和区域治理顶层设计充满"中国智慧"的贡献，是构建区域乃至全球利益和命运共同体的远景规划。

中美关系是 21 世纪最重要的双边关系之一，因为两国"块头大"，如何在两国元首达成共识的基础上，以"不冲突、不对抗、相互尊重、合作共赢"为主线，努力构建新型大国关系，不仅涉及"守成"与"新兴"大国的关系，也将对 21 世纪的世界和平与繁荣产生重大影响。

中国的海外侨胞有六千多万，是侨务资源最丰富、人数最多的侨务大国，无论是中国深化改革、依法治国，还是"一带一路"建设，乃至传承中华文化、繁衍中华文明，都离不开华侨华人的积极参与和贡献。

我长期从事外交工作，近年又转入侨务领域，对中国外交在习近平总书记中国特色大国外交思想指引下，将"组合拳"打得风生水起深感自豪。出于长时间外交工作养成的习惯和对祖国的热爱，我一直以来对国际局势和重大问题保持了细致的观察和研究，常常有些体会和思考，使我有感而发，有写作的冲动。于是在工作之余，写写评论，谈谈自己的学习体会。

感谢社会科学文献出版社和谢寿光社长的厚爱，感谢华侨大学和贾益民校长的支持和鼓励，更要感谢党和国家这么多年对我的培养和教育，以及外交部、侨办领导和同事对我的鼓励和鞭策。

本书将我近两年的专栏、评论和演讲等选编成册，以飨读者。希望关心国际关系的读者读了有所启发，即便引起一些争论，我也会感到慰藉。囿于本人的学识，难免有一孔之见和谬误之处，敬请读者批评指正。

何亚非

2015 年 3 月

目 录
CONTENTS

三　论国际经济、金融与贸易

四　论中国政治、经济与外交

五　论美国政治、经济与中美关系

六　论侨务工作及公共外交

一　论全球治理

维护国际秩序，巩固世界和平

2014 年是第一次世界大战爆发 100 周年。人类文明为 20 世纪的两次世界大战付出了惨重代价。抚今追昔，从痛苦的历史中汲取教训，努力维护有利于长期和平与发展的国际秩序，避免再度滑入战争深渊，有着重大的现实意义。

"反省历史与背叛历史"

一战是帝国主义国家两大集团——同盟国与协约国之间为瓜分世界，争夺殖民地霸权进行的首次世界战争，其根源是帝国主义时期资本主义发展不平衡性的加剧。

19 世纪末 20 世纪初，资本主义由自由竞争阶段进入以垄断为特征的帝国主义阶段，政府代表垄断资本集团为获取最大垄断利益，推行对外扩张和侵略政策。老牌殖民帝国英、俄、法占据绝大部分殖民地，而经济发展迅速、实力急剧上升的德、日、美等新兴帝国主义国家的殖民地却很少。这种不均衡导致帝国主义国家之间的矛盾激化。

同时，资本主义国家周期性经济危机和国内矛盾尖锐化，导致各国政权不稳，纷纷扩军备战、寻找同盟，企图通过发动侵略战争来缓和国内矛盾。

有 30 多个国家 15 亿人卷入第一次世界大战。战场覆盖欧、亚、非三洲和大西洋、地中海、太平洋等海域，军人、平民死亡人数超过 5500 万，参战国物资总损失达 4 万亿美元。

一战后战胜国建立的凡尔赛—华盛顿体系存在许多弊端，为第二次世界大战埋下了导火线。《凡尔赛条约》对德国实行极为严厉的经济、军事制裁，德国失去了13%的国土和12%的人口并被解除武装。德国虽然战败，但元气并未大伤，工业体系保存完整。《凡尔赛条约》使德国国民产生极强的抵触情绪，引发强烈的民族复仇主义。最终希特勒纳粹党上台，德国发动了第二次世界大战。

二战是德、意、日轴心国与中、苏、美、英等同盟国和全世界反法西斯力量进行的历史上空前规模的战争。德、意、日法西斯政权在英、法、美等国绥靖政策的纵容下，推行侵略扩张政策，挑起世界大战。二战造成7000万人死亡，从欧洲到亚洲，从大西洋到太平洋，先后有61个国家和地区、20亿以上的人口卷入战争，作战区域面积2200万平方公里。

二战中后期世界反法西斯同盟建立的雅尔塔体系，历史上有进步性。雅尔塔体系将苏联和美英两种不同社会制度国家的和平共处原则纳入国际体系和制度，维持了战后世界的总体和平，孕育了政治、经济、文化、意识形态等方面的相互宽容。建立在美苏中英法五大国力量均势基础上的联合国和安理会集体安全体系以及美国一超独强的全球经济、金融领域的布雷顿森林体系，代表了二战后的国际政治、经济秩序，为维护世界整体和平、促进全球经济发展发挥了积极作用。

两次世界大战都与德国和日本有密切关系，但这两个国家对待历史的态度却截然相反。德国对侵略历史做了彻底的反省，获得欧洲和国际社会的原谅，现在已经成为国际社会尤其是欧洲的重要成员。而日本却没能直面历史，不愿承认侵略战争的历史事实和错误，相反美化历史，把自己打扮成"历史的受害者"，特别是目前的安倍政府，居然公然挑衅二战确立的国际秩序，参拜供有甲级战犯的靖国神社，推动修改和平宪法。自然遭到国际社会特别是亚洲邻国的唾弃。安倍政府究竟想在背弃历史的道路上走多久？人们拭目以待。

日本通过一战在亚洲攫取了巨大利益，刺激日本发动对中国等亚洲国家的侵略和太平洋战争。日本学者自己说，"日本对于第一次世界大战的反思意识很薄弱"。在日本不仅很少看到对战争的反省，反而对二战日本战败始终耿耿于怀。《产经新闻》居然称，从一战前的局势吸取的教训是，针对中国一定要提高日本独自的震慑力以及日美同盟的战斗力。其危险性可见一斑。

"萨拉热窝"与"慕尼黑"

《金融时报》最近刊文敦促政治家更多反思萨拉热窝事件，少担心慕尼黑危机。"萨拉热窝事件"和"慕尼黑危机"指一战、二战前两场外交危机，是两种截然不同的处理外交事务的办法。防止"慕尼黑危机重演"通常指诉诸军事手段来解决危机，防患于未然，不姑息养奸。"萨拉热窝"则提醒要提高警惕，处理好每一件貌似不大的事件，严防引发战争。

1938年慕尼黑危机中，英法姑息希特勒的绥靖行为导致了大战的爆发。1914年夏天，奥地利大公在萨拉热窝遇刺后引发的一连串事件使欧洲滑入战争深渊。各国自二战以来似更加警惕慕尼黑事件的重演。但是，"慕尼黑"思维也常常成为西方武力干涉别国内政的借口，如1956年的苏伊士运河事件、美国介入越南战争、2003年美国对伊拉克的战争等。唯有肯尼迪总统1963年处理古巴导弹危机是个例外。

目前许多人将一战爆发前的欧洲与百年后今天的东亚做比较，认为战争危险迫在眉睫。这种看法显然过于简单化。当前亚太地缘环境尖锐复杂，既有中美新兴大国与守成大国的复杂关系，又有中日围绕钓鱼岛争端引发的矛盾。最近日本安倍政府加紧军备，公然挑战二战后确立的国际秩序，使东亚充满了火药味，局势趋于紧张，但除非个别国家铤而走险，应该说总体还是可控的。百年弹指一挥间，国际体系的发展与完善加上核武器"确保相互摧毁"的制约，战争已不再是大国博弈的首选。

尽管谁也不希望看到亚洲发生冲突，但是流言还是不断，总是有人在炒作中国因素。似乎萦绕在这片大陆上空的阴影主要是有关中国的崛起。这种用简单历史类比推论战争逻辑存在很大误区，与事实相去十万八千里。如果不是单纯的无知，那就是背后在搞鬼！

中国确实是崛起的大国，但中国传统文化和历史历来主张"和为贵"，与当年德日的穷兵黩武没有可比性。中国坚持走和平发展的道路不是权宜之计，而是基于历史和现实的战略抉择。而且，中国的发展和现代化是在现有国际体系中进行的，中国是现有国际体系的积极参与者、建设者和维护者。以联合国维和行动为例，中国是五个常任理事国中派出维和部队最多的国家，已派出一万多名官兵参与了 24 项维和行动，足迹遍及世界各个角落。

从经济民生角度看，中国改革开放几十年积极投身全球经济和贸易的发展，国内生产总值跃居世界第二，人均收入超过 7000 美元，对外贸易首次超过 4 万亿美元，成为全球第一大贸易国。这些充分证明中国是国际体系和全球化的受益者，更是为国际体系的发展作出了巨大贡献。目前中国与世界各国已结成命运共同体。中国希望国际秩序更加公正、公平、合理，以跟上时代发展的步伐，但中国始终是国际体系的坚定捍卫者。

人类历史上大概有 15 次新兴大国的崛起，其中 11 次与守成大国发生对抗和战争。亚洲会不会重蹈当年欧洲的覆辙，历史是老师也是镜子，关键要看中美如何处理"新兴大国与守成大国"的关系。中美互为第一大贸易国，"你中有我，我中有你"，经济相互依存，又都有相互摧毁的核力量，以战争手段解决"崛起与守成"的关系不可想象，当然两国也不能容许被别的国家或某一事件拖入冲突。

中美必须打破历史上大国冲突的传统逻辑和对抗的悲剧。我们要对两国人民负责，作为大国也要对国际社会负责。目前的现实也从反面提醒人们，由于个别国家一意孤行，逆历史潮流而动，亚洲确实存在潜在的危险因素。他们正在利用中美关系这一独特历史阶段的特点做文章，企图挑拨、诱迫中美重蹈历史覆辙。中美决不能上这个当。

中国对外战略重要的是明确自己的底线，也就是要有底线思维。中国有理由也有能力在东亚地区发挥自己的影响力，钓鱼岛问题涉及中国主权和领土利益底线，理应寸步不让。中美在东亚合作符合双方和亚太地区的总体利益。中美都是二战的胜利国，都是现有国际秩序的受益者，对遏制日本重走军国主义老路负有共同责任。

慕尼黑也好，萨拉热窝也罢，各方都是要提高警惕，努力维护地区和平大局，如出现挑衅或危险信号，也需要有果断的应对措施。一战爆发不正是这样将大国拖下水的吗？

习近平主席提出的中美建立"不冲突、不对抗、相互尊重、合作共赢"的新型大国关系，得到美方和奥巴马总统的积极响应。双方不仅有可能建立这种双赢、多赢的关系，为世界其他国家树立榜样，从亚太特别是东亚的现实看也是必须马上要做的事。中美两国有责任这样做。当然在处理具体事务时，要胸怀大局、掌握主动、把握平衡、拿捏分寸，所谓"运用之妙，存乎一心"，关键在于不被一件件事情拖着走，疲于被动应付。

"全球化与去全球化"

二战以来世界维护和平、促进经济发展的历史与全球化进程加速发展密切关联。这数十年全球化带来贸易和投资在全世界快速流动，世界越来越小，内政外交的界限越来越模糊。全球整体财富似滚雪球般地增加，给各国带来了经济发展与民生改善。然而全球化弊端也开始逐步显现，贫富差距无论在穷国与富国之间还是一国内部都有扩大。全球经济治理的缺失也越来越明显，二十国集团作用提升，取代八国集团成为全球经济治理的主要平台，说明全球经济治理体制的改革已经提上议事日程，新兴市场国家的话语权在小幅增长。中国等主要发展中国家进入全球经济决策的核心圈。这些都是历史的进步，说明我们的国际体系正在向前发展，完善自己。

全球化总体利大于弊。继续推进贸易和投资自由，推动世界贸易组织多哈回合取得全面成果是国际社会的共识。然而近来值得注意的是，美国和西方国家以新兴市场国家"搭全球化顺风车"损害了西方利益为由，开始"去全球化"，转而搞类似跨太平洋经济战略伙伴关系（TPP）和跨大西洋贸易与投资伙伴关系（TTIP）等区域性的所谓"志同道合者联盟"，以重新制定全球经济和贸易规则，排挤中国等主要发展中国家。

这种给国际体系"打横炮"的做法显然无益于维护全球经济的持续发展和世界局势的稳定。经济体系的混乱还可能造成国际政治关系的混乱，制造国家之间的猜忌和不信任。地缘政治的重要性、危险性人们容易看清楚，而经济领域的竞争常常被大家认为是当今世界的常态而忽视其破坏性。相信中美有足够的智慧稳妥应对。双方的共同利益远大于分歧，不能以一己之私到处"折腾"，把地区和世界搞乱。

中方已经明确表示，对任何有利于地区和全球经济发展的安排持开放态度。希望美方也能着眼长远，在自由贸易和投资安排方面做出明智的决定。这包括 TPP、TTIP 以及正在进行的涉及 20 多个主要国家的服务贸易谈判。可喜的是，最近中美就双边投资协定进入实质性谈判，表明两国在经济和贸易、投资上的合作正在全面展开。随着美国经济复苏势头平稳、中国经济转型升级速度加快，中美合作共赢的一面将更加突出，给两国人民和世界带来福音。

"两岸猿声啼不住，轻舟已过万重山。"温故而知新，重温历史是为了更好地面对未来。中国和世界的面貌都在发生日新月异的变化，第三次工业革命的浪潮已经席卷世界。我们对自己和世界的美好未来都充满信心，希望与世界其他国家一起共圆中国梦，共圆世界和平与发展之梦！

对全球治理的一些思考

——从二十国集团峰会谈起

引　言

2009 年夏，法兰克福，德国中央银行总部金库旁餐厅，二十国集团（G20）成员里的中、美、英、德、法五国协调人共进晚餐。虽然菜单上仅有牛肉与鳕鱼，但晚餐的议题却关系八国集团（G8）与 G8 + 5 的未来命运。经过一番激烈的讨论，五国协调人最终达成初步共识：二十国集团取代七国集团（G7）和八国集团加上中国、印度、巴西、南非、墨西哥五个发展中国家领导人对话会（G8 + 5），成为全球经济治理的主要平台。这一共识在当年 9 月举行的匹兹堡二十国集团峰会上被审议通过。全球经济治理步入新篇章，以中国为代表的一批新兴经济体，开始改变以往由西方发达国家主导的单一的全球经济治理模式。这也标志着中国在安理会享有国际政治治理权力外，在世界经济金融领域初步拥有了制度性权力。

2008 年始于美国的国际金融危机是全球经济治理的分水岭，它充分暴露出全球治理机制对世界性经济危机预防与调节能力的缺失，设计先天不足，主要代表西方国家利益，其代表性、合法性、有效性存疑。这加剧了国际社会对西方国家长期以来主导全球治理机制的质疑批评与信心危机，由此激发了二十国集团、金砖国家、国际货币基金组织、世界银行、金融稳定论坛、基础四国等全球经济治理机制变革的一系列新实践。

　　全球治理的实践由来已久。从 20 世纪初的国际联盟，到第二次世界大战后政治领域的雅尔塔体系、经济金融领域的布雷顿森林体系、贸易领域的关贸总协定，从凡尔赛—华盛顿条约到《联合国宪章》和联合国及其专门机构，从美苏两极主导到七国集团探索大国共治，全球治理的实践在大国博弈的夹缝中演变。美国学者约瑟夫·奈（Joseph S. Nye, Jr. ）指出，过去 30 年，全球化成为人类历史进程中最重要的现象。以经济全球化为核心的全球化浪潮在推动世界经贸发展、文明对话交融、民众交流往来的同时，也加速催化了经济危机、能源危机、粮食危机、地缘冲突、生态恶化、国际犯罪等。上述问题涉及所有国家和地区，其复杂和严重程度日趋加剧，迫切需要国际社会有效应对。这使全球治理的研究与实践成为 21 世纪人类社会发展的重要政治命题。

　　全球治理思想可追溯到创造英文"国际"（International）一词的英国哲学家、法学家、政治学家边沁（Jeremy Bentham, 1748 ~ 1832），甚至更早的荷兰政治家、"国际法之父"格劳秀斯（Hugo Grotius, 1583 ~ 1645），他们通过国际条约和国际法律来约束国家间行为交往的思想和著述，对现代国际关系和国际法理论的发展产生了深远影响。马克思、恩格斯的科学共产主义思想和"第一国际"（国际工人协会）的实践也是在这一背景下产生的。

　　全球治理理念缘起于 20 世纪 90 年代冷战结束之际全球治理委员会的成立及其报告的出台。1992 年美国国际关系学者罗西瑙（James N. Rosenau）所著《没有政府的治理：世界政治中的秩序与变革》一书，系统地介绍了全球治理理论。

　　全球化的一个显著变化就是人类社会发展的重心，正从以往民族国家的政府统治，逐步迈向区域治理和全球治理。罗西瑙说，冷战结束后，全球政治、经济乃至文化正经历前所未有的一体化和碎片化同时并存的发展，在这样的世界政治、经济和文化大背景下，政治权威的位置发生重大的迁移，对人类社会生活的治理也因此从以国家为主体的政府治理转向多层次的治理，其中非常重要的就是在全球层面的治理。[①] 2011 年发端的西亚北非动荡，引发突尼斯、埃及、利比亚、叙利亚等国局势交替升温，成为全球

① 叶江：《全球治理与中国的大国战略转型》，时事出版社，2010，第 18 页。

化背景下政治无序和社会结构碎片化的显著表现。特别是利比亚和叙利亚危机，主要大国运筹国际秩序和全球治理规则理念明里暗里展开博弈。是维护以民族国家为基础的现代国际关系基石《威斯特法利亚条约》，还是新干涉主义的全球安全治理理念横行？是不干涉内政等国际关系基本准则存续，还是"保护的责任"至上？成为当前安全领域全球治理的首要命题。

不少学者认为，全球治理从本质上来说，是国家权力结构不足以应对全球新问题情况下的一种选择，国际社会要通过一些具有约束力的国际规则来寻找全球解决办法。"通过自愿的国际合作来处理跨国问题被称为全球治理。"①

一　二十国集团峰会开启全球治理新篇章

这次国际金融危机充分证明，在世界政治、经济、外交、军事等格局发生深刻复杂变化的今天，第二次世界大战后形成的全球治理体系与机制发育严重滞后，无法适应全球化新形势。全球治理需要探索新思路，开辟新路径。

危机催生重大变革。在 2008 年 11 月举行的二十国集团首次峰会上，中国和一批新兴国家开始坐上全球治理的"主桌"。2009 年对二十国集团具有里程碑意义：当年举行了两次峰会，4 月英国伦敦峰会出台总额 1.1 万亿美元的全球经济复苏和增长计划，成员国合力应对危机，提振市场信心。9 月美国匹兹堡峰会确立二十国集团作为国际经济合作与协调的主要平台，从法律和机制上奠定了这个集团的重要地位，全球经济治理取得重大突破。世界迈向建立更具代表性、合理性、公正性的全球秩序的新时期。

2010 年至 2014 年二十国集团步入正轨。加拿大多伦多等 6 次峰会在国际货币基金组织份额和量化改革目标、全球发展合作、全球治理改革、促进全球经济增长等多领域达成重要共识，二十国集团在实践中进一步确立了在全球经济治理中定规则、定重点、定风向的作用。

二十国集团峰会机制短短 6 年多从初露锋芒，声名鹊起，到独挑大梁，其发展轨迹融合了多种因素的共同作用。

---

① Hakan Altinay, "Global Governance, A Work in Progress," *Yale Global*, 26/01/2010.

　　首先是全球化的深入发展。全球化带动资源和生产要素在全球优化配置，世界经济融合与依存加深。同时，地缘冲突、经济危机、粮食安全、环境和气候变化等全球性问题日益突出，各国国家利益和全球共同利益矛盾上升。当时七国集团（G7）面对上述问题无法有效协调应对，不得不寻找更广泛、更包容的制度性安排。二十国集团不以意识形态划线，组成相对平衡，以主要大国协调为核心，又有主要国际经济金融机构作支撑，适应现阶段世界经济多元发展的新形势，其脱颖而出是历史之必然。

　　其次，主要大国之间、发达国家和新兴经济体之间力量消长推动全球治理权力的转移。伴随全球化的发展，国际力量对比呈现"东升西降"、"南升北降"趋势。全球治理进入重新思考、重新设计和重新建设的关键时期。很长一段时期，七国集团国内生产总值（GDP）和贸易额在世界经济总量中居绝对优势。从 1999 年到 2008 年，七国集团的国内生产总值和国际贸易的世界占比分别从 67%、51% 降至 53%、42%，而二十国集团中新兴国家占比则分别从 14%、13% 升至 23%、21%。这种消长变化在危机爆发后更加明显。当西方国家大都出现负增长的时候，中国、印度、巴西等新兴大国率先从危机中复苏，成为推动全球经济复苏的引擎。过去 5 年以中国为代表，占世界人口约四成的"金砖国家"，对世界经济增长的贡献率超过50%，在全球国内生产总值中的比重达 25%，已成为拉动世界经济增长的重要力量和影响国际格局演变的重要因素。

　　在这一背景下，2003 年至 2008 年，八国集团多次邀请中国、印度、巴西、南非、墨西哥等发展中大国领导人对话；国际货币基金组织和世界银行开始增加部分新兴大国份额和投票权；世界贸易组织多边贸易谈判形成机制。月晕而风，础润而雨。凡此种种可视为二十国集团峰会机制化的前奏或序幕。

　　再次，2008 年国际金融危机不啻为全球治理体系加速改革的催化剂。这场金融危机传导速度之快、影响之严重、涉及国家之广、持续时间之长前所未有。七国集团、布雷顿森林体系的三大机构等集体失灵，美欧束手无策。各方有意探寻新的合作方式，协调主要经济大国宏观经济政策，以拯救世界经济于危难。二十国集团峰会应运而生，可谓水到渠成。二十国集团成员涵盖世界主要经济体和国际金融中心，经济总量占全球的 85%，贸易量占全球的 80%，人口占世界的 2/3，在经济领域有广泛代表性。该集团自 1999 年成立以来，在推动主要大国宏观经济政策对话与协调方面发挥了积极作用，积累了丰富经验，为二十国集团向峰会机制发展奠定了基础。

最后，主要大国博弈的结果。二十国集团峰会机制的形成是对传统全球治理体系和能力的质疑，对传统治理模式的重新审视，更是在全球化背景下对权力再平衡、经济再平衡、责任再平衡的尝试。奥巴马政府几经思忖，力推二十国集团峰会机制化，体面结束八国集团加上五大发展中国家的对话，反映出美国在金融危机后有意借新兴大国平衡和敲打欧洲盟国、维护美元主导的货币体系等战略考量；法国、德国等欧洲国家拉新兴大国加入全球治理框架，有顺应潮流的一面，更有借机改变，借此打造于其更为有利的"八国加上若干国"（G8 + X）的机制。新兴大国借二十国集团峰会机制直接进入全球治理决策圈，获得更多制度化权力，自然乐见其成。

二　以二十国集团为标志的全球治理改革举步维艰

作为全球经济治理"最大公约数"的二十国集团峰会机制，为"东西南北"各种力量提供了对话协商、务实合作的多边平台，这将有助于解决全球经济发展失衡等深层次矛盾，赋予国际货币基金组织、世界银行、世界贸易组织等传统国际经济金融组织新的改革动力，为构建更加平等、公正、有效的全球经济治理体系提供了历史性机遇。二十国集团在协调全球经济的良好表现若能持续，其影响力将可能外溢至气候、环境、社会等领域，为全球治理提供更多的实践范例。

然而，现在二十国集团的合作进入深水区。全球经济由"急诊"转入"门诊"，各国合作意愿从"同舟共济"转为"同舟共挤"，西亚北非动荡、反恐怖主义、防止核扩散、气候变化、网络安全、公共卫生等传统与非传统安全挑战进一步凸显，二十国集团机制的缺陷和不足深刻昭示了全球治理的困境和挑战。

第一是讨论议题无序化。想突出机制治理的全面性、权威性，政治经济社会议题都要上，又得考虑经济治理的特殊性，集中讨论宏观经济治理等难点问题；想深入触及债务上限、货币量宽等系统性风险，又得考虑会议公报成果，"捡软柿子"议题捏。

第二是治理机制空泛化。二十国集团最大的瓶颈是其论坛性质，缺乏秘书处等常设机构的支持，更无国际条约决议确保执行力。集团在主要大国 "相互评估框架" 等方面做了一些尝试，但其问责制始终缺乏有效支撑。

第三是利益组合碎片化。二十国集团分化成各种利益集团，根据需要展开菜单式合作。"量宽集团"、"紧缩阵营"、"刺激联盟" 都在机制内力推各自主张，稀释了决策的权威和有效性。

第四是非国家行为体 "通过对话、监督与评估、政策文件、替代峰会、抗议等方式对二十国集团的进程、问责制、议程设置产生了积极影响"①。二十国集团通过官方文件和实际行动，逐步建立了与公民社会的良性互动机制，这巩固了它的合法性，是全球治理多元化与多层次的体现，但增加了协调各方利益诉求的难度。

第五是西方国家从实用主义出发，不甘拱手让渡权力与利益，对全球治理体系改革的态度暧昧、行动迟缓，加之二十国集团缺乏真正有效的硬约束机制，导致这一全球主要经济治理平台陷入 "议而不决、决而不行" 的尴尬境地，国际货币基金组织配额改革久拖难产至今，贸易保护主义和世界货币 "贬值战" 此起彼伏。

美国学者布雷默（Ian Bremmer）警告说，目前世界面临的最大风险是 "无集团化"（G0），即没有一个国家或国家联盟有能力、有意愿制定并执行全球经济议程。在这样一个无秩序、无领导的世界里，各国都将奉行本国利益优先的政策，很难在贸易、市场和货币等重要议题上制定并执行共同规则。

总的来看，二十国集团峰会机制开启了世界经济发展模式多样化的新篇章，其合法性、正当性和代表性得到认同；其全球协同共应挑战的理念得以巩固；其采取集体和国别行动共度时艰的实践得以形成；其主导的全球经济金融改革稳步推进；新兴大国在国际经济事务中的发言权与代表性得以提升。但单凭二十国集团峰会机制难以证明全球经济治理格局已发生根本变化，新兴大国地位已固若金汤，全球治理新格局已经形成。事实上七国集团仍活跃在国际政治经济舞台，并未完全被二十国集团取代；国际货币基金组织、世界银行、世界贸易组织仍然主导世界金融、发展与贸易规则的制定与运行；美欧经历沉重危机，正进行调整与变革，不排除凤凰

① 彼得·哈吉奈尔：《G20与市民社会》，徐婷译，《国际观察》2011年第2期，第16页。

涅槃，重执世界经济增长之牛耳。后危机时代，二十国集团成员将围绕代表性、主导权、决策机制、执行手段与效力以及本集团与其他国际治理机制的关系展开新的博弈，各种利益冲突与矛盾较量将更加激烈、深入，全球治理改革的大戏才刚刚开幕。

三　积极参与全球治理和改革，推动建立国际新秩序

二十国集团峰会机制的发展对中国是挑战更是机遇。以二十国集团峰会机制为契机，中国积极参与全球宏观经济政策协调，推进国际金融体系改革取得实质性进展，化解多边经济外交热点、难点和敏感问题，推动加强国际发展合作。

二十国集团峰会机制将有利于中国进一步运筹大国关系，积累外交资源；有利于中国有效利用国际国内两种资源、两个市场，维护和拓展发展利益；有利于中国在全球治理过程中将自身发展寓于新兴大国集体崛起的历史大背景，有利于中国将民族复兴之梦置于全球政经权力再平衡的历史大框架之中。二十国集团将与联合国安理会相互作用、相互促进，形成中国在全球经济金融与政治安全领域的"两个重要轮子"，不断提升中国在国际事务中的影响和地位。

要解决全球经济失衡、稳定国际金融体系、缩小南北发展差距、应对全球气候变化等全球性重要问题，世界离不开中国；从维护自身国际贸易、确保海外投资利益、突破能源资源瓶颈等问题出发，中国同样离不开世界。中国国家利益从未像今天这样与全球共同利益紧密相连。中国崛起是 21 世纪前半期国际关系和战略环境中的核心因素，将对全球治理体系产生结构性冲击。中国在政治、经济、军事和文化等方面已具备大国实力，进入全球治理、权力权威和地缘政治经济的中心，成为各国制定外交政策和国际战略的重要考量。中国的发展速度和制度化权力收获超出各方预期，中国的进取态势和快速发展已触及现行西方主导的国际体系的战略纵深，并成为全球治理能否实现包容有序改革的突出挑战。

时任中国外长杨洁篪在 2013 年两会记者会上强调，21 世纪的国际多边体系应当扩大代表性，提升公正性，增强实效性。中国是国际体系的参与者、建设者、贡献者，我们将以更加积极的姿态参与国际事务，为使国际

体系朝着更加公正合理的方向发展而发挥应有的作用。

"一荣俱荣、一损俱损",通过全球治理共同应对全球性挑战已成各国共识。作为最大的发展中国家,中国对维护人类共同利益有义不容辞的责任。中国的发展将更有赖于世界范围内各种资源、资本、市场、技术、信息的获取和配置。中国"树大招风",开弓没有回头箭,必须抓住历史机遇,以主动进取的战略思维,改革全球治理体系,推动国际秩序向公平、公正、合理的方向发展。中国共产党的十八大报告明确指出,要加强参与全球治理能力建设,主动参与全球治理进程,深化新兴国家治理合作,重视发挥区域治理作用。这为中国深入参与全球治理指明了方向。

(一)　携手合作共同应对全球挑战

全球性挑战需要全球性解决办法和全球力量广泛参与。同时,全球化时代多元化、碎片化、无序化等特征,令有效汇集各方力量进行全球治理困难重重。

全球治理是各国政府、国际组织、各国公民为增加共同利益而进行的民主协商和合作,以推动建立维护人类安全、和平与发展的国际政治经济秩序,包括处理国际政治、经济、社会、文化等问题的全球规则和制度。[①]

主权国家、国际组织、非政府组织、企业和个人等众多参与者的治理能力与诉求各不相同。主权国家作为全球治理中最重要的行为主体,优先考虑如何保持自身统治,捍卫国家主权以及维护国家重大经济利益等;国际组织和非政府组织大多为了争取全球和平、共同发展、保护环境以及防止核武扩散等;追求盈利和谋取利润最大化,是跨国公司、企业的根本目标。不同目标的利益驱动需要参与主体进行利益对话与协调,要取得一致难度可想而知。

信息技术革命特别是移动互联网的井喷式发展,强化了"世界是平的"全球化特征,推动了全球公民社会的勃兴。这有利于汇集来自五湖四海的才智,但也挑战主权国家的权威。一个个身份难辨、貌似松散的"新意见阶层"参与全球治理,增加了全球治理主体的庞杂性与全球治理声音的复杂性,"全球舞台拥有的权威场域及其操纵体制越多元、密集,它们中的任

---

① 俞可平:《全球治理引论》,《马克思主义与现实》2002 年第 1 期,第 30 页。

何个体或联盟就越难以主导事件进程"。①

立足人类命运共同体的出发点，中国要在坚持多边主义、平等协商、合作共赢的原则下，充分发挥负责任大国的"正能量"，创新治理理念、完善治理机制，努力推动建立更加平等、包容、开放的新型全球伙伴关系，与各方一道推进全球治理改革，共同应对全球挑战。

（二）激流勇进引领全球治理体系改革

全球治理改革的目光集中在经济金融、核不扩散、保护责任和气候变化等领域，都是难啃的骨头，都涉及中国的切身利益。以货币体系的治理改革为例。"谁控制了世界货币体系，谁就控制着资本，谁就控制了世界。"② 当前国际货币体系失衡加剧，美元霸主地位与世界经济多极化矛盾凸显，表现在美国严重透支信用，不负责任地滥发美元，带来全球流动性过剩和金融泡沫，造成"穷国养富国"的掠夺剥削，并导致国际金融危机的爆发和全球经济持续急剧动荡。西方经济治理模式在金融危机中受到较大冲击，但仍手握优势筹码，掌握着国际规则的制定权和解释权，垄断全球化进程和利益分配的主动权，因而可望通过资本链与货物链向下游国家转嫁危机③。新兴经济体在国际货币基金组织和世界银行中的话语权依然不足，美国仍在这两大国际组织中拥有一票否决权。美国还以国会未批准为由，至今阻滞着国际货币基金组织和世界银行向发展中国家整体转让份额。

随着中国等新兴经济体的发展与融入全球经济程度的加深，未来相当长时间，西方仍将全面遏制中国等主要发展中国家在全球化中持续获利：通过高科技出口管制、贸易壁垒等手段削弱我们的竞争优势；利用各种全球治理平台和汇率形成机制等要求我们承担更多责任，并挤压中国等在全球能源资源等核心生产要素市场上的份额。对中国，还要加上舆论的抹黑，"中国威胁论"、"国家资本主义论"等将不绝于耳，中国发展的外部环境更加复杂、困难。

面对这一形势中国怎么办？全球化进程紧密融合发展起来的蛛网状全球治理体系根深蒂固，推倒重来不仅时间和制度成本昂贵，且在现实和操

---

① 戴维·赫尔德、安东尼·麦克格鲁主编《治理全球化——权力、权威与全球治理》，社会科学文献出版社，2004，第 92 页。
② 王湘穗：《认清币缘政治　中国方能不败》，《环球时报》2013 年 2 月 18 日。
③ 刘友法：《全球治理面临八大挑战》，《人民日报》（海外版）2013 年 1 月 19 日。

作层面几无可能。"堡垒最容易从内部攻破",中国改革开放的进程,也是不断融入全球治理体系的进程。中国借助现有体系实现了快速发展。我们是现行国际体系发展的受益者。目前中国综合国力和国际影响处于上升期,我们要坚持韬光养晦,积极有所作为,抓住国际社会因金融危机而激发强烈变革决心的难得机遇,迎难而上,肩负起全球治理变革时代的引领者角色和责任,在现行体系内努力推进全球治理的改革。

首先,要抢抓全球治理理念先机。习近平主席提出的以东方哲学为基础的"中国梦"与"世界梦"相连相通的理念受到国际社会广泛关注。中国要将和谐包容理念贯穿于治理改革的始终。对"善政""良政"等提法所涉及的理念,其实中国的先哲们早有阐述。"古为今用"、"洋为中用"。我们要有海纳百川的胸怀,取其精华,剔其糟粕,大力推进包容的多边主义发展,兼容并蓄,积极参与应对气候变化、公共卫生、人道主义、能源安全等全球性问题合作;突出规则主导,在引导塑造国际规则同时,维护国际规则标准体系,树立中国重信守规大国形象;坚持"共同但有区别"的责任原则和公平原则,强调相互依存和互利共赢。对保护责任等敏感议题也要积极参与讨论,施加影响。参与并不表明放弃原则,引领才能使改革走上正确的方向。

其次,借助联合国、二十国集团等治理平台,通过"菜单式合作"、"议题式结盟"等方式积极构建广泛的国际"统一战线",利用发达国家内部量宽集团、紧缩阵营等矛盾,针对全球货币体系、金融监管、贸易和投资保护主义、全球减贫、气候变化等核心治理问题重点突破;始终将中国发展寓于新兴发展中大国整体崛起之中,积极运筹中国发展中国家的定位,拓展内涵,突出发展中国家在历史遭遇、价值理念、发展模式等领域的共性,做实发展中国家价值同盟,共同影响全球治理格局,集体收获制度化权力。

再次,重点构筑区域经济金融贸易一体化大格局。全球治理,周边是关键。2012 年中国与周边邻国贸易达 1.2 万亿美元,人员往来超过 3500万。我们要以建设"21 世纪海上丝绸之路"和"丝绸之路经济带"为战略契机,进一步推动双边或多边自贸区建设,互惠互利,加大利益捆绑,着力经营周边经济圈,以点带面,积累变革能量,构筑战略依托。

最后,在国际金融领域,对货币体系改革持积极稳妥态度,拉住欧洲国家，说服美国，推动先将人民币纳入国际货币基金特别提款权（SDR）一篮子货币。人民币在国际货币总量中占比不大，不会对现行体系造成大的冲击。稳步推进人民币国际化，以增强中国对世界经济和国际金融的影响力。

（三）有序稳妥地培育社会参与

当前，以非政府组织为代表的"第三股力量"在全球治理中异军突起。从军控裁军、人道援助到环境生态及动物保护，从消除贫困到公共卫生服务，活跃在全球治理的各个领域。

它们较少受国家主权约束，往往作为"国家失灵"、"市场失灵"和以主权国家为中心的国际体系体制缺陷之弥补，参与国际规则制定，对政府、政府间组织、跨国公司等进行监督，制造舆论压力。禁雷公约、"可持续发展"思想等都是由非政府组织率先提出的。

目前在全球治理舞台上中国的非政府组织不多，这不仅影响中国国家形象，亦使中国在全球治理中缺少重要的民众声音。中国非政府组织的匮乏与传统观念不无关系。

无论从参与全球治理还是实现中华民族伟大复兴"中国梦"的角度出发，中国都需要从自身实际出发，加强与达沃斯世界经济论坛等影响较大、政治中性的非政府组织的合作，并有序稳妥地加强引导，努力培育一批能够在全球治理各领域发挥实效乃至具有世界影响力的非政府组织。全球治理实践的发展和国际权力分散的客观实际，要求中国从改革整体外交机制的高度，来看待和运筹非政府组织问题。可借鉴国际惯例，根据中国特点，先培养扶持一些重点领域的非政府组织和志愿者团体，在公共外交的框架内发挥作用。

需要指出的是，西方的一些非政府组织在资金上依赖本国政府或政府间组织，以西方政治模式为范本，任意干涉他国内政，将全球治理政治化，成为西方国家经贸、安全等一系列政策的触角延伸，甚至直接参与推动别国的"政权更迭"。自诩以维护人权为己任的人权观察组织，就将西方的人权标准作为衡量发展中国家人权问题的唯一标准，将人权政治化、意识形态化。还有一些非政府组织对他国策划、实施"颜色革命"和"和平演变"，充当十分不光彩的角色。对这些挂羊头、卖狗肉的非政府组织，我们必须保持高度警惕，并予严格约束和充分揭露。

（四）主动参与议题设置和规则制定

从加入国际货币基金组织、世界银行到世界贸易组织，中国与世界的关联日益密切，已经进入全球经济治理的核心圈，但议题设置能力和改变、制定规则的话语权依然不足，往往还是"被治理者"，与中国的经济、政治地位不匹配。以中国加入世贸组织为例，入世整体利大于弊，当初的妥协换来了较之以往公平合理的贸易环境，大大提升了中国的经济发展和全球化水平。但欧美发达国家仍经常拿中国市场经济地位等问题做文章，挥舞反倾销、反补贴大棒。为什么？原因就是中国缺少对国际标准和游戏规则的制定权、评议权和裁判权。

要扭转这种"被治理者"的不公平局面，关键是在全球治理改革中通过调整、重订国际规则和国际标准增加中国对国际议题的设置权和话语权。

近年来，中国有不少成功的例子。在博弈激烈的 2009 年哥本哈根世界气候大会上，以中国为代表的"基础四国"坚持"共同但有区别的责任"原则，积极参与协商，围绕减排目标、资金与技术支持等关键问题与发达国家据理力争，最终达成了坚持"巴厘路线图"授权，维护"双轨制"谈判进程，保障发展中国家和中国自身利益的《哥本哈根协议》。在二十国集团的伦敦峰会和匹兹堡峰会前后，中国团结发展中国家，坚持改革国际货币基金和世界银行的份额和治理结构，以增加发展中国家整体投票的力量，取得明显成果。欧盟在气候治理领域推出碳排放交易体系遭到不少国家的批评和抵制，但随着气候变化问题升温，其他国家开始实行同样的政策，并与欧盟协调政策。欧盟达到了引导规则制定的目标。这些都说明议题设置不进则退，不积极参与，中国的回旋余地就会越来越小。

中国主动参与和引领全球治理改革和规则制定符合统筹国内国际两个大局的考量。从国际视角看，积极参与制定于中国有利的国际规则，能为中国经济社会发展创造更加公平、合理、舒适的外部环境，减少和平发展的阻力。从国内视角看，中国经济结构失调，出口导向和资源密集型发展难以为继，贫富差距悬殊等问题集中暴露，粗放型增长方式与全球可持续发展的容量也难以调和。我们要清醒地认识到，参与全球治理同破解中国自身发展难题存在高度一致性。全球治理涉及的环境污染和生态破坏、能源安全等议题，正是中国发展面临的严重挑战。全球治理的内在要求就是要不断优化发展模式，减少矛盾摩擦。中国应从实现对外开放与对内改革的良性互动角度出发，在全球治理的重要领域主动设置议题，提出充满"中国智慧"的"中国思路"和路线图，制定于中国有利的国际新规则。在全球治理的谈判和博弈进程中，必须要有中国的思想、中国的声音。

（五）加强中国文化的吸引力是我们实现全球治理目标的基本功

约瑟夫·奈说，一国综合国力，既包括经济、科技、军事实力等硬实力，也包括文化、意识形态吸引力体现的软实力，二者不可偏废。文化吸引力是软实力的核心要素。谁的文化最具吸引力，谁就能更好地在全球治理舞台上掌握主动权。

近年来中国文化交流融合步伐加快，以"文化中国"等为代表的中国文化符号在海外扎根。然而，中国文化软实力在国际竞争中整体依然处于弱势。中国历史文化积淀深厚，是有优势的，关键是怎么去做。全球治理谈的是经济、金融、安全等领域的规则制定和执行，深层次博弈的却是文化的力量，包括治理的思想和理念。谁的文化功底厚，思想理念站得住脚，谁的话语权就多，谈判的底气也足，制度性权力收获也多。

中国在文化上如何发挥优势，展示东方哲学在全球治理改革中的魅力呢？首先，要系统梳理"中国梦"、和谐世界、互利共赢、和谐包容、仁爱扬善等普世思想，从大文化、大外交的角度浸润到中国的对外工作中，使之成为中国文化软实力的核心内涵和精神实质。中国传统文化中"和合"、"己所不欲勿施于人"等治理思想，在全球治理中很有现实意义。运用好中国文化的核心理念，中国的全球治理思想就有了高度，有了包容性。承认各国环境资源不同，经济发展模式不同，强调尊重人类文明的多样性，以全球共同利益为依归的全球视野和全球关怀，这些原则都能充分展示中国文化的内涵，也有利于淡化西方以意识形态划线的传统思维，构建解决全球性问题的统一战线。

其次，文化吸引力要体现时代特征和生命力。在增加中国文化吸引力方面，除了聚焦戏剧、书法、故宫、长城等传统文化符号，更要实现中国传统文化与当今社会发展实际的融合，创造具有当代中国风格、中国气派的特色文化。在这方面，中国在海外的6000多万侨胞是不可或缺的天然桥梁。中国要多听取他们的意见，多发挥他们的作用。

最后，对外传播力是文化软实力的重要实现途径和文化吸引力的具体体现。中国对外传播能力近年有较大提升，但国际传播中"西强我弱"的格局尚未根本改变。以美联社、路透社、法新社为代表的西方主流通讯社占据每日国际信息 80% 的流量,控制了世界 90% 以上的新闻信息资源。全球互联网 80% 以上的网络信息和 95% 以上的服务信息由美国提供。欧美等西方国家仍控制着国际舆论的主导权。要缩小与西方差距,需要中国在国际传播能力建设上下大力气,转变传播理念,改进经营管理体制,加大资金投入,加强新旧媒体融合与全媒体平台建设,形成对外传播合力,打造一批具有国际影响力的跨国传媒集团,同时充分发挥海外 1000 余家华文媒体的"接地气"作用。

四 构建和谐稳定的中美关系和新型大国关系对全球治理至关重要

全球治理主要是大国共治,如何处理大国关系十分重要。要积极推动构建新型大国关系,塑造于我有利、相对稳定的大国关系格局,争取战略主动和空间,并在全球治理框架下促进大国关系的良性互动。

首先,建立新型大国关系要摆脱历史上大国激烈对抗争夺势力范围的做法,超越新兴大国和守成大国必然走向冲突、掉入"修昔底德陷阱"的陈旧观念,开创大国发展对话合作,消除猜疑和恶性竞争,扩大共同利益的新局面。通过大国在全球治理中的合作、协调构建人类命运共同体,跳出大国力量消长、赶超时出现的战略冲突陷阱,走出一条前无古人、后启来者的和平发展之路,其重要性对中国和世界均不言而喻。建立新型大国关系,不仅体现了中国立足长远的历史前瞻,兼济天下的宽广胸怀,更体现了中国坚持走和平发展道路的理论自信和维护大国关系稳定健康发展的道义自觉。

其次,建立新型大国关系的关键是运筹好中美关系。这对于全球治理改革能否顺利推进至关紧要。

(1)美国是唯一有能力使中国外部环境发生根本逆转的国家。保持中美关系持续稳定健康发展,是事关中国和平发展、维系中国战略机遇期的重要前提。中美力量对比正在继续朝于中国有利的方向发展,但美国经济、科技、军事、文化等综合实力仍具优势。美国作为现行国际秩序的主要构建主导者,将长期保持中国所不具备的制度性权力和影响力。中国主动提出构建中美新型大国关系，力主加强中美在全球事务中的合作与协调，实现互利共赢，有利于美坚持积极、合作、务实的对华政策取向。

（2）当前中国要以奥巴马总统第二任期为契机，推动中美构建新型大国关系具体化、系统化，支持两国官方学界共同开展研讨，形成实实在在的政策建议。重点放在中国周边。周边顺，则全局畅。加强中美亚太事务对话，促美国把两国在亚太地区实现良性互动作为构建中美新型大国关系的"特区"，先行先试，不断累积中美关系的"正能量"，促美政府和各界逐步接受中国构建新型大国关系理念与和平发展的现实。

（3）中美两国存在意识形态、社会制度、地缘政治等结构性矛盾。美国国内对华政策大辩论在继续。布热津斯基最近表示，美国已接受了中国实力的崛起，鉴于中美都将面临的全球问题，两国合作对彼此更有利。从现实情况看，美在许多问题上均有赖于中国的支持与合作。朝核、伊核问题，叙利亚危机离不开中国的积极斡旋，建立东北亚地区安全格局，中国是重要的参与力量。在反恐、防扩散、反贫困、气候变化、能源安全等重大全球性问题上，美国同样依赖中国的合作。促进经济增长和创造就业是奥巴马的首要任务，也须依赖中国的力量。但美国的新保守主义派声音仍强，芝加哥大学的米尔斯海默等坚持认为，中国不可能和平崛起，预计美中很可能展开激烈的安全竞争，爆发战争的可能性很大。守成与赶超的大国间冲突不可避免。

在新的历史时期，解决中美关系中的新老难题无疑需要新的视野和思维，"最终还需要在权衡国家发展战略、合理界定核心利益、保持中美关系斗而不破之间谋取平衡"。[①] 2012 年 2 月，时任中国国家副主席的习近平访美时曾指出，中美关系成为当今世界最重要、最富活力和最具潜力的双边关系之一。他同时表示，宽广的太平洋两岸有足够空间容纳中美两个大国。2014 年底，奥巴马总统在出席北京亚太经济组织领导人峰会后访华，习近平主席与其"瀛台夜谈"，进一步明确了中美共建新型大国关系的共识。

中美关系要稳定发展，共同利益的纽带必不可少，要让日益扩大的共同利益事实来击破新保守主义的"末日预言"。那么共同利益主要在哪里？新型关系又主要新在何处？当今的中美关系相互交织、融合，矛盾与合作

---

① 袁鹏：《对中美关系未来发展的战略思考》，《现代国际关系》2010 年庆典特刊，第 83 页。

几乎都与地区和全球问题相关，两国彼此政策指向皆会产生全球性影响。因此，中美关系在一定程度上要"去中美化"，即跳出中美双边视野的框框，放眼全球性议题，来加强协调与合作。全球治理为中美的合作开辟了广阔的空间和"肥沃的试验田"。作为世界上最大的发展中国家和发达国家，作为推动全球治理的主要力量，中美亟须在新一轮世界秩序重构中加强沟通、协调、交流与合作，梳理彼此的共同利益，探索和谐稳定之道，通过共同参与、引领21世纪上半期的全球治理改革，真正构建相互理解、相互信任、相互尊重、互利共赢，对双方都具舒适度的相处模式，维护和促进世界的和平、发展与繁荣。

（4）在重点运筹和构建中美新型大国关系的同时，中国还应将欧洲作为推动和建立新型大国关系的重要进取方向。要抓住欧洲当前既想深化与中国合作、有求于中国，又难以放下身段、有所顾忌的复杂心态，以经济金融合作促政治人文交流，探讨更大规模、更高水平的利益置换，力争在欧盟对中国解除武器禁运等方面取得实质突破，全方位拉近、拉住欧洲，将其塑造成中国新型大国关系框架中的重要一极。

（5）继续突出新型大国关系框架中的"金砖"板块，妥善处理日本因素。从运筹新型大国关系的高度出发，以"金砖"、上海合作组织等为抓手，做实新兴发展中大国合作、拓展拓宽合作机制，花更大力气助推金砖机制建设，力争在金砖合作开发银行取得突破的基础上在政治、经济、金融、文化等诸多领域有更多的实质性合作，使之真正成为中国在关键问题和务实合作上共同发声的战略依托。

日本是中国的重要近邻，又有历史的纠结和现实的冲突，构建新型大国关系无法回避日本因素。安倍政权上台后，日本的右翼倾向急剧增强，中日关系面临历史性考验。我们要继续争取日本，同时做好斗争准备，完善斗争策略，刚柔相济，为亚太地区的长期稳定与繁荣创造有利条件。

结　语

今天的中国已然立于世界中心，无论是从大国责任立场出发，还是从创造更宽松的外部环境和更舒适的发展空间看，中国都须直面全球治理改革的挑战。中国要坚持走中国特色社会主义道路，坚持和平发展、坚持改革开放。我们要拿出大智大勇积极、主动、广泛、深入地参与到全球治理的历史进程之中。中国要立足人类命运共同体的新视角，倡导同舟共济、合作共赢的新理念，紧紧抓住国际金融危机后国际力量对比发生于中国有利的变化与趋势，矢志前行、奋发有为，克服扫清现有全球治理体系于中国不利的种种障碍，逐步成为全球治理理念与实践的楷模，更好把握并延长中国的发展战略机遇，尽早实现中华民族伟大复兴的"中国梦"。

全球治理对中美两国的挑战

　　第五轮中美战略与经济对话在 2014 年年中举行。这是中美两国新一届政府在习近平主席和奥巴马总统美国加州会晤后首次举行战略与经济对话，也是在国际经济、政治形势持续动荡，全球治理问题不断涌现、中美关系再次经受考验的背景下中美间一次重要的全方位对话，为两国努力消除分歧、共同应对挑战提供了平台。

　　如果说 20 世纪 70 年代初尼克松总统访问中国，两国领导人打开双边关系的大门，当时中美关系的"压舱石"是出于战略上相互有需要的考量，那么 20 世纪 90 年代和 21 世纪初的"压舱石"很大程度上就是全球化条件下两国经济相互依存的日益加深，以及全球性挑战日益需要两国携手应对的现实。2008 年全球金融危机以后，全球经济失衡使"华盛顿共识"威信扫地，中美经济关系开始调整，两国都面临转变经济增长方式的艰难进程，贸易投资作为两国关系主要的"压舱石"分量减轻。中美关系新的"压舱石"在哪里？面对全球问题成堆，中美两国如何合作应对，才能既有利于两国人民的长远利益，又能推动全球问题的解决和全球治理的改革？

　　目前全球治理的困境首先是以国际货币基金组织、世界银行和世界贸易组织为主要支柱的全球贸易投资体系和货币体系已不能反映全球经济力量对比的变化。中国、印度、巴西等新兴市场的经济增速远远超过发达国家。国际货币基金组织曾预测，2014 年中国和印度经济虽将放慢，但依然将分别增长 7.8% 和 5.6%，而日本和美国则为 2% 和 1.7%，英国和欧元区更是只有 0.9% 和负 0.6%。虽然年底数据被调低，但大势未变。中国对亚洲经济增长的贡献持续几年超过 50%。经济增长乏力、失业严重、债务高企是美国、日本和欧盟国家的共同泥淖。这样的困难仅靠"量化宽松"印钞票是解决不了的。只有转变全球经济治理机制，调整国际经济发展模式，改革全球经济体系包括货币体系，才能踏上全球经济长期稳定健康发展的大道。二十国集团要真正发挥全球经济协调的主要平台作用，包括国际货币基金组织和世界银行份额调整在内的重大决定不能拖泥带水，需要尽快落实。还应该积极考虑将人民币纳入国际货币基金组织特别提款权一篮子货币。跨太平洋伙伴关系协定和跨大西洋贸易投资协定的谈判绕开中国更是难以自圆其说，难免有"重起炉灶、排挤中国"之嫌。

再看全球安全领域的治理，也是阴影重重。伊朗和朝鲜半岛核问题久拖不决使《核不扩散条约》面临严重挑战，核武器和核材料的扩散以及地区军事对抗冲突的风险增大。双边军事同盟有增无减。全球经济下滑但不少国家军费开支却持续上升。美国坚持在亚洲推行"再平衡战略"，已开始在西太平洋和东亚地区部署陆基和海基弹道导弹防御体系，尤其是与日本和韩国建立情报共享的反导体系，并在两国部署预警雷达，这有可能打破全球和地区战略均衡态势，产生一系列逆向互动，使大国关系更趋复杂、紧张，也使中美战略互信降低，猜忌增大。网络空间的纷争加剧。网络攻击使国际社会面临全新的严峻安全挑战，"新边疆"的新问题亟须各国通力合作，通过对话谈判，在双边和国际电信联盟等多边领域制定新的"游戏规则"和"行为准则"，而不是相互指责，做无谓的争斗。

全球经济持续低迷造成失业攀升、政府紧缩开支、老百姓生活水平下降、贫困人口增加，使中东、欧洲、拉美等地区不少国家面临社会严重动荡的危险乱象。信息技术日新月异和新媒体铺天盖地涌现使社会动荡以几何级的速度传导，从突尼斯到埃及、叙利亚，从希腊到意大利、爱尔兰，从巴西到土耳其，几乎世界各地都出现了政治不稳、社会动荡，而且其中往往年轻人占多数。这些动荡虽然是局部、地区的，并没有波及大国，但却是大国在涉及能源资源安全、粮食安全和地区安全，涉及核不扩散、气候变化等重大全球治理问题解决时不得不考虑的重要因素，也使围绕"保护责任"、"保护时的责任"等问题的争论趋于激烈。

毋庸置疑，中美是两个对世界事务有重要影响的大国。中美关系的发展自然也将对21世纪国际格局的变化和国际新秩序的形成发挥重大作用。中美领导人会晤和两国新一轮战略和经济对话已经向我们昭示，建立中美新型大国关系迫在眉睫，时不我待。两国应该拓展战略视野，在积极发展双边关系的同时，深入讨论和开展全球治理的全方位合作，在涉及两国共同利益的众多领域建立新的合作伙伴关系，增加两国在全球治理改革、在各自力所能及范围内提供全球公共产品这块新的"压舱石"的分量，使中美关系的大船在21世纪乘风破浪，不断前进！

用"互利共赢"理念打造
亚太命运共同体

　　中国国家主席习近平日前对印度尼西亚、马来西亚进行国事访问并出席亚太经济合作组织（APEC）第二十一次领导人非正式会议。李克强总理随后出席第 16 次中国—东盟（10＋1）领导人会议、第 16 次东盟与中日韩（10＋3）领导人会议和第八届东亚峰会，并对文莱、泰国、越南进行正式访问。

　　中国外交一直将实现周边的和平、稳定与繁荣放在十分重要的位置。中国新一届领导集体的这次重大外交行动，硕果累累，最重要的是传递了中国将坚定不移以"互利共赢"理念开创周边外交新局面、把中国的发展寓于亚太的共同发展与繁荣、打造亚太命运共同体的战略思路。

　　当前，世界经济复苏缓慢，各种区域自由贸易安排谈判交错，国际贸易规则主导权之争加剧，亚太政治、安全、经济形势中不确定因素增多。在这一大背景下，中国努力构建横跨太平洋两岸、惠及亚太各方的区域合作框架，深化区域一体化进程，推动在太平洋两岸构建更紧密的全球伙伴合作关系，将为亚太地区继续发挥全球经济增长引擎作用，为妥善处理、管控争端，并为处在十字路口、面临碎片化风险的全球贸易体系改革指引方向。这一战略思路将中国的利益与亚太各国的利益紧紧地结合在一起，受到普遍好评，对中国营造更为良好、稳定的周边环境有着重要和深远的影响。

构建亚太命运共同体"路线图"

在经济全球化、区域一体化加速发展的世界大潮中，亚太作为世界经济增长的主要贡献者，承载着推动全球经济稳定复苏和进一步发展的重要使命。

21世纪是亚太的世纪。亚太地区在世界政治、经济版图中的地位持续上升。目前，推进亚太地区经济持续稳定增长的基本面没有改变，但受美联储退出量化宽松政策等因素影响，部分亚太国家尤其是新兴市场国家出现金融市场波动加剧、经济增速放缓等风险，表明该区域国家需继续深化合作、加强协调，推动产业链和价值链的进一步融合，提高共同抵御经济和金融风险的能力。

在出席亚太经合组织第二十一次领导人非正式会议时，习近平主席提出亚太地区要共同发展、开放发展、创新发展、联动发展。这既精辟概括了亚太经济一体化的原则和目标，亦勾勒出构建亚太命运共同体的路线图。

以中国和东盟为例，从2002年到2012年，双边贸易额年均增长23.6%，目前已达到4000亿美元。相互投资累计超过1000亿美元，增长3.4倍。2012年中国与东盟人员往来达1500万人次，是10年前的4倍。

中国和东盟的"黄金十年"得益于双方互补性货物贸易的快速发展。在此基础上，中国正积极推进与东盟在基础设施、金融合作这两条供应链上的互联互通，包括建立亚洲基础设施投资银行，从而以中国－东盟自贸区升级为标志打造下一个"钻石十年"。

将亚洲国家的投资引向基础设施建设，既有利于盘活东亚地区大量的过剩储蓄和外汇储备，将其转化为有效投资，又有利于拉动经济增长，进一步提速区域各经济体在公路、铁路、航运、油气管道等方面的互联互通，还可在地缘政治、安全上将各方更加紧密地联系在一起。

值得注意的是，亚洲基础设施投资银行的建立将推动中国与周边国家在金融领域的合作，而深化金融合作正是目前推动亚太经济一体化的重要契机和重点领域。受内外因素的影响，印尼等一些东盟国家刚刚经历了资本流动逆转、金融市场波动加剧的恐慌。在东盟与中国经济周期相关性逐渐提升，而与发达国家却明显错位的经济新特征日趋明显的情况下，中国和东盟加强金融合作，扩大双边本币互换和结算规模势在必行。金融将与生产和贸易一起构成"互利共赢"，推进双方经济持续发展的两个轮子。

构建亚太命运共同体是区域各方的共同历史使命

实现互联互通的前提是亚太各经济体继续采取开放包容的政策。目前，中国和东盟正在进一步降低关税，削减非关税措施，积极开展新一批服务贸易承诺谈判，从准入条件、人员往来等方面推动投资领域的实质性开放，提升贸易和投资自由化、便利化水平，前景看好。

同时，如何处理现有和正在谈判的自贸区安排之间的关系、如何看待亚太的战略安全环境十分重要。东盟不少成员既参加跨太平洋战略经济伙伴关系（TPP）谈判，也参加区域全面经济伙伴关系（RCEP）谈判，澳大利亚、新西兰、日本等国同样拥有"双重身份"。地区内一些国家在海洋权益和岛礁领土主权争议等方面还有分歧，需要妥善处理。

不包括中国的TPP和不包括美国的RCEP在亚洲将如何相处？这既是经济和自贸区安排问题，也涉及战略安全和战略互信。对此，中国领导人强调，要坚持开放、包容、透明的原则，推动两个机制互联互通，两个轮子一起转，而不是非此即彼地对立起来。同时，中国主张建立安全互信，维护地区的和平与稳定。没有战乱、聚焦发展应成为地区各国的共识。中国对地区内存在的海洋权益争端等问题一直主张通过双边和平谈判的方式来解决，最近中方又指出"双轨"解决争端的新思路。对暂时解决不了的争议和问题，可以搁置争议，先在可以合作的领域进行合作和共同开发。在找到解决问题的办法之前，各方保持克制，不做可能制造或激化矛盾的事情。目前每年有10多万艘各国船只安全、自由地在南海通行，中国和东盟国家已有共识，将保证这些船只的航行自由与安全。简而言之，没有和平稳定的战略环境，经济发展和合作就无从谈起。亚太经合组织、东亚峰会、东盟加中、日、韩等合作机制大多数成员对此正在形成共识。

这充分显示中国对任何有利于亚太和平与区域融合的机制安排都持开放态度，表明中国的亚太战略是为了实现区域各国的和平发展和互利共赢。中国在亚太没有私利，也没有自己的"小算盘"。因为中国明白，中国和亚太是密不可分的，是命运共同体，没有谁输谁赢，只能互利共赢。因此，中国强调有关安排应有利于建立合作而非对立的关系，倡导开放而非封闭的理念，寻求共赢而非零和的结果，实现一体化而非碎片化的目标。要相互借鉴、相互促进，形成彼此融合、互为补充的良性循环局面。无论是推动互联互通还是强调开放包容透明，无论是讨论安全问题还是经济交往，中国的出发点始终都是实现和平发展与互利共赢。

在区域贸易安排呈现并进格局，规则标准各异、路径选择不同的情况下，中国对亚太经济一体化的设想和基本理念，还将为推动区域贸易协定既有利于参与方，又体现对多边贸易体系和规则的支持，避免全球贸易治理体系碎片化提供充满中国智慧的思路。

中国的亚太战略是和平发展、互利共赢的战略。亚太在政治、经济、文化等诸多领域的合作正在深入展开，希望亚太各国着眼长远，胸怀全局，凝聚共识，努力推进亚太命运共同体建设。这是我们的共同历史使命。目前，中国是亚太许多经济体的最大贸易伙伴、最大出口市场、主要投资来源地。2012 年，中国对亚洲经济增长的贡献率已经超过 50%。截至 2012 年底，中国已经同 20 个国家和地区签署了 12 个自由贸易协定，正在谈判的有6 个，其中大多数自由贸易伙伴是亚太经合组织成员。今后 5 年，中国进口商品将超过 10 万亿美元，对外投资将超过 5000 亿美元，出境旅游将超过 4亿人次。这些数字进一步表明，随着中国国内需求特别是消费和投资需求扩大，随着亚太命运共同体建设的推进，中国将为亚太一体化作出更大的贡献。

美国和西方国家推行新经济结盟对多边主义的挑战

当今大国关系虽然在地缘政治的银幕上不时传来战斗机的呼啸声．浮现出航空母舰的巨大身影，但真正的实力博弈和较量其实更多表现在地缘经济领域。毕竟经济实力的强弱将直接决定各国在现实和未来世界秩序中的地位和发言权。

目前，世界上有三大国际谈判正在紧锣密鼓地展开，这场没有硝烟的战争十分激烈，有的甚至处于白热化状态。海外一些媒体称，这三大谈判所代表的全球力量较量将"重新划定'后西方时代'世界的轮廓，确定发达国家与包括中国在内的新兴国家之间的力量平衡点"，也将决定现有国际多边体系的存续，将在"开放的全球性安排"与"相互竞争的集团模式"两种不同国际经济体系之间做出抉择。

现在，各方博弈的焦点集中在全球贸易安排上。与此有关的三大国际谈判是：①美国牵头、囊括大多数东亚国家的跨太平洋经济战略伙伴关系；②美国与欧洲的跨大西洋贸易和投资伙伴关系；③美、欧牵头与20多个发达国家和新兴国家的服务贸易协定。与此同时，欧盟正与印度和日本谈判双边自贸区协定。还有不少其他双边贸易安排谈判也在进行。

这三大国际谈判与地缘政治和地缘经济有什么联系呢？从中又传递出什么重要的信息呢？首先，可以看出美国和西方对全球性的贸易安排逐渐失去兴趣，对二战后建立起来的多边经济体系失去信心。以世界贸易组织的多哈回合谈判为例，虽然不时也会传来一丝成功希望，但美国和西方国家基于新兴市场国家与其力量对比已经逆转的判断，已基本放弃了这一来之不易的国际多边安排。其次，三大谈判都把中国排挤在外。中国是世界贸易大国，进出口总额名列全球前茅，国内生产总值已超日本居全球第二位，占全球总额逾10%。任何通晓国际贸易的人都明白，一项跨区域的贸易安排，如果没有包括中国，在经济上就会大打折扣。这意味着这些国际谈判的发起者都带有严重的政治色彩，这并非巧合，而是他们想在经济领域重新制定国际规则，来排挤或挤压中国，让中国难受。美国和西方国家心里的这些"小算盘"其实是司马昭之心路人皆知。他们认为，中国在战后开放的国际经济体系中受益良多，得了太多的"红利"，现在要改改规则和规矩了！西方媒体与政府在这方面配合默契，此类言论一直不间断，经常说什么中国是现行国际规则的"搭便车者"。这是典型的睁着眼睛说瞎话。美国和西方国家是战后国际经济体系的创建者。难道这一体系是"单行道"吗？只有西方国家受益，别的国家只能吃亏？现在的架势是，你遵守规则不行，不按它的规则行事更不行。当然，三大国际谈判要取得成功谈何容易！美国情报机构窃听欧洲国家领导人和国民的阴影至今挥之不去，对美欧达成跨大西洋贸易和投资伙伴关系谈判带来严重的负面影响。日本虽然出于众所周知的政治原因参加了跨太平洋经济战略伙伴关系谈判，但在农业补贴问题上国内压力巨大。日本对国产大米的补贴高达700%以上，要取消恐怕很难。印度由于国内原因对与欧盟达成自贸区协定兴趣也不大。

现在国际上对上述问题比较一致的看法是，美国作为西方国家的"领头羊"，对中国的地缘经济战略正在发生变化，从过去的"接触加防范"逐步转向更多的"防范"，或者说作为一种"保险"措施，更加强调"两面下注"。有专家将美国的经济战略变化称为"中间多边主义"，以区别于真正的多边主义，即在不完全放弃多边主义的同时，推动建立在所谓相同价值观基础上的"联盟"或多边安排，来取代全球性、普遍性的贸易和投资安排。这一点过去主要表现在军事和安全领域，如两国或若干个国家组成的军事同盟。而今在经济领域也逐步形成势头。然而这样的做法是把双刃剑。在这方面，西方国家内部意见未必完全一致，欧洲国家就比美国要来得谨慎，不愿过多地把经济交往和合作与政治挂钩，以免损害自身的经济利益。德国、法国、英国等欧洲大国领导人在访华时有庞大的经济贸易代表团随行已不是什么新鲜事。中东欧国家更是对与中国展开经济贸易合作兴趣浓厚，最近双方就中国投资中东欧的高铁建设达成原则协议、中国与中东欧国家建立"16＋1"磋商机制就是例证。

当前国际贸易体系的"碎片化"现象有目共睹，是不争的事实。但是在全球化迅猛发展、各国经济相互依存日益加深的新时代，抱住旧理念不放，继续走"零和游戏"的道路，只会出现"全盘皆输"、各方皆输的恶果。特别是在制定新的全球经济规则时，如果试图把中国"边缘化"，想通过排挤中国来维持既得利益，一是不可能成功，二来只会进一步撕裂现存的国际经济体系。历史的经验教训告诉我们，在任何国际领域想孤立一个大国是危险的做法，没有成功的先例，只有激化矛盾、引发冲突的可能。相信西方国家有识之士应该认识到，唯有和衷共济，与新兴国家和广大发展中国家相向而行，才能取得双赢、多赢、共赢的有利局面。国际社会密切关注中国的发展。我们相信，在十八届三中、四中全会全面深化改革和推进依法治国目标的指引下，中国发展的前景将更加美好，我们对世界经济的贡献也会水涨船高，越来越大。对西方国家的上述举动，中国不必吃惊，它们不会成为国际体系的主流。我们要坚定不移地走自己选择的中国特色社会主义道路，有足够的战略定力和耐心，逐步推动国际经济体系朝着更加公平、合理、包容、透明的方向迈进。

从八国集团土崩瓦解看
大国关系演变

2014 年 3 月 24 日西方七国在荷兰海牙核安全峰会期间召开紧急会议，决定不出席原定于 6 月在俄罗斯索契举行的八国集团峰会，并商定夏季在布鲁塞尔直接举行七国集团峰会。这一决定虽然没有直接把俄罗斯开除出八国集团，实际上表明八国集团已经名存实亡，土崩瓦解。美俄关系、俄欧关系也因此更加复杂，大国博弈将趋于激烈。美俄虽不会重演冷战，但两国对峙和"凉战"将持续一段时间。

八国/七国/二十国集团

2008 年全球金融危机之前，七国集团可以说是世界经济的霸主。它成立于 20 世纪 70 年代初期，为了应对接踵而来的"美元危机"、"石油危机"和"布雷顿森林体系危机"，法国、美国、英国、西德、意大利和日本在 1975 年举行峰会，次年又邀请加拿大参加，共商稳定全球经济、金融之策。在以后的岁月里，七国集团确实为世界经济、金融政策的宏观协调发挥了一定的作用。

进入 21 世纪，全球经济力量对比发生结构性、历史性变化，新兴市场国家和一些主要的发展中国家集体崛起，尤其是中国连续 30 几年的高速发展，创造了世界经济史上的奇迹，也彻底改变了全球经济版图。西方七国经济总量目前只占世界经济的 40%，估计到 2030 年将下降到 30%。

　　2008 年金融危机更是敲响了长期占据世界经济"道义和理论制高点"的西方新自由主义和"华盛顿共识"的丧钟，西方国家主导的国际经济秩序出现了制度性危机。经过反复博弈，七国集团不得不将协调全球经济金融的职责让位于代表性更强、更能反映全球经济现实的二十国集团。2009年二十国集团匹兹堡峰会领导人宣言明确宣告，从今往后二十国集团将是全球经济治理的主要平台。七国集团作为西方"富人俱乐部"开始走下坡路。

　　八国集团从一开始就是名义上的"集团"，是西方国家基于地缘政治的因素，为了拉拢俄罗斯在 1998 年而扩大的。其实俄罗斯在八国集团中始终没有找到自己的"身份"和"定位"，在八国集团讨论全球重大经济和金融问题时俄罗斯并没有发言权，而且西方七国也没有真正认同过俄罗斯的平等地位。这次因为乌克兰和克里米亚危机，西方作为制裁措施之一，将俄罗斯踢出八国集团，其象征意义远远大于实际效果。乌克兰驻欧盟大使称之为"蚊子叮了一下"。俄罗斯外长拉夫罗夫则对此不屑一顾，面对记者说，不参加也罢。

冷战乎，凉战乎？

　　21 世纪初从"阿拉伯之春"到"阿拉伯之冬"，又到如今"乌克兰之乱"，地缘政治动荡不已的局面让许多人想起冷战时期，乃至 19 世纪的混乱局面，令人迷茫，更令人担忧这个世界会走向哪里，冷战是否会历史重演。

　　其实要看清世界的走向也不难，历史不是割裂的，任何事情都有前因后果。所谓的"阿拉伯之春"不外乎国内经济长期恶化、强人政治根基动摇、社交媒体日益普及、西方势力推波助澜所致。而围绕乌克兰和克里米亚危机，美俄对峙和俄欧冲突也不是空穴来风的突发事件。从北约东扩到欧盟新成员不断增加，从乌克兰"橙色革命"到前不久的街头革命，都集中反映了近 20 年来西方对俄罗斯的战略挤压。谁当俄罗斯的领袖也不会对西方咄咄逼人的进攻置之不理。何况这次是逼到了家门口，还攸关黑海舰队的去留和俄罗斯的出海口等战略利益。俄罗斯不进行"绝地反击"那才怪呢！

　　我们大可不必担心从此会天下大乱。美俄也不会因此走向军事对抗，再次进行冷战，因为时代变了，全球化深入发展，冷战时期美苏两大阵营经济上"老死不相往来"，根本没什么联系，今非昔比。现在双方冷战的代价太大，可能性不大。克里米亚是俄罗斯的战略反击，而不是俄罗斯对西方发动全球攻势的信号，俄也无意这么做。普京总统与奥巴马总统已经就美俄关系和乌克兰危机通了四次电话，每次都要谈一个小时或更长时间，商谈转圜之策。况且还有德国等欧洲大国在发挥斡旋和调解作用。双方都很清楚，制裁俄罗斯不会成功，俄不是一个可以随便拨拉、孤立无援的小国。

　　正如美国学者布莱默在《纽约时报》撰文所言，关键是奥巴马政府无意承担"一个积极进取的外交战略必须付出的代价"。这一点从美国处理叙利亚化武危机和伊朗核问题中可见一斑。况且奥巴马总统的支持率已经跌至40%以下，民主党还要考虑总统选举问题。相反，普京的国内支持率却因为果断处理克里米亚问题而狂飙至82%以上。

　　"解铃还须系铃人"。西方对目前出现的紧张局面需要作深刻的反思。要实现真正有效、公正、合理的全球治理，避免世界局势的大起大落，大国之间战略利益的平衡以及相互协调与合作是必不可少的。

中国的金融外交和全球
货币体系改革

中国经过三十多年改革开放，已经成为全球第二大经济体和最大货物贸易国，但在国际货币体系中还不是大国。虽然近几年人民币清算额和贸易结算比例都在迅速增加，人民币国际化步伐也在加快，但总体依然受制于以美元主导的全球金融体系。

中国需要从大国发展战略出发，积极开展金融外交，改革、重塑全球和地区金融框架，为中国自身经济的可持续发展，为发展中国家整体保持稳定和经济增长，并促进全球金融市场健康发展作出贡献。

近年来，中国金融外交的最大手笔当属作为发展中大国在二十国集团峰会中的杰出表现。中国借此进入全球经济治理核心圈，话语权不断扩大。在国际金融领域，中国这些年力推两大举措：一是不断扩大双边货币互换的范围和规模，截至 2014 年底已与 28 国家和地区签订本币互换协议，金额达 3 万亿元。二是建立亚洲基础设施投资银行和金砖国家开发银行，向本地区和其他发展中国家经济建设提供资金支持。中国还作为最大出资方推动建立区域外汇储备库，成立上海合作组织开发银行等。

2008 年的金融危机凸显为以美元为主要储备货币的国际货币体系存在严重缺陷。同时以华盛顿模式为主导的全球经济治理体系也在危机中信誉扫地。广大发展中国家迫切希望改革全球经济治理体系，特别是全球货币体系，以减少外部金融风险，为经济稳定发展创造有利环境。各方都在为改革全球治理体系包括金融货币体系寻求新思路，中国作为在全球经济中举足轻重的国家，有责任、有义务为此做出努力，积极尝试。

二十国集团峰会机制近几年为此做了有益尝试，如通过设立金融稳定论坛、给国际货币基金组织增资、加强全球金融体系监管等措施，对重要的银行和其他系统性金融机构提出了更高的监管要求。但是二十国集团就改革国际货币基金组织和世界银行份额和投票权所作的决定，却因美国国会的阻拦而停滞不前。

亚洲特别是东亚作为当今全球经济增长最快的地区，金融体系被美元"绑架"，汇率、资金风险依旧。不少国家积累巨额外汇储备主要用作抵御金融风险的"防波堤"。亚洲国家建立自己的金融圈，以规避风险，保持亚洲经济和金融稳定，已成为地区多数国家的共识。中国作为亚洲大国对此有切身体会，国际金融危机后金融外交脚步加快。

先来看中国倡议建立的亚洲基础设施投资银行。

除中国、日本、韩国、新加坡等国外，亚洲基础设施状况滞后于其他地区。据亚洲开发银行预计，到 2020 年，亚洲经济体基础设施投资需要 8 万亿美元。目前亚洲开发银行每年基础设施项目贷款仅为 100 亿美元。亚洲开发银行和世界银行资金远不能满足亚洲国家基础设施开发的需求。

亚行问题还在于日本和美国是最大股东，分别持股 15.7%、15.6%。1966 年成立后，亚行一直由日本人担任行长。虽然中国 2010 年已超越日本成为全球第二大经济体，但中国在亚行的股份仅 5.5%，与中国经济体量根本不相称。

中国与 24 国一起建立亚洲基础设施银行是推动区域经济、金融一体化的重要举措。亚洲基础设施银行资本金有可能从 500 亿美元提高到 1000 亿美元。这将与亚洲开发银行 1650 亿美元的资金规模相差无几。亚基行资金将用于亚洲地区的基础设施建设，重点项目可能包括连接亚欧的新丝绸之路。

值得注意的是，美国为维护在亚洲的经济和美元主导地位，对中国此举颇有"醋意"，已向韩国施压，要求韩国不参与。据韩国《中央日报》报道，美国政府为韩国加入亚洲基础设施投资银行"踩了刹车"，声称如韩国加入亚基行，韩美友邦互信将受影响。基于当前中日关系严重恶化，日本自然不会支持亚基行。看来，亚洲地缘政治形势恶化已经影响到亚洲金融合作的开展。

再看中国推动建立的金砖国家开发银行。2014 年 7 月中旬，金砖国家在巴西举行峰会，各方高度期盼的金砖国家开发银行和应急储备安排或为现实，启动资金 100 亿美元，五国分摊，总部设在上海。

众所周知，美联储、华尔街、国际货币基金组织等都是美元霸权的组成部分，发展中国家想改变全球金融格局，需要突破制度障碍，以制衡美元霸权。金砖国家建立外汇应急安排和金砖国家开发银行，对于金砖国家积极参与全球金融治理，推动国际金融体系改革，有深远的现实和历史意义。

第一，可以在国际结算中推动人民币、卢布等金砖国家货币国际化，减少对美元、欧元的依赖，增加金砖国家抵抗西方国家债务货币化、损害债权国利益风险的能力。

2003 年至 2011 年，中国和金砖国家贸易额从 365 亿美元增长到 2828 亿美元。2008 年起，中国是印度第一大贸易伙伴，印度是中国在南亚的最大市场。2009 年中国成为巴西第一大贸易伙伴，巴西是中国第十大贸易伙伴。2010 年中国成为俄罗斯第三大贸易伙伴。2009 年南非成为中国在非洲的第二大贸易伙伴，中国是南非第一大贸易伙伴。

如此庞大且日益扩大的内部市场使金砖国家认识到，金融危机和欧债危机使美元汇率频繁波动，不断贬值，金砖国家有必要选择更安全的贸易结算方式，以化解美元作为单一结算货币的巨大风险。

第二，近年来西方经济大幅衰退，消费需求下降，使金砖国家出口导向性经济面临转型挑战，开展实体经济合作、拉动内需成为经济发展新引擎。金砖国家银行在本币支付和出口信贷上将有助于实现经济转型，为金砖国家扩大贸易合作保驾护航。

第三，为金砖国家基础设施投资提供资金。巴西石油储备在边远乡村较多，基础设施落后阻碍石油出口的扩大。印度人口全球第二，但低廉劳动力因基础设施落后而无法充分利用，外国直接投资长期低迷。俄罗斯远东大开发计划有赖于将能源运往中国、印度、韩国和日本。金砖国家银行将为巴西、印度和俄罗斯在上述领域提供资金支持。

第四，2011 年底金砖五国证券交易所在南非成立证券交易所合作联盟，并在彼此市场挂牌买卖，标志金砖国家资本合作开始起步。金砖国家大多是重要外汇储备国，但其国际金融市场影响力与实体经济规模严重错配。建立金砖国家开发银行对推动金砖国家金融制度国际化，改变本币交易信任度和结算多元化，意义重大。

现在分析近年来货币互换机制迅速发展的背景。

近年来，全球经济和贸易区域化、集团化日趋普遍，金融、货币领域出现"货币互换网络"的新趋势，各国货币互换热情不减。一方面原因是，全球金融危机阴影不散，美元作为国际储备货币绑架各国金融，许多国家中央银行人心惶惶，纷纷寻求货币互换的"避风港"，希望借此减少对美元的依赖。

另一方面，美国在金融危机期间向盟国提供美元流动性，紧紧把他们与美元体系捆绑在一起。美、欧、日、英、加、瑞士央行危机爆发后达成六国长期货币互换协议，使美联储成为事实上的"最后贷款人"。2008年金融危机后美联储通过货币互换机制，为欧洲和日本央行等提供近6000亿美元流动性。

以美元为中心的货币互换机制长期化意味着，美正在构建应对新兴经济体货币崛起的新货币联盟。它将是以美联储为中心、主要发达经济体央行参与的排他性超级国际储备货币供求网络。这种货币互换不仅涉及货币流动，更关系到发达国家的汇率安排以及宏观经济政策的协调。美国在经济金融领域的排他性还体现在"跨太平洋经济战略伙伴协定"和"跨大西洋贸易和投资协定"的谈判中排挤中国和其他金砖国家。

日本紧跟美国，已经抛弃亚洲清迈货币互换协议以及建设东亚外汇储备库地区合作机制，重回货币单边路线。标志是日本与印尼、菲律宾扩容双边货币互换，并重启与新加坡、泰国、马来西亚双边货币互换。

这种以货币互换双边、多边网络为基础的地区和国际金融结构有可能成为全球货币新体系的组成部分，其影响是深远的。目前由于美联储退出宽松货币政策，全球尤其是印度、印尼等新兴市场面临大量美元回流，就已凸显美元流动性暂时稀缺。

中国金融外交体现了共同发展原则和命运共同体意识。面对国际金融格局重大变化，中国金融外交有声有色，重点是改革全球金融治理机制和体系，稳步推进人民币国际化，货币互换范围与规模不断扩大是重要步骤之一。就国家而言，金融外交重心放在周边国家、新兴市场和发展中国家。同时，中国将努力防范金融风险、促进经济开发以保持稳定增长，通过各种形式推进国际和区域金融合作，以弥补现有金融机构的缺陷和不足。

　　清迈倡议是个很好的例子。2009 年底，东盟与中日韩财长和央行行长及香港金融管理局总裁宣布签署清迈倡议多边化协议，总额 1200 亿美元中国（包括中国香港）出资 384 亿美元，与日本并列第一。清迈倡议 2012 年决定扩容一倍，中国（包括中国香港）出资按比例增加。

　　中国金融外交并不排斥主要国际金融机构，相反中国希望加强与其联系，推动国际金融体系的治理改革，以使其适应国际经济金融格局的变化。例如，2009 年，中国在二十国集团框架内率先决定购买不超过 500 亿美元的国际货币基金组织债券，以弥补其应对金融危机的资源不足。2012 年，中国又向国际货币基金组织新增资源承诺 430 亿美元。

　　金融是经济的命脉。全球经济治理机制和体系的改革核心是金融体系的改革。要实现更加公平、公正、合理的金融治理还有很长路要走。我们要为中国的努力加油，为金砖国家的努力加油，为发展中国家的努力加油！

推进“一带一路”建设　促进
区域和平与繁荣

2000 多年前，始于中国秦汉时期的“陆上丝绸之路”和“海上丝绸之路”，拓展了东西方之间的交往，谱写了中国与世界紧密联系、人类文明交流的绚丽篇章。

星移斗转。2013 年，习近平总书记在出访中亚和东南亚期间，分别提出共同建设“丝绸之路经济带”和“21 世纪海上丝绸之路”的宏大战略构想，赋予古丝绸之路崭新的时代内涵和历史使命，赢得许多国家的强烈共鸣和国际社会的普遍关注。

十八届三中全会的决定强调，要“加快同周边国家和区域基础设施互联互通建设，推进丝绸之路经济带、海上丝绸之路建设，形成全方位开放新格局”。

中国从中央到中西部和沿海省份正在进行战略谋划和具体设计，蓝图已经绘就，集结号已经吹响。东盟和中亚国家以及俄罗斯、印度、巴基斯坦等重要邻国予以积极回应，均希望与其国家和区域发展战略相衔接。这充分凸显“一带一路”蕴含的巨大发展机遇和潜力。

一　全面把握“一带一路”建设的重大意义

中国地处亚欧大陆东部，既是陆地大国，也是海洋大国，广义周边国家多达 29 个。这些国家在历史、政治、经济、文化等方面的丰富性、多样性和差异性，决定了中国周边关系的特殊复杂性，也使各种矛盾在周边聚集。

第一，"一带一路"建设是互利多赢、破解难题的战略举措。随着中国改革开放的不断扩大，更深融入经济全球化，周边地区已成为中国的重要战略依托和主权、发展利益、海外安全风险挑战最直接、最集中的地区。

特别是在后金融危机时代，美国为保持全球领先地位，拉亚洲盟友加紧构建"亚洲版北约"，将反导系统部署前移至东亚，积极推进"跨太平洋伙伴关系协议"谈判，实施"亚洲再平衡"战略。美国对中国的"战略模糊"逐步清晰化，对亚太的巨大投入已难以用"两面下注"的传统外交、军事定义来解释。美国的做法削弱了本来就不怎么牢固的中美战略互信，客观上刺激了个别国家的领土和海洋权益要求，加上部分国家对中国发展壮大存在忧虑和误解，更加深了中国周边环境的复杂性和不稳定性。

如何应对这样错综复杂的地缘政治、经济局面成为中国地区和全球战略的首要挑战。中国在 21 世纪能否巩固发展战略机遇期、实现中华民族伟大复兴的"中国梦"，首先取决于能否稳定、发展好周边关系。"一带一路"构想从政治、经济、文化、历史等方面寻求区域一体化和互利共赢，是破解上述难题之道。

"丝绸之路经济带"构想兼顾内外战略需求以及政治、经济、文化和安全利益的均衡发展，是前瞻性很强的综合性战略规划。"一带"连接欧盟和环太平洋经济带，其沿线许多国家为"塌陷地带"，民众普遍希望发展经济。中亚地区地处地缘战略要冲，是东西方文化的交汇点。建设"一带"还能带动中国西部地区的发展，形成新的开放前沿。

第二，"一带一路"建设是中国积极参与 21 世纪全球治理新秩序顶层设计的主动作为，是中国坚定不移地致力于维护世界和平、促进共同发展战略的具体体现。它不仅仅是地缘经济的概念，成为中国与欧亚、东南亚及其他沿线国家之间加强基础设施互联互通、深化经贸投资合作、拓展文化交流融合、促进普惠共赢发展的战略契合点，也是地缘政治的构想，有助于促进战略互信与合作，同周边国家增进共识、搁置争议，推动各对双边与多边关系的稳定、健康发展，为地区和平与繁荣营造良好氛围，创造有利条件。

"一带一路"建设立足亚洲、惠及全球，将来"一带"建设会逐步涵盖和辐射中东欧、西欧以及西亚北非等广泛地域，"一路"建设将延伸至印度洋、中东、非洲和地中海国家。

目前，国际上已经有一些"丝绸之路"的设想，如联合国教科文组织和开发计划署的"丝绸之路复兴计划"、美国的"新丝绸之路计划"、日本的"丝绸之路外交"战略、俄罗斯的"新丝绸之路"以及哈萨克斯坦的"新丝绸之路"等。需要处理好与这些设想的关系，能合作的就合作，突出共同利益，寻找利益和设想的契合点，实现互利共赢。

第三，"一带一路"建设对打造中国经济升级版十分重要。这种全方位的合作涵盖铁路、公路、航空、海运、电信、金融、旅游、现代农业等众多行业，将给中国带来有效扩大内需和经济转型升级的全新机遇，有助于保障中国持续发展所需的能源、资源和通道要求。据测算，通过"丝绸之路经济带"，从连云港到荷兰鹿特丹的运输距离将比海运缩短9000多公里，时间节约近一个月，运费节省近1/4。

它对于中国推动缩小地区城乡发展差距的西部大开发、中部崛起、加速城镇化进程等，将提供新的动力。中国西部地区实现跨越式发展至关重要，西部大开发与向西开放建设"丝绸之路经济带"是紧密相连的。目前中国西部部分省区的经济发展水平还不及中亚国家，这给"一带"建设造成了困难。

它对中国企业走出去、转移于中国是过剩产能而于周边国家则是经济发展需要的有效产能，对人民币区域化和国际化进程将开辟新的重要渠道。现在使用人民币进行贸易结算、贸易融资最多的是中国的周边地区。马来西亚等国家已经把人民币作为国家的储备货币之一。

二　深刻认识"一带一路"建设的现实基础

亚洲目前是世界最大制造业基地和产业布局集中地，拥有最庞大消费群体，已成为最具发展活力和潜力的地区，推动全球经济增长的主要引擎。可从两方面来认识"一带一路"建设的基础条件。

第一，"一带一路"将与亚洲经济一体化进程相辅相成。亚洲一体化稳步向前，已形成东盟、上合组织、南亚区域合作联盟、海湾合作委员会等地区合作组织，以及东盟与中日韩等合作机制和范围更广的亚太经合组织。

亚洲内部贸易依存度逾 50%。亚洲经济融合步伐加快，经济实力提升，有效增强了亚洲国家抵御外部风险的能力。

当前，欧美日经济体艰难前行，经济复苏缓慢，世界经济走势充满风险和变数。对于部分新兴经济体，特别是债务赤字风险高企、经济依赖资源出口的国家，新一轮危机正在逼近。倚重外部需求的出口导向型经济、创新能力和生产效率欠缺、现代服务业在经济中比重较低、收入差距悬殊以及能源资源供给瓶颈和风险，制约着亚洲经济的进一步发展。

要解决这些难题，使亚洲经济稳定发展，减少不确定因素的负面影响，不仅需要亚洲各国进行国内改革，更有赖于相互间的协同合作，以实现区域经济的转型升级和紧密融合。"一带一路"建设将推动亚洲经济合作与融合进一步走实、走强。"一带一路"建设或许就是"亚洲的机会"、"亚洲的出路"！

亚洲国家自然禀赋不同、发展水平各异，优势互补、合作共赢潜力巨大。与世界上经济一体化发展成熟地区相比，亚洲在基础设施互联互通建设、扩大相互市场开放、促进贸易投资便利化、构筑完善产业链、开展金融科技合作等方面仍有较大提升空间。

第二，"一带一路"建设将与中俄战略协作关系相得益彰。从地缘政治、经济角度看，中俄战略关系应该体现在欧亚大陆的紧密连接，凸显中国西进战略与俄罗斯亚欧一体化的重合和默契。

"丝绸之路经济带"横贯欧亚大陆，由铁路、公路、航空、海运、管道、通信光缆等基础设施互联互通的多层面、现代化经济大通道。这条世界上最长、最具发展潜力的经济大走廊东连亚太经济圈，西系欧洲经济圈，穿越亚欧 18 个国家，总面积约 5000 万平方公里，覆盖人口约 30 亿，区域内能源、矿产、旅游、文化和农业资源丰厚，市场规模和潜力独一无二。俄罗斯地处欧亚大陆腹地，是中国推动"一带一路"建设的重要伙伴，欧亚大陆的经济发展潜力尚未充分挖掘，中俄贸易投资合作发展空间很大。

具体而言，俄是中国石油和天然气供应国。"一带一路"将带动中俄在原油、天然气、输油管道、合资炼油厂、交通等资源能源和基础设施建设领域的大项目合作，实现两国产业优势互补，推动区域经济合作。

中国正在建设中巴铁路以连接印度洋与沿线各国，建设中巴伊铁路直达地中海，建设中俄英高铁大动脉纵贯亚欧大陆。习近平主席并就建设丝绸之路经济带的政治主张明确指出，中国要与中亚各国做好朋友、好邻居、好伙伴，但不干涉对方国家内政，不谋求地区事务主导权，不经营势力范围。中方"一带一路"旨在各国平等参与、互利互惠，与欧亚国家推动区域政治、经济一体化方向一致，互补性很强。

第三，中国长期坚持和平发展、互利共赢，不断增进与周边国家的友好合作，为"一带一路"建设打下了坚实基础。

就"一带"而言，首先是不断迈向更高水平的中俄全面战略协作伙伴关系，习近平主席出席索契冬奥会就是重要标志。同时中国同中亚国家关系处于最好时期。20 多年来，与中亚国家都已建立战略伙伴关系，解决了历史遗留边界问题，并通过上合组织正深化全方位合作。同建交初期相比，中国同中亚国家贸易额增长 100 多倍，交通、能源领域合作成效显著，油气合作成果突出。对中亚国家来说，中国的投资互利互惠、不附带政治条件，正是其发展战略所需要的。

就"一路"而言，中国创下多个"第一"：作为域外国家第一个加入《东南亚友好合作条约》、第一个与东盟结成战略伙伴、第一个与东盟启动自贸区谈判。双方走过了战略伙伴关系的"黄金十年"，中国与东盟正努力开创新的"钻石十年"，希望通过进一步开放货物贸易、服务贸易和投资市场，力争 2020 年双方贸易额达到 1 万亿美元，新增双向投资 1500 亿美元。中国与南亚国家共建自贸区亦在积极推动。

三 对推进"一带一路"建设的思考

"一带一路"建设的战略构想要付诸实施是项复杂的系统工程，包含地缘政治安全、对外开放合作、转变发展方式、区域经济一体化、不同文明对话等丰富内涵，不可能一蹴而就，要做好打持久战的思想准备，统筹规划、坚定推进，努力做到"五个紧密结合"。

（一）将"一带一路"建设与构建稳固周边环境紧密结合

周边是中国安身立命之所，发展繁荣之基。要充分发挥与周边国家来往频繁、地缘相近、文化相通、华人众多的优势，以推进"一带一路"建设为契机，深入贯彻亲、诚、惠、容的周边外交理念，努力寻求利益交汇点、文化交融点和历史交流点，扩大共识、缩小分歧，让发展的成果惠及周边国家，让利益共同体和命运共同体意识在周边国家落地生根，使周边国家真正成为同中国政治关系更加友好、经济纽带更加牢固、安全合作更加深化、人文联系更加紧密的可靠战略依托。

（二）将"一带一路"建设与深化改革、扩大开放紧密结合

改革开放成就了今日中国，更是未来中国发展进步的最大红利和动力。在"一带一路"建设中赢得先机、把握主动，正如中国共产党十八届三中全会所说，需要通过全面深化改革和扩大开放，使市场在资源配置中起到决定性作用并更好发挥政府作用，不断完善互利共赢、多元平衡、安全高效的开放型经济体系，努力促进沿海、内陆和沿边开放优势互补，全面推进科技创新体制、投融资体制、财税体制、金融改革试验等重点领域的改革。同时打破各种束缚和框框，在"一带一路"沿途设立各类自由贸易园区、金融改革试验区，以促进产业结构转型升级和国内国际投资的便捷化、自由化，形成引领区域和国际经济合作与竞争的新区块优势。

（三）将"一带一路"建设与全球治理体系改革紧密结合

当代国际经济秩序是二战后以美国和西方国家为主建立起来的，主要体现西方利益。国际金融危机暴露出全球治理体系和能力的种种弊端，激发出国际社会的强烈变革愿望，推动代表性较为平衡的二十国集团峰会机制成为全球经济治理的主要平台。但治理体系北强南弱的力量对比未发生根本转变，国际货币基金组织和世界银行等重要全球治理机制的主导权依然掌握在西方发达国家手中。

"一带一路"建设需要众多新兴经济体和发展中国家的参与，涉及区域经济合作、区域治理与全球治理的改革，要抓住机遇，发挥"一带一路"对区域一体化的示范和引领作用，团结更多发展中国家、汇聚更多变革能量，推动全球治理改革朝着公正、合理的方向发展。

（四）将"一带一路"建设与公共外交紧密结合

各国普遍重视运用软实力，重视公共外交和对外宣传的抓手作用。长期以来，西方国家掌控全球信息流通系统，主导国际话语权，对外输出意识形态、价值观念和西方文化。随着互联网和社交媒体的普及，西方对舆论的影响力更加明显，不时干扰中国内政和外交大局。

建设"一带一路"既体现硬实力也凸显软实力，在积极扩大经济和贸易往来的同时，要推动以文化交流为主要载体的民间交往，大力开展公共

外交，加强国际传播能力建设，努力把握对外宣传主动权，用事实说话，讲好中国故事，表明中国的发展对各国都是机遇，有利于周边的稳定与繁荣，中国梦与其他国家人民的梦是相通相连的。

（五）将"一带一路"建设与华商经济紧密结合起来

据估算，东南亚华人华侨超过 3000 万。东盟华商经济实力雄厚，统计表明，2009 年全球华商企业总资产约 3.9 万亿美元，其中东南亚华商经济总量为 1.1 万亿至 1.2 万亿美元。世界华商 500 强中约 1/3 在东盟国家。在东南亚证券交易市场上市企业中，华人上市公司约占 70%。在中亚、南亚等同样有许多华人华侨和重要的华商经济。

海外侨胞有雄厚的经济科技实力、成熟的生产营销网络、广泛的政界商界人脉以及沟通中外的独特优势，要充分发挥他们在"一带一路"建设中的巨大潜力和作用，使华商经济与"一带一路"建设、推动区域一体化有机衔接，相得益彰，实现多赢。

Broken Links

We are witnessing the balkanisation and fragmentation of traditional multilateralism today, which has resulted in a mushrooming of both bilateral and regional free trade agreements in recent years. On the one hand, this phenomenon of "going regional" has certainly promoted economic growth in different parts of the world and, by extension, benefitted the global economy as a whole. But on the other hand, it has been hijacked to serve the geopolitical purposes of some countries to the detriment of others.

Let's look at the positive side first. By the end of July this year, there were 249 regional free trade agreements registered with the World Trade Organisation, of which about 70 per cent were created in the last 10 years. As far as Asia and China are concerned, the China-Asean free trade agreement was completed in 2010. After that, the "10 + 3" and Regional Comprehensive Economic Partnership negotiations were launched.

Intra-Asia trade increased from US $ 800 billion in 2000 to the present US $ 3 trillion, and Asian trade with the rest of the world grew from US $ 1. 5 trillion to US $ 4. 8 trillion in the same period.

China has signed 12 free trade agreements, with another six being negotiated right now. It is China's economic growth strategy to have a network of such agreements, starting from Asia and eventually covering the world at large.

Three mega-negotiations on regional arrangements are going on right now. It is said that these "Big Three", once completed, will redraw the contours of the post-

Western world and rebalance the economic order of advanced nations and emerging markets, with China as its leader. It will also determine the future of multilateralism as "an open global arrangement" or "competing blocs".

The Big Three are: the Trans-Pacific Partnership of 12 countries led by the US, with annual commodity trade at US $4.3 trillion; the Transatlantic Trade and Investment Partnership between the US and European Union; and the Trade in Services Agreement between the EU and 20-odd economies of both advanced and developing countries, including the US. What are the problems with these three negotiations?

One, it demonstrates that the US and the West has lost interest and trust in the grand multilateralism that defined the post-war era, particularly since the outbreak of the financial crisis in 2008. Over the last few years, developing countries have become the engine of global economic growth. The combined gross domestic product of the BRICS countries has surpassed 20 per cent of the world total. From 2008 to 2012, the export volume of developing countries has been growing much faster than that of advanced nations.

Western economies appeared to have come to a conclusion that the balance has turned against them in international organisations such as the WTO, and therefore they turned their back on these organisations and began to promote seriously regional pacts like the Trans-Pacific Partnership.

Moreover, they are starting to remake trade and investment rules, reaching beyond borders to focus on issues related to intellectual property protection, rules for state-owned enterprises and environmental protection instead of focusing on tariffs at the border.

Two, all three trade negotiations exclude China. Certainly not! China is the second-largest economy in the world today and its foreign direct investments amounted to US $87.8 billion in 2012, the third largest in the world. China is also the largest trading partner to 124 countries, while the US is the same to 76. So China is excluded for reasons of geopolitics, not economics.

Any regional free trade agreement that excludes China does not make much economic sense unless it is politically biased. The Big Three negotiations no doubt belong in this category. The initiators want to remake trade and investment rules without China's participation.

They wrongly believe that China has been "a free rider" of the post-war open global trading system and, as such, reaped huge "dividends". They don't want to further arrangements that empower their "rival". Caught between engagement and hedging, they try to rewrite the rules of the game.

Some experts have a name for the American alternative to multilateralism- "mid-multilateralism", halfway between total abandonment of multilateralism and complete embrace of the regional approach. Those who espouse this approach forget that integration is exactly the result of the globalisation they espouse so ardently. That China should be part of the system was something they wanted from the very beginning, wasn't it?

The fragmentation of multilateralism and globalization is a fact, no matter how regrettable it is. But we need to remember that interdependence among nations, both advanced and developed, brings benefits for all. Pursuing a path based on a "zero sum" theory is doomed to failure, especially when it involves a country as large as China. Marginalising China will never work and will only result in further fragmenting the multilateralism that has served all of us so well for so long.

China is firmly committed to continue implementing reforms in a comprehensive manner, on its chosen road of building socialism with Chinese characteristics, as guided by the blueprint laid out at the Communist Party's third plenum of the 18th Congress. As it grows, China will make ever bigger contributions to the world and to the global system founded on multilateralism.

二 论国际政治

温故而知新，战争与和平

2014 年是第一次世界大战爆发 100 周年，也是甲午海战 120 周年。人类为 20 世纪的两次世界大战付出了惨重代价。中国人民在甲午战争和二次大战中前仆后继，数千万军人和平民为反抗侵略、为反法西斯斗争献出了生命。

百年弹指一挥间，如今日本安倍政府不仅对侵略战争毫无忏悔之意，反而变本加厉，参拜供有二战甲级战犯的靖国神社，公然挑战二战确立的国际秩序，并将中日关系比作当时的英德关系，企图以错误、错位的历史类比来误导国际社会，为日本重走军国主义道路寻找"替罪羊"，放"烟幕弹"。安倍政府的所作所为使中日关系跌入冰点，使东亚充满了火药味，紧张局势不断升级。

抚今追昔，从痛苦的历史中汲取教训，以坚定的态度努力维护有利于长期和平与发展的国际秩序，避免战争恶魔再次抬头，有着重大的现实意义。

"历史是老师，更是一面镜子"

日本在明治维新以后走上了国力日盛的资本主义道路，为了获得更大的市场和资源，领土扩张的野心膨胀，制定了以侵略中国为中心的"大陆政策"，企图通过征服中国将亚洲纳入自己的版图。甲午战争实质是新兴的日本为挑战东亚旧秩序而发动的战争。日本的做法得到当时西方列强的支持，它们除了想趁机获利，也想利用日本牵制俄国。甲午战争就是在这样的背景下发生的。

1894 年 7 月 25 日，日军以偷袭大清帝国运兵舰队为发端，不宣而战，挑起了蓄谋已久的大规模侵华战争。从丰岛海战到《马关条约》的签订，战争最后以中国割让台湾及其附属岛屿、赔偿 2.3 亿两白银而告终。这笔巨额赔款相当于清朝年收入的 3 倍，日本年财政收入的 4.5 倍！这场战争的结果是，日本靠强索巨额赔偿完成了资本原始积累，进而脱亚入欧，跻身列强，走上对外扩张的帝国主义道路，为其后更大规模的侵华战争种下祸根。

甲午战争加深了中国殖民地半殖民地进程。《马关条约》签订之后，中国彻底沦为半封建半殖民地国家，引起外国殖民者新一轮瓜分中国的高潮。

一战是帝国主义时期资本主义发展不平衡加剧、同盟国与协约国为瓜分世界，争夺殖民地而进行的战争。19 世纪末 20 世纪初，帝国主义国家政府为获取最大垄断利益，推行对外扩张和侵略政策。老牌殖民帝国英、俄、法占据绝大部分殖民地，德、日、美等新兴帝国主义国家的殖民地却不多。这种不均衡导致帝国主义国家之间的矛盾激化。

同时，资本主义国家周期性的经济危机和国内矛盾尖锐化，导致各国政权不稳，纷纷扩军备战，通过发动侵略战争来转移、缓和国内矛盾。

30 多个国家、15 亿人卷入第一次世界大战。战场覆盖欧、亚、非三洲和大西洋、地中海、太平洋等海域，死亡人数逾 5500 万，总损失 4 万亿美元。

日本通过一战在亚洲攫取了巨大利益，刺激日本其后发动对中国等亚洲国家的侵略和太平洋战争。

一战后建立的《凡尔赛条约》对德国实行严厉制裁，德国失去了 13% 的国土和 12% 的人口并被解除武装。但德国元气并未大伤，工业体系保存完整。《凡尔赛条约》使德国产生极强的抵触，引发强烈的民族复仇主义情绪，最终导致希特勒纳粹党上台。德、意、日法西斯政权在英、法、美等国绥靖政策的纵容下，挑起二战浩劫，造成 7000 万人死亡，从欧洲到亚洲，从大西洋到太平洋，61 个国家和地区、20 多亿人陷入战争。

二战后雅尔塔体系将苏联和美英两种不同社会制度国家的和平共处原则纳入国际体系和制度，建立了在美苏中英法五大国力量均势基础上的以联合国安理会为核心的集体安全体系以及美国独强、以国际货币基金组织和世界银行为代表的全球经济、金融布雷顿森林体系。这些代表了二战后的国际政治、经济秩序，为维护世界和平、促进经济发展发挥了积极作用。

　　两次大战都与德国、日本有关，但两国对历史的态度却截然不同。德国彻底反省侵略历史，汲取历史教训，获得欧洲和国际社会的原谅，现已成为欧洲强国。而日本却始终不愿直面历史，承认侵略历史和错误，相反美化历史，修改教科书，甚至把自己打扮成"历史的受害者"。这与二战后没有彻底清算日本战争罪行，个别国家扶持日本在亚洲作为平衡中国的力量，也有很大的关系。

　　如今安倍政府在军国主义极端危险的道路上越滑越远，不仅参拜靖国神社，公然挑衅现有国际秩序，还四处出击，围堵、攻击中国，企图倒打一耙，将东亚局势紧张的责任推给中国。最近安倍在达沃斯和印度的讲话完全就是这个调门。这自然遭到国际社会特别是中国和亚洲邻国的谴责和唾弃。

"从钓鱼岛说起……"

　　目前不少舆论将一战爆发前的欧洲与百年后的东亚做比较，认为战争危险迫在眉睫。这种看法过于简单化，但战争危险确实不能完全排除。当前东亚地缘政治和安全环境十分复杂，主要是日本围绕钓鱼岛挑起的领土和海洋争端引发局势紧张，背后又有新兴大国与守成大国的复杂关系。

　　中日钓鱼岛之争的根源在于，日本政府竭力回避、掩盖甚至断章取义篡改当年日本外交档案记录的事实，编造日本对所谓"无主地"先占的谎言，仍然在以甲午战争胜利者自居。这是在践踏历史，中国绝不接受。

　　从历史上看，连冲绳县都不是日本固有领土，钓鱼岛就更不是日本的领土。钓鱼岛问题的直接起因是 1894 年日本发动的甲午战争。这场战争硝烟未散，日本明治政府次年元月就秘密决定占有钓鱼岛。

　　1950 年 12 月 4 日，中国周恩来外长发表声明，反对排除中国参与的《旧金山和约》及美国对琉球的"托管"。1971 年日美达成归还冲绳协议，把钓鱼岛划入"归还区域"，中国表示强烈反对。美国声称交给日本的只是钓鱼岛行政管辖权，对钓鱼岛主权，美国没有特定立场。

　　2010 年中日钓鱼岛"撞船事件"后，日本同年末公布新的《防卫计划大纲》，制订了为期五年的军事整备计划，把军事战略重点转向包括钓鱼岛的西南诸岛。日本防务省将官还提出多种应对钓鱼岛及其附属岛屿和中国海洋战略的军事作战计划，其中包括利用中国内乱先行军事占据钓鱼岛。

近年来，日本军国主义本性日益暴露，有其深刻的历史和现实缘由。

首先，日本自"广场协议"签署以来，国民经济长期低迷，国家债务一路攀升，陷入"日本式经济陷阱"。2012年日本国家债务高达1000万亿日元，约为当年日本国内生产总值的2.5倍，在全球排名第一。安倍上台后推行"安倍经济学"，说是"三箭齐发"，其实主要是印钞票，实行量化宽松，来刺激日本经济。其结果虽然对日本出口有所帮助，但却进一步筑高债台。有专家说，日本已经进入"国家破产"阶段。经济持续低迷必然伴随政治动荡和社会矛盾积累。安倍近来"拜鬼"等制造紧张局势的一系列逆历史潮流之举动，显然是想转移国内矛盾，转嫁经济危机。

其次，日本在进行一场巨大而危险的军事赌博。日本右翼政客对中国这些年快速发展壮大心里总有一道坎迈不过去，尤其几年前中国GDP总量超过日本对日刺激很大。于是乎日本寄希望以美日同盟来牵制中国，为中国的发展使绊子、制造障碍，其做法是在安全上紧紧拉住美国，同时挑唆亚洲邻国与中国的海洋权益等矛盾，企图构筑针对中国的"小圈子"。这场赌博日本下的赌注很大，甚至不惜牺牲东亚的和平与安全。

最后是日本对待历史的态度使然。日本政客长期扭曲历史，不愿面对曾经给亚洲和其他国家带来生灵涂炭、遍地废墟的巨大灾难的侵略战争，更谈不上彻底反省侵略历史，使日本长期陷入"强烈而狭隘的民族主义陷阱"。日本媒体最近居然声称，从一战前局势吸取的教训是，针对中国一定要提高日本独自的震慑力以及日美同盟的战斗力。

可惜日本的如意算盘难以得逞，赌得越大就越可能血本无归。当今和平与发展是世界主流。日本安倍政府加紧军备，挑战国际秩序，使东亚火药味浓重，已经遭到亚洲邻国的警觉和反对。连日本的盟友美国在安倍参拜靖国神社后也即表示不满。最近美国高官访问中日韩，传递的也是要维护国际秩序的信息。

安倍炒作中国因素，企图用简单历史类比来推论战争逻辑，与事实相去十万八千里。如果不是单纯的无知，那就是心里有鬼！

"中国的发展对中国和世界都是福音。"

中国传统文化和历史都主张"和为贵"，这与当年德日的穷兵黩武根本没有可比性。

中国坚持走和平发展的道路不是权宜之计，而是基于历史和现实的战略抉择。中国改革开放的历史已经充分证明了这一点。中国的现代化是在现有国际体系中进行的。中国是现有国际体系的积极参与者、建设者和维护者。以联合国维和行动为例，中国是五个常任理事国中派出维和部队最多的国家，迄今已派出一万多名官兵参与了 24 项维和行动。中国积极参与全球问题的解决，近年来在 20 国集团中为遏制金融危机蔓延发挥了至关重要的作用，对世界和平与发展的贡献有目共睹。

中国改革开放以来积极参与和推动全球经济和贸易的发展，从来料加工到制造业的全面发展，已经成为全球生产链的关键一环。2014 年中国直接对外投资将超过外国对华的直接投资，成为资本净输出国。中国国内生产总值已跃居世界第二，人均超过 7000 美元，对外贸易首次超过 4 万亿美元，成为全球第一大贸易国。而且中国经济发展的空间还很大。这些都充分证明中国是国际体系和全球化的受益者和贡献者。中国与世界各国已结成"你中有我、我中有你"的命运共同体，中国的发展壮大将是世界和平与发展的重要推动力。中国的发展离不开世界，世界也离不开中国。

有人问，历史上新兴大国的崛起大约有 15 次，其中 11 次与守成大国发生对抗。那么东亚会不会重蹈当年欧洲的覆辙呢？答案是明确的，也是否定的。

当前东亚和亚洲局势总体可控，除非安倍政府真的不顾一切，铤而走险。而且近百年来国际体系的发展与完善加上核武器"确保相互摧毁"的制约，战争已不再是大国博弈的首选。

这里关键要看中美如何处理"新兴大国与守成大国"的关系。中美互为第一大贸易国，经济相互依存，又都有相互摧毁的核力量，战争手段肯定不是选项。而且如果有人胆敢铤而走险，拿东亚和平当儿戏，两国就要加强沟通与协调，果断行动，决不容许被别国或某一事件拖入大国的冲突。

中国对外战略要有底线思维。甲午战争是中华民族觉醒的一个重要转折点。遭此奇耻大辱，国人开始重新认识自己、认识世界。梁启超对此有过入木三分的评论："吾国四千年大梦之唤醒，实自甲午战败割台湾、偿二百兆始。"

中国有理由也有能力在东亚发挥影响力，钓鱼岛问题涉及中国主权和领土利益底线，必须寸土不让。中美在东亚合作符合双方和亚太各国总体利益。中美都是二战的胜利国，都是现有国际秩序的受益者，对遏制日本重走军国主义老路负有共同责任。

我们希望铸剑为犁，我们热爱和平，向往和平，但实现伟大的中国梦，需要强化使命和担当意识。有备才能无患，能战方能止戈。忧患意识不能丢，居安思危不能少。

习近平主席提出中美建立"不冲突、不对抗、相互尊重、合作共赢"的新型大国关系，得到美方和奥巴马总统的积极响应。双方建立这种双赢、多赢的关系，将为其他国家树立榜样。

"两岸猿声啼不住，轻舟已过万重山。"温故而知新，重温战争与和平的历史是为了更好地迎接未来。中国对自己和世界的美好未来都充满信心，希望与其他国家一起共圆中国梦，共圆世界和平与繁荣之梦！

日本对"扩军备战"
需要三思而行

2013 年 11 月 6 日，日本首支自卫队地舰导弹部队携带 88 式岸舰导弹抵达宫古岛，与已经部署在那霸的导弹部队形成掎角之势，对宫古海峡实行两面夹击。宫古海峡是公海所在，也是中国海军舰船进出西太平洋的必经之路。明眼人一看就知道，日本自卫队这样做是实施和完善武力封锁"第一岛链"重要海峡通道的关键举措。加上日本自卫队最近不断进行所谓夺岛军事演习，日本领导人又不断发表好战言论。人们不禁要问，日本政客如此急迫地扩军备战究竟在想什么，想干什么？

其实日本政客有两个心结：一是中国和日本力量消长引发的"不平衡"心态，这道心坎迈不过去；二是日本想当"正常的国家"，要修改和平宪法，以拥有"正常的军队"。日本经济 20 年停滞不前，安倍政府上台后其经济"三箭"看来也收效甚微。虽然日本申奥成功，但大多数日本人对前途并不乐观。在这样的历史和现实背景下，日本政客们错误估计形势，想"赌一把"大的，把矛头对准了邻国中国，而把宝押在与美国的同盟关系和日美安保条约上，拉虎皮作大旗。前一段日本在钓鱼岛问题上就已经表现得淋漓尽致。这样的想法和做法非常危险，与亚太地区国家希望和平、稳定和繁荣的愿望背道而驰，也未必能得到日本人民的支持。

当然日本押宝的思想也不是空穴来风。美国确有部分势力想借中日矛盾牵制中国的发展，给中国制造麻烦。美国智库兰德公司最近发表报告，建议美军利用亚太地区的各个制扼点部署路基反舰导弹，来对付中国海军的反介入和区域拒止战略。其中就具体提到在日本冲绳岛部署射程为 100 ~ 200 公里的反舰导弹，以覆盖解放军在冲绳岛以南的所有路径。美国对日美安保条约的反复承诺，美日不断进行联合军事演习，也使日本军方的胆子越来越大。

从世界发展趋势看，亚洲的重要性日益凸显。不少人认为 21 世纪是亚洲的世纪，其中东亚将是 21 世纪的"明星"。随着全球化的快速发展，包括中国在内的东亚国家顺应经济发展规律，经济和综合实力得到很大提高。这一趋势还会继续下去。中国的睦邻、富邻、安邻政策已经将中国和许多亚洲国家结合成"一荣俱荣、一损俱损"的命运共同体。中国和东盟更是如此，从古至今都是联系十分紧密的邻邦。中国的和平发展对中国人民是福音，对亚洲也是大大的利好消息。中国需要和平发展，需要安定、和平的发展环境，同样亚太其他国家也要走和平发展的道路。这是相辅相成的，缺一不可。

从历史的大视角观察，中华民族的复兴是必然的，谁也阻挡不了。国家之间的力量消长也是历史长河的自然。关键是各国走什么道路的问题，是和平发展，国家之间和睦相处，还是相互不服气，非要争个你高我低，甚至搞出什么军备竞赛或者军事冲突来。有疑虑，有问题并不要紧，只要有关各方通过心平气和的沟通和协商，增进相互了解，总能找到解决的办法。

中国领导人多年来在许多场合公开宣布，中国将走和平发展的道路，这是中国的战略选择，也是基于中国历史和中华文化的选择，是唯一可行的发展道路，中国不会走历史上大国走过的老路。就是将来中国国力再强大，中国也不称霸。这几十年的历史已经充分证明中国走的就是这条康庄大道，中国的发展不是排他性的，更不会损害别国的利益。中国的发展不仅惠及全中国人民，也惠及周边邻国和世界各国。习近平主席提出的实现民族复兴、国家富强、人民幸福的中国梦以十分简洁、形象的语言概括了中国的发展道路和理念，得到了世界普遍的认同和欢迎。把中国争取经济、科技、国防现代化的努力及其取得的成就说成"中国威胁论"是毫无道理的，也是别有用心的。

至于日本的"正常国家"问题，那是历史造成的，是国际社会对日本在二次大战中所犯罪行的惩戒。日本的和平宪法、美国在日本的驻军、美日安保条约都带有这一烙印。如何实现"正常化"国家的目标，其实路径很清楚，只要对历史有深刻的反省，坚持走和平发展的道路，要实现这一目标并不困难。但是现在日本政客的所作所为是想推翻二次大战的结论，这条路却是走不得，也走不通的。希望日本以国家自身和亚洲的长远利益为重，三思而后行。

日本核武之谜局

日本有核武器吗？最近媒体曝光美国要求日本归还 300 公斤武器级钚，据报道，这批钚是冷战时期美国给日本研究用的，可以用来制造 40~50 枚核弹头。另《解放军报》年初也披露日本目前可能已经制造出若干枚核武器。这使日本拥核问题再次成为国际政治的重要议题。日本是否拥有核武器的谜底可能很快揭晓。

美国是日本核能力的始作俑者

日本拥有大量经后处理产生的武器级钚是不争的事实，而且日本在美国帮助下又有强大的反导系统，日本自身也已具备空间发射能力，所以运载系统也不成问题。其实日本潜在和实在的核能力是谁都心知肚明的事情，真正的问题应该是，日本什么时候捅破这层"窗户纸"。

这里首先是美国因素。作为国际防止核武器和核材料扩散基石的《核不扩散条约》规定，联合国安全理事会五个常任理事国是核武器国家，其他国家都不得研发、拥有核武器。日本现在是世界上唯一被允许可以进行乏燃料后处理的非核武器国家。为什么呢？这个特权是拜美国里根政府所赐。1988 年生效的《日美原子能协定》给了日本合法拥有提取钚和浓缩铀的权利，前提是保证这些核材料不被用于制造核武器。据国际专家估算，截至 2014 年初，日本储存有 44.2 吨钚，足够制造逾 5000 枚核弹头。

日本是个岛国，能源资源匮乏，希望通过发展核能来解决能源短缺问题。美国在二战后需要扶植日本成为其在亚洲的"马前卒"，向日本出口核技术既可解决日本的能源需求，又可以在亚洲埋下一颗"核钉子"，以收"一石二鸟"之效。基于这样的战略考量，美国对日本乏燃料后处理钚的提取和储存都采取"眼开眼闭"的做法，基本上是放任自流。其结果是给日本秘密发展核武能力打开了闸门，给亚洲和世界埋下了祸根。

日本核产业链和核技术完备无缺

日本重工业发达，对核技术研发投入巨大，已形成完整的核产业链，或者说核技术能力。日本最大的三家核电企业，三菱重工、日立制作和东芝集团，均能一条龙独立设计核电机组，拥有从核燃料到后处理的全套技术。日本的核反应堆芯技术应用及其研究在某些方面甚至已经超过美国。过去日本的核废料主要运往欧洲作后处理，提取高纯度的钚和铀，再运回日本储存。其实日本早就自己从事提取活动。从2013年解密的日本外交文件中可以发现，美国在1977年就断定日本从其轻水反应堆提取的钚可用于制造核武器。卡特政府后来为日本提纯工厂设定提取钚的上限，就是出于防止日本秘密发展核武的考虑。美国收紧对日本的钚政策后，日本从欧洲运回高纯度钚的计划难以为继，到2014年1月，日本存在欧洲的钚高达34.9吨。

日本军事专家最近证实，日本制造核武器技术上"不成问题"。日本除了存有大量武器级钚，在研究和制作核武器方面已"羽翼丰满"。例如，日本拥有大型核聚变试验装置，已开发可用于火箭的高强度、耐烧蚀、抗热震的碳复合纤维材料，并已研发每秒6000亿次超高速计算机系统用于核爆炸模拟试验。从投放能力看，日本拥有发射卫星的固体火箭和高性能制导能力，这与发射和运载核武器系统是兼容相通的。这也是日本为何对朝鲜发射卫星如此紧张的最重要原因。

日本发展核武意欲何为？

据日本最近解密的外交文件显示，日本早在1966年就提出研发核武的计划，而且目的性很强，就是要先发展能装载在导弹上的小型、轻型核弹头，以用于实战。该计划被美国察觉而被迫中止，但日本从未停止研发核技术活动。冷战结束后，用于核能发电的铀燃料增多，供过于求，大多数国家在发展核电中选择建造使用铀作为核燃料的反应堆，因为铀毒性小、价格低，而且难以处理成武器级材料。但是，日本却执意发展以钚为核燃料的反应堆，即便在2011年经历大地震后依然不改初衷，希望在2014年启动用20年时间、花费210亿美元建造的六所村核燃料再处理设施。

更有甚者，日本不顾对世界和平与全球生态环境的威胁，不顾国内老百姓反对和国际社会的批评，执着地年复一年积累远远超出其实际需求钚储备，究竟为何目的？国际原子能机构颁布的《钚材料管理指导原则》明确规定，各国核材料要做到供需平衡。而且该机构总干事一职由日本人担任，日本为了竞选此位置曾动用大量外交资源。它对原子能机构的相关规定应该十分清楚。

安倍在新年感言中说，日本到2020年将全面恢复"正常国家"地位，还说夺回"强大日本"的战斗才刚刚开始。言之凿凿！从他上台后所作所为看，为了实现这一目标，日本走的是一条煽动战败国民族悲情、挑战现有国际秩序、扩军备战与军事冒险的不归路。甲午之年，温故而知新，历史的教训不可忘。日本如果选择在拥核的基础上推进军事强国路线，将给包括中国在内的亚洲邻国乃至世界安全带来不可估量的威胁。世界各国，尤其美国作为战后国际秩序的缔造国，应该立即行动起来，携手合作，制止这一危险的趋势。

亚洲地缘政治与美国再平衡战略

美国 2009 年宣布"转向"亚洲，2011 年公布亚洲再平衡战略，并采取了一系列行动和战略部署。这不仅打破了亚太战略均衡，更是给中国的安全环境增添了复杂因素，成为中国在制定对外战略尤其是建设自身安全能力时不得不考虑的重要因素。

美国学者对亚洲再平衡战略做过这样的解读："（美国）再平衡战略意味着调动各种资源和伙伴关系来抵消任何可能的挑战"；"今天美国对华政策的首要目标是维持美国在亚洲的优势地位。"无论是维持优势地位还是抵消挑战，奥巴马总统日前访问亚洲四国、美国防部长哈格尔在香格里拉对话会上就钓鱼岛和南海问题针对中国咄咄逼人的表态，都表明美国将坚持推行以中国为主要目标的亚洲再平衡战略，并不惜为此动用各种资源，包括在西太平洋聚集美国 60% 的海空军战略力量。

当然，也有不少专家包括美国学者认为，美国现在是心有余而力不足。中东、欧洲和亚洲是美三大战略投入重点，前两者依然局势错综复杂，中东地区的"阿拉伯之春"已经演变为"阿拉伯之冬"，"伊斯兰国组织"恐怖势力异军突起，乌克兰危机引发美俄对峙，美国没法也不愿就此脱身。

但是美国亚洲再平衡的客观结果是，东盟国家陷入"经济上依赖中国、安全上拉住美国"的怪圈；日本借此国家极度右转，在钓鱼岛等问题上不断挑战中国的底线；中国的个别邻国也乘机在海洋权益上肇事生非；美国则走入"经济上与中国发展关系，安全上牵制、遏制中国"的双轨，软硬两手并使。亚洲形势负面因素增多与美国的亚洲再平衡战略有密切的关联。

美国作为一个利益遍布全球、希望维系世界霸权的守成大国，需要考虑如何与其他大国尤其是中国打交道，调整和改革全球治理体系，包括安全治理体系，使之适应地缘政治和经济变化的现实。其他国家也有一个逐步适应不断发展壮大的中国的过程。而作为一个全球利益不断拓展的新兴大国，中国在被国际体系接纳、认可的同时，必然会遭到一些成员的猜疑和恐惧。对此不必大惊小怪。中国应该考虑如何提高自身全球安全治理能力，突破上述"安全困境"，避免陷入"修昔底德陷阱"。这才是中国面临的紧迫课题。

这就是说国际社会成员大家都需要"安全感"，必须根据形势的变化做出相应的调整，彼此适应。只找自己的安全感，而不顾别人是不是安全，甚至以损害他人的安全来换取自己的安全空间，其结果往往适得其反。

从中国与世界的联系看，中国已经从各个方面紧密地融入国际体系，在过去几十年里完成了从革命者、批判者到认同者、融入者的"华丽转身"。

2013 年，中国约有 9000 万人次出境，已有 2 万多家企业遍布近 200 个国家。当年对世界经济增长的贡献率达 27.76%，对亚洲经济增长贡献超50%。中国还是安理会常任理事国中派出维和部队人数最多的国家，是发展中国家维和经费摊款最多的国家。为支持非洲的和平与安全，中国向马里派出成建制的维和部队。为帮助非洲"重建更加公正、平衡、团结和道义的全球治理体系"（前非盟秘书长让·平语），中国发起"中非和平安全合作伙伴倡议"，援助非洲整体维和能力。目前经常接受中国援助的国家超过123 个，亚洲和非洲占中国对外援助的 80%。1993 年中国与巴西建立首个战略合作伙伴关系，迄今已与 50 多个国家和地区组织建立了类似关系。

这些例子充分说明，中国在全球安全治理及其机制建设中扮演着积极和引领的作用，是全球安全体系的参与者、建设者和维护者。中国这样积极、进取的安全维护者角色显然与身陷上述"安全困境"是矛盾的。这样的矛盾虽然说是特定历史阶段所特有的，但对中国确实也是不公平的。

中国在全球尤其在周边地区有自己合情、合理、合法的安全利益和诉求，中国不会把自己的要求强加给他人，也不接受别国强加给中国的要求。要实现国际、地区和平与安全的目标，就必须兼顾中国和其他国家合理的安全诉求，减少乃至完全排除造成"安全困境"的种种现实和潜在的问题。这道难题现在已经摆在各国面前，无法回避、无法推迟了。

不妨可以考虑从以下几方面着手。

一，认清亚洲地缘政治利益的现实与未来，逐步构建兼顾各方利益的亚洲安全框架。

亚洲地缘政治的近代历史，简而言之是西方列强以战争、殖民、结盟等方式逐步取代以中国为中心、自然生成的"朝贡体系"，最后形成美国控制的地缘政治大格局。

近年来，亚洲地缘政治与全球同步出现多极化趋势，其中突出的是中国和其他新兴国家的崛起、俄罗斯的复兴、日本强硬推行"国家正常化"、美国实力和控制力的相对下降。

就中国而言，现在面临的地缘政治挑战，包括台湾、钓鱼岛、南海等问题都是西方国家在这一过程中一手造成的。

目前亚洲没有切实的安全框架，或者说安全秩序是混乱、无序的。除了美国与日本、菲律宾、澳大利亚、韩国等双边军事同盟，尚无涵盖亚洲的地区安全平台和机制。亚太经济合作组织主要是经济论坛；东亚峰会也是论坛，虽然讨论的问题范围较广；东盟地区论坛以讨论安全议题为主，沾了一些安全的边，但依然是论坛，而且级别不够高。目前，迫切需要地区主要国家和东盟等区域组织在照顾各方利益的基础上，探讨建立亚洲安全机制和框架的现实方案与路径。由易及难，由小及大，"摸着石头过河"，逐步建立信任，搭建利益和命运共同体。

美国的亚洲再平衡战略是亚洲安全框架的最大变数。虽然美国学者曼宁等认为，这个战略是防御性的，主要是应对中国崛起后地区安全格局的变化，并非着眼于遏制中国。但是它本身极具进攻性，就是想把美全球军事资源调集到亚洲，并通过加强美与日本、澳大利亚、菲律宾、新加坡等盟友关系以及与越南等国的军事联系，来"抵消"中国在地区日益增长的经济、政治、军事影响力。

美亚洲再平衡战略起码存在四点负面影响：①增大中美的战略猜疑；②削弱中美在全球性问题上合作的积极性；③美国的手伸得越长，安全义务就越多，将不堪重负；④增加中美直接军事对抗的概率。大国之间需要安全感和舒适度，只有对方感到安全，你自己才会安全，而不是相反。美国需要三思而后行。

澳大利亚学者怀特最近撰文指出，美国要学会在亚洲与崛起的中国分享权力，因为美国想长期维持在亚洲的优势地位既不现实，也代价太大。

中国的发展是阻挡不住的。但是美国国内新保守主义的能量依然很大，而且守成大国对崛起大国的本能反应就是加大竞争与遏制，防止后者的强大。这种冲动很难遏制。这从美国对中国领导人提出的"建立新型大国关系"心态复杂可见一斑。据说是美国从中看到中国想在全球事务中谋求与美国平起平坐的地位。真是想多了！

二，继续做大经济合作的"蛋糕"，结成亚洲经济利益共同体和命运共同体。

虽然说国家间经济高度相互依赖未必一定会导致和平、安全的局面，但是要实现亚洲的长治久安，没有经济高度融合的利益共同体做基础，那就一定是"海市蜃楼"、"空中楼阁"。

这方面亚洲已经走在世界前面。东亚是全球经济活力最强的地区，21世纪是亚洲的世纪。亚洲内部贸易目前已超亚洲外贸总额的50%，中国与东盟新的钻石十年已经起航。中国领导人2013年提出与周边国家共同建设海上丝绸之路和丝绸之路经济带，是建设区域治理的顶层设计和加强区域合作的综合性举措。亚洲基础设施银行就是其中一项重要措施。亚洲的经济合作，也需要美国、俄罗斯、欧洲国家等域外国家的积极支持、深度参与，因为亚洲经济是开放的，是与全球经济紧密联系的。

三，搁置争议，稳妥处理主权和海洋权益争端，走出一条"非冷战、非热战"的和平竞争、和平共处之道。

中国不是美国，没有称霸地区和世界的野心，根本没有搞"门罗主义"亚洲版的想法。习近平主席访问欧洲时多次公开表示，中国没有国强必霸的基因。中国历来爱好和平，十分希望有一个稳定、和平、安全的周边环境，以更好地发展自己。中国的发展成果将惠及周边各国。中美经济"你中有我、我中有你"，中国的发展是美国的福音，正如中国衷心希望美国经济迅速复苏一样。仅中国对美国国债的投资就超过2万亿美元。这不是利益共同体那又是啥？

由于历史的原因，亚洲存在一些主权、海洋权益、岛礁权益争端。这是事实，无法回避，也不需要回避。过去几十年大家大多相安无事，现在却矛盾集中爆发。为什么？这难道不需要深入思考吗？

日本现在天天喊要国家正常化。为何不自己好好反省？其实日本的现状是自己造成的。如果日本没有企图通过侵略殖民亚洲国家，并以战争失败而告终，就不会有今天日本所谓"非正常国家状态"。看看美国和欧洲国家纪念诺曼底登陆 70 周年，德国首相默克尔的表现令人敬佩。这才是人间正道！

日本想打破现状，推翻二战确立的全球和地区秩序，不仅做不到，反而可能重蹈覆辙。安倍在新加坡香格里拉对话会上称，新日本人与其父辈、祖父辈毫无二致。这话就很危险，说明安倍及其政府压根儿就没有认识到日本在二战中给亚洲各国人民特别是中国人民带来的巨大浩劫。不反省历史、汲取历史教训，那一定会犯错误。

中国的诉求和立场都是合情、合理、合法的。中国领导人多次强调，中国无意取代美国成为世界霸权。中国人的基因里就没有。中国的发展及其利益的拓展是互利、和平的，中国希望和平发展，也希望别国和平地发展。新兴大国的崛起是会对现存大国构成挑战，但显然中美没有地缘政治利益的直接冲突，没有理由不和平共处、和平竞争。

只要各国能充分考虑和照顾对方的地缘政治利益，充分尊重历史，没有什么问题是解决不了的。暂时不能找到解决办法，也可以将争议搁置起来，留待以后再议。现在可选择一起商量，共同开发有关资源。说到底，亚洲的和平取决于，地区各国和域外大国对各自的地缘政治利益有恰如其分的认知，并做出相应的调整。

东亚地区安全何去何从

东亚地区是全球经济最活跃、最富动力的地区，但同时也是目前安全形势最为复杂、矛盾集聚、不确定性不断增加之地。最近关于东亚安全问题的议论和担心很多，究竟症结在哪里？东亚安全何去何从值得我们深思。

从大背景来看，东亚地区安全的不确定性主要源于三个方面：①基于历史缘由的海洋权益争端集中爆发，安全形势趋于紧张；②美国推行亚洲再平衡战略进攻性加强，分化东亚国家，被迫"选边站队"；③中美关系下一步走向不明确，是合作还是对抗，中美和邻国都疑虑重重。

首先，东亚的主权和海洋权益争端是历史上形成和遗留下来的。之所以现在集中爆发有很多原因，其中主要是美国亚洲再平衡战略给东亚安全格局增添了复杂因素。日本等部分邻国对中国快速发展不适应，认为美国的进攻态势有机可乘，顽固坚持错误立场，寻求自身利益最大化，致使安全形势紧张，不确定因素增多，冲突可能性上升。东亚地区出现了经济与安全关系相悖的错配格局，中国周边安全环境压力明显增大。

中国是东亚大国，美国在东亚有军事盟友和重大地缘政治和经济利益。维护东亚的和平环境对中美都很重要，对中国尤其至关重要，因为中国最直接的周边是东亚地区。

中美在东亚没有直接冲突的理由，但形势的发展表明，不能完全排除中美被"第三方"拖入某种军事冲突的可能性。日本借钓鱼岛问题炒作中国的军事现代化，在美国的纵容和支持下，扩军备战，并极力推动修宪，企图推翻二战后确立的国际秩序和集体安全体系。而美国最近就钓鱼岛和南海问题的表态令人担忧。美国短期目标与长期利益是相互矛盾的，现在借日本在安全上"平衡"中国，只会使日本有恃无恐，罔顾历史，在错误的道路上越走越远，到头来打破地区均衡，也将损害美国自身的利益。

中国感觉不安全了，美国也不会安全。安全一定是相互关联、相互影响的。这是中国倡导新安全观的根本原因。只有合作维护地区安全，建立符合各方利益的安全框架，区域内各国包括中国才会有安全感。

越南、菲律宾与中国的海洋权益争端近来加剧，也是这些国家错误估计形势所致，背后都是美国的影子。

安全局势紧张不利于东亚的和平与发展，要破解东亚安全难题和僵局，可以考虑从以下几方面着手：

一，采取积极措施争取朝鲜半岛局势的稳定并推动半岛无核化取得进展。

朝鲜半岛局势持续紧张、朝核问题拖而不决对东亚安全始终是隐患。如果再次出现核试验或者韩朝双方因为一时一事擦枪走火，局势将急转直下，引发新一轮紧张。

六方会谈成员国，尤其是大国，需要下先手棋，不能让六方会谈半死不活地拖下去。目前大国对朝鲜半岛和核问题关注度降低，六方会谈处于"休眠"状态是表面平静、暗流涌动，任其发展、无所作为不可取。

二，需要改变东亚地区安全治理机制短缺的现状，建立冲突和危机处理及管控机制。

东亚目前不存在集体安全体系和合适的安全治理机制。历史形成的以美国为中心的军事同盟体系与东亚经济一体化的现实不匹配，需要确保这样的体系不针对第三方，当然更加重要的是建立包容性强、各方都有"舒适度"的安全治理机制，否则东亚安全迟早会出问题。

我们可以利用现有的机制，加以改造，或者干脆建立新的机制。因为目前存在的亚太经济合作组织（APEC）、东盟地区论坛（ARF）、东亚峰会（EAS）等都是论坛和"清谈馆"，并不能起到管控危机和处理冲突的作用。而美国、日本等还想利用目前局势变化拼凑亚洲版"北约"，那真是想歪了，在帮倒忙，既不现实更不会成功。

当务之急应该考虑建立双边和多边的危机管控和冲突处理机制，防止因为海上、空中的擦枪走火而引发冲突，尤其是大国间的冲突。

从历史看，二战以来，部分东亚国家与美国建立军事同盟，接受美国驻军以换取美安全保护。美国成为东亚安全秩序举足轻重的国家。

六方会谈是个成功的例子，它对东亚安全的贡献在于兼顾了东亚国家、美国和中国的安全利益诉求，缓和了朝鲜半岛的安全矛盾。

而近年来有两件事影响了东亚安全局势的走向。2009年11月奥巴马成功访华拉近了中美关系。这本来是好事。然而部分东亚国家却担心，如果中美走得太近，美国会弱化对东亚的安全承诺，便通过多种渠道推动美国强化在东亚存在。

部分美国东亚盟国，如日本、菲律宾利用美国的安全保护伞，挑起或恶化与中国的海洋权益争议，挑战中国的核心利益。这些举动与美国在战略上希望加大投入、平衡中国崛起在时间和空间上不谋而合。目前安全局势恶化很大程度上与此有关联。

建立新的安全治理机制之关键，是美国的战略取向和下一步的对华政策走向。美国必须放弃选边站队的做法，不再纵容个别盟友挑衅中国底线的政策。试想如果这些国家与中国的安全矛盾失控，美国将进退两难。这方面可资借鉴的经验是中美联合遏制"台独"势力。目前台海局势稳定得益于中美前些年就此达成的基本共识。

尽管面临困难与挑战，但东亚安全治理机制的建设符合东亚地区安全秩序的内在逻辑和该地区各国的利益，将为中国与东盟新"钻石十年关系"奠定坚实的政治和安全基础。

三，美国的亚洲再平衡战略下一步怎么办？这个问题美国回避不了。因为它将决定东亚安全的走向。

美国过去在亚洲的做法是相对中立和被动的"两面下注"（Hedging）。虽然中国并不赞成美国的两面做法，但这还比较好理解，毕竟它是被动的举措。可能是美国心里对中国的未来不放心，想投棋布子，预作防范。

可是美国现在采取的再平衡战略（Rebalancing or Counter-balancing），问题就大了。这是进攻性的战略，美国想主动采取行动来"平衡"中国的发展。这种进攻性战略引发各种安全矛盾，危险性大大增加。中国做出强烈反应在情理之中。

美国现在高官们的言论很激烈，与过去新保守主义是一个调子。对中国的遏制从"放空炮"变成真的行动了！中国怎么办？我想答案很清楚，换成美国也会这么做，只能靠增强自身的军事实力来应对外部安全压力。

看来，美国需要讲清楚再平衡战略的目的和具体内容，尤其是要与中国磋商，绝对不能踩中国的底线，或者说要保持适当"相对舒适的距离"。

国际关系中尊重对方的核心利益是第一条原则。否则双方就没法打交道，会处处设防，会渐行渐远，加深战略疑虑，增加战略误判的概率。

四，东亚安全困境的根本解决之道在于中美逐步建立"不冲突、不对抗、相互尊重、合作共赢"的新型大国关系。

中国希望建立新型大国关系的构想就是想在守成大国与新兴大国之间走出一条新的和平相处之道，那就是和平竞争、和平共处，在公正、公平、合理的全球和地区治理机制框架内，携手解决全球和地区性挑战，共同为国际社会提供公共产品，如在亚丁湾一起打击海盗，在反恐和气候变化问题上加强合作。

也就是说，中美关系不能走对抗、你死我活的零和道路。全球化的发展和中美利益交融的事实都告诉我们，建设不对抗、不冲突的新型大国关系是唯一一条正确、可行的道路。这不是谁害怕谁、不害怕谁的问题。从两国人民的根本利益、从地区和平与繁荣、从世界和平与发展这个大局来考虑，中美作为安理会常任理事国、最大的两个经济体、负责任的大国，有不可推卸的责任和义务这么做。

中国的战略很透明，将坚持走和平发展的道路。希望别国也这么做。

2013 年 10 月 24 日，中国国家主席习近平在周边外交工作座谈会上指出，我国周边外交的战略目标就是服从和服务于实现"两个一百年"奋斗目标、实现中华民族伟大复兴，全面发展同周边国家的关系，巩固睦邻友好，深化互利合作，维护和用好我国发展的重要战略机遇期，维护国家主权、安全、发展利益，努力使周边同我国政治关系更加友好、经济纽带更加牢固、安全合作更加深化、人文联系更加紧密。

中国倡导新安全观，其政治基础是《联合国宪章》、和平共处五项原则和其他公认的国际关系准则；其经济保障是互利合作、共同繁荣；其实现途径是在平等基础上的对话、协商和谈判。

新安全观强调，以和平手段解决国际争端，强调防务的自卫性、自主性和本土性，反对以任何借口和手段干涉他国内政。它追求的是一种双赢结果，即在维护自身安全的同时，兼顾他国的安全利益，不以损害他国的安全与稳定来换取自身的安全与稳定，是一种和平共处的共同安全观。

美国重返欧洲与"亚洲再平衡"

2011 年，美国总统奥巴马宣称，美国将推进"亚洲再平衡"战略。世人普遍认为，21 世纪将是亚洲的世纪，大国的博弈将在亚洲展开。对中国发展忐忑不安的美国开始投棋布子，从大规模增强在亚太军力部署，到积极推进跨太平洋经济伙伴关系谈判（TPP），再到在中日钓鱼岛之争中罔顾历史事实站在日本一边，遏制中国发展的意图明显。

目前，美国面临困难抉择。中东的"阿拉伯之春"成为"阿拉伯之冬"，政治动荡，权力真空，经济持续下滑，恐怖主义有增无减，阿以冲突未见和平曙光。美国介入益深，克里国务卿三天两头跑中东，充当阿以冲突调解人，并期望影响该地区"国家重建"的进程，却鲜有进展。

更为瞩目的是，乌克兰危机爆发并持续发酵。克里米亚并入俄罗斯后，美欧制裁俄罗斯导致美俄对峙、俄欧对峙。目前危机还在深入，乌克兰东部动荡不已，甚至波罗的海国家也可能卷入。新冷战的阴影笼罩欧洲大地。美国主导的北约是这场危机的主角，加之美欧正在同步推进的《跨大西洋贸易和投资伙伴关系协定》（TTIP）的谈判，美国重新大幅度介入欧洲地缘政治已成定局。

而欧洲对美国的态度则是"爱恨交加"。金融危机以来，欧洲遭受债务危机的蹂躏，欧元备受打击，美国基本采取袖手旁观的态度。在欧洲眼里，西方联盟差不多名存实亡了。于是，欧洲提出倡议，欧美就《跨大西洋贸易和投资伙伴关系协定》进行谈判，希望从经济上加强与美国的联系，得到美国的支持。随着地缘政治的变化，特别是乌克兰危机的发生，TTIP 的战略重要性逐渐显现，与作为欧美同盟的军事支柱北约相提并论，可望成为欧美同盟的经济支柱。欧洲现在根据形势变化，要求在谈判中增加能源的内容，推动美国开放对欧洲的油气输出，以减少欧洲对俄罗斯的能源依赖，削弱俄罗斯对欧洲的战略筹码。

那么在新形势下美国将何去何从？美国会如同专家所言，停止"转向"亚洲而"转向"欧洲，或者重新回归欧洲和中东吗？

不少分析人士认为，乌克兰问题将是美国战略"西移"的导火索，美重返亚洲和"亚洲再平衡"战略将由此发生逆转。但这与前几年国际舆论对美国战略"东移"纷纷扬扬的渲染一样，都有明显的误区。美国的对外战略其实并没有发生根本变化，其战略目标一直是维护美全球霸权地位，防止任何国家或国家集团挑战美国的地位，并不存在今天"东移"，明天又"西移"的问题。无非是哪里对美国霸权挑战增大，美国的战略重点就会随之转移。

当然近年来美国对外政策确有变化，主要表现在奥巴马政府"外交关注赤字"和美国国内政治掣肘这两个方面。从美国在叙利亚问题上拖泥带水，到国会拒绝给予奥巴马政府"贸易谈判快轨授权"，再到奥巴马政府2009 年就同意的调整国际货币基金组织和世界银行份额方案至今国会不予认可，都严重影响了美国对外政策的有效性和信誉，以至于"美国衰落"和"西方衰败"的言论此起彼伏。不少欧洲官员甚至怀念小布什热情的个人风格和当时美国"咄咄逼人"的对外攻势。美国国会对布雷顿森林体系改革拖后腿的做法已遭到二十国集团成员的普遍批评。近日在华盛顿召开的二十国集团财长和央行行长会议上，美国成为众矢之的。

至于美国国内政治掣肘影响外交政策问题，不少专家学者归咎于美国政治制度的衰败。最近美国政治学家福山在《美国利益》杂志上撰文指出，美国政治制度和政治文化都出了问题。主要表现在：①利益集团和游说团体扭曲了民主进程；②美国政治意识形态两极分化严重，美国政治的制衡制度变成否决制；③司法和立法部门影响过大，导致行政部门权力受损，效率低下。这样的观点已经不是零零星星的评论，许多政治学家为美国政治制度的"堕落"忧心忡忡，认为如不迅速扭转这一局面，将成为美国衰败的前奏。

再看美国的战略重点问题。美国其实从来没有"离开"过欧洲、中东和亚洲。这些都是美国不想也不能放弃的战略重点地区。从目前形势发展观察，美国将会适当加大对欧洲和中东的投入。首先力争在 TIPP 谈判上取得突破。因为 TIPP 与 TPP 一样谈的是国际经济新的"游戏规则"，西方国家在重新制定规则方面立场高度一致。专家估计两场谈判将涉及 80% 的全球经济规则和管理制度。

在中东问题上，美国因能源革命取得成功，战略回旋余地增大，但中东依然是美全球反恐和能源战略的重点。目前阿以冲突和平解决鲜有进展，阿拉伯世界依然动荡、混乱，"伊斯兰国组织"恐怖势力蔓延，美国"塑造"中东民主化的目标并未彻底放弃，美国介入中东只会深入，不会抽身。

就欧洲而言，虽然乌克兰危机将美国推向前台，美俄对峙与对抗升级，但欧洲毕竟在美国掌控之下。而且，目前东欧国家绝大多数已经加入北约，俄罗斯战略空间被大大压缩。事实上，俄罗斯在克里米亚的"绝地反击"正好说明，乌克兰已是俄罗斯最后的战略屏障，俄已无路可退。美国其实并不想把俄罗斯逼上绝路，这样做只会引发俄更大的反弹。美俄不会重新步入冷战，双方出牌都心知肚明，留有后手。

今后十年，美国还会更多注意亚洲，关注中国的发展。这里不仅涉及地缘经济因素，更关系到美国霸权地位的存续。在美国精英们看来，21 世纪头十年美国陷入全球反恐战争，无暇顾及中国，是美国犯的"战略失误"，而现在可能是遏制中国发展的"好时机"，稍纵即逝。一是中国国内问题成堆，处理不好经济将陷于停顿；二是中国与周边国家的主权和海洋权益摩擦、争端增多，美国可以从中渔利。不难想象，今后几年美国插手中国周边事务的力度将加大，中美摩擦会增多。

分析形势是为了科学判断形势。中美的分歧和战略取向不同是客观存在，也不是这几年才有的事，不必大惊小怪。习近平主席 2013 年提出中美建立"不冲突、不对抗、相互尊重、合作共赢"的新型大国关系，充分体现了中国和平、发展、合作的外交思想，是双方和平共处、和平竞争的优选合作框架。奥巴马总统和美国政府已经表示赞同。现在的关键是，美方要言行一致，做个负责任的大国，与中方携手，共同努力创造对两国和亚洲都有利的和平环境。

乌克兰危机的启示

目前，乌克兰乌云笼罩，克里米亚公投箭在弦上，美俄对峙虎视眈眈，位居战略要冲的乌克兰前途"命悬一线"。围绕这一危机美、俄、欧盟激烈博弈，其结果不仅将决定乌克兰的存亡，也将为 21 世纪的战略格局演变增添又一复杂因素。乌克兰危机能告诉我们什么呢？

美俄关系可能进入"凉战"

乌克兰危机早在 2004 年西方国家在乌煽动"橙色革命"就已埋下种子。回顾近年历史可以清楚看到美俄博弈的脉络。2001 年"9·11"恐怖袭击事件后，普京总统主动向美国提供俄在中亚的军事基地，并放弃了在古巴的无线电侦听站和在越南的基地，满心希望美国能"将恩报恩"，停止北约东扩和在欧洲部署弹道导弹反导系统。但是，美国和欧盟北约东扩和部署反导系统的战略部署的脚步丝毫未停，步步紧逼，攻城略地，进入中东欧一个又一个国家。普京和俄罗斯对美的幻想破灭，知道俄罗斯再怎么做，西方遏制俄罗斯的战略目标也不会改变。

乌克兰尤其是俄罗斯黑海舰队驻扎地克里米亚是俄的战略"红线"，事关俄黑海舰队去留和国家安全，俄没有退路。美俄前一阶段就乌克兰加入欧盟展开明争暗斗，美国和欧盟未能得手，俄以 150 亿美元拉住乌克兰。《金融时报》评论说，普京是想趁奥巴马和西方目前经济不景气和政治软弱赌一把。那是低估普京的智商了。至于美俄是否就此将进入新的冷战或"凉战"，目前还没有答案，我们也不必那么"惯性思维"。世界早已进入全球化的新时代，各国相互依存程度很高。美俄间至多不过是新一轮战略博弈而已，不可能"鸡犬之声相闻，老死不相往来"。两国的博弈很可能在中东、能源、经济等领域展开。

催化国际能源格局的变化

俄罗斯是资源能源大国，经济严重依赖能源出口，同时对国际能源供应和价格也有较大影响。最近俄罗斯要出兵克里米亚的消息一出，国际油价就上涨，普京表态一缓和，油价应声下跌。就欧盟国家而言，20%以上的天然气来自俄罗斯。德国和东欧国家依存度更高。乌克兰也不例外。虽然一些西方分析人士称，现在天气回暖，欧盟国家近期使用天然气会减少，而且美国还会加大其页岩气对欧盟的输出。这些话虽有一定道理，但是在短期内都难以改变欧盟国家与俄罗斯在能源供求上相互依存的关系。俄罗斯66%的天然气出口至欧洲，并经由乌克兰境内管道输送。一旦俄罗斯断供，乌克兰天然气库存仅能维持4个月，欧洲能源市场也将遭受重创。

围绕能源的争斗归根结底是大国的地缘政治和地缘经济的博弈。可以预计，这几年能源问题将大大升温，北美地区的油气供应在"页岩气革命"的推动下明显增长，在全球中的供应地位上升。2009年美国天然气产量（5840亿立方米）超越俄罗斯，跃居世界首位；2012年达到6814亿立方米；2013年突破7000亿立方米，占世界天然气总产量的21%。2013年，美国石油产量突破1000万桶/日，占世界的15%左右，加上加拿大和墨西哥，到2020年北美国家石油产量全球占比将超过25%。美国将建造更多的液化气设施和运输船，加大油气输欧的力度。美欧的目标是希望欧洲在能源需求上逐步摆脱对俄罗斯的深度依赖，但是欧盟国家毕竟不是大西洋彼岸的美利坚，欧洲面临两难境地。俄罗斯是欧洲邻国，欧洲需要俄罗斯，俄罗斯也需要欧洲，两者难以切割包括能源供应和安全在内的错综复杂的利害关系。

就中东而言，美国页岩气产量快速上升，能源独立战略目标有望实现，将给美国带来更大的战略回旋空间。但是，美国不会也不可能放弃中东。中东在美国的全球地缘政治和地缘经济版图上将长期是战略"要塞"，一是因为中东石油供应仍将在较长时间内决定国际油价的涨落。二是中国石油对外依存度接近 60%，而且主要来自中东。从中美博弈的角度看，基辛格"谁控制了石油，谁就控制了世界"的名言也没有过时。三是中东的战略地理位置重要，又是国际恐怖主义泛滥之地，美国需要考虑反恐大局及其海湾地区盟友的安全。美战略回旋空间大了更多意味着其主导中东事务的选项多了，要脱身中东并非美国的本意，也不符合美国的战略利益。

"保护的责任"前景微妙

西方大国近年来利用国际体系发生历史性变革、国际秩序碎片化带来的机遇和混乱，全力运筹全球治理规则和理念，明里暗里在联合国安理会和人权理事会等场合积极推行"保护的责任"，干预他国内政，搞"颜色革命"。波黑、利比亚、叙利亚等处处可见西方行使"保护责任"的足迹。当前国际关系中究竟是维护以民族国家为基础的现代国际关系基石《威斯特伐利亚条约》，还是由新干涉主义的全球安全治理理念占主导？是维护不干涉内政等《联合国宪章》首肯的国际关系基本准则，还是"保护的责任"等原则至上？这已成为近十几年来大国围绕全球治理展开博弈的重要一环。

"保护的责任"的理论与实践在 21 世纪头几年才开始形成势头，主要出于一些国家特别是欧洲国家对 20 世纪末在非洲和东欧出现的"种族清洗"、"反人类罪"等问题的反思。经过若干年酝酿和西方国家在非洲、波黑等地的多次实践，2005 年联合国大会以决议形式正式提出这一国际关系理论，但决议同时对"保护的责任"作了框架性约束。西方国家中法国、英国等欧盟国家对此态度十分积极。美国对"保护的责任"问题则采取双重标准和实用主义的做法，合则用之，不合则弃之。美主要担心如完全认同这一思想，美自主决定采取军事行动的权利可能会受到某种约束。美国常驻联合国代表萨玛萨－鲍威尔在国会提名听证会上强调，"保护的责任"不如美国的实践和政策重要。发展中国家虽然担心此原则确立后，有可能被西方国家滥用而损害其主权，但大都没有正面反对。巴西做得比较巧妙，它就"保护的责任"在联合国提出"保护中的责任"，即要求对保护方行为进行规范和约束。值得注意的是，这次乌克兰动乱中，俄罗斯总统普京就是接过"保护的责任"，声明俄需要保护在克里米亚的俄公民利益，以此作为俄军事干预的理由。看来，今后"保护的责任"问题将成为政治安全领域全球治理的重要议题。

中国近年来在全球治理问题上积极倡导"国际关系民主化",推动建立"和谐世界"和实现与世界各国相通的"中国梦",主张在处理国家关系时要遵循大小国家一律平等、通过和平谈判政治解决争端、反对动辄使用武力或威胁使用武力等原则。这是对全球治理理念和实践的重要贡献。中国关于"和而不同"、"求同存异"的国际关系民主化理念是由中华文化核心理念发展而来的,得到不少国家的认同。

就"保护的责任"问题而言,中国有自己的看法,担心被西方国家滥用,损害发展中国家的利益,要求谨慎处理。这一点应该坚持。同时随着形势的变化,中国作为一个全球大国和安理会常任理事国,需要结合外交战略和新的国际局势做些新的思考。

乌克兰危机引发的思考

近来，乌克兰危机还在发酵。乌克兰东南部顿涅茨克等两州举行公投，宣布独立，并希望并入俄罗斯。美国和欧美宣布对俄采取进一步制裁措施，但尚未触及金融领域。西方舆论对俄罗斯和普京总统下一步行动猜测颇多，不少西方学者认为，俄大国雄心犹存，希望收复失去的"势力范围"，为此不惜与美国对抗。

更有甚者，有美国学者借机炒作，说什么中国想取代美国在亚洲称霸；俄罗斯、中国、伊朗组成"我们的邪恶轴心"，想趁美国战略内顾、实力下降之际，推翻美国主导的"自由主义"全球秩序；世界已重回"地缘政治时代"，弱肉强食，谁有实力谁说了算。这正应了中国一句古话，"以小人之心度君子之腹"，以有色眼镜来观察世界，得出的结论肯定有"色偏"。

首先看乌克兰危机。这场危机完全是西方挑起的，是美欧与俄罗斯长期矛盾积累的结果。过去 20 年中，北约和欧盟东扩步步紧逼，直抵俄罗斯家门口。1999 年，捷克、匈牙利、波兰加入北约。2004 年，又有七个原苏联集团成员跟进。2009 年，阿尔巴尼亚和克罗地亚也加入了北约。与此同时，有六个原苏联共和国与北约签订"和平伙伴计划"，朝成员国方向迈出关键的一步。如果不是如此咄咄逼人，俄罗斯也不会绝地反击，在乌克兰危机中持强硬立场，将克里米亚纳入俄疆土。

且不说俄罗斯此举在国际法上是否立论牢固，从地缘政治角度看，谁到了这一步都不会坐视不理。目前，俄罗斯在乌克兰东部的动荡中总体表现克制。前不久，经过俄罗斯总统特使卢金的斡旋，被乌克兰东部亲俄武装扣押的七名欧安组织观察员获释。乌克兰两州独立并希望加入俄罗斯，俄未表示接受。近日，俄罗斯外长拉夫罗夫在接受采访时明确表示，俄在乌克兰东南部动荡中不会派俄军卷入冲突。这几个例子说明俄并非一味想与西方对抗，实在是被逼无奈。对乌克兰下一步走向，尤其是总统选举，俄罗斯持开放态度，留有余地。

从俄罗斯、美国与欧盟、乌克兰政府等各方言行看，乌克兰危机逐步缓和并取得某种妥协还是有可能的。乌克兰下一步总统选举是关键节点。目前在竞选民意调查中呼声最高的是一位无党派议员和企业家，在俄也有许多投资和工厂。同时，俄罗斯 2013 年国内生产总值仅增长 1.3%，俄罗斯经济如因局势恶化美欧制裁延伸到金融领域，将受到严重打击。对此，俄罗斯也需要考虑。美欧虽然压缩俄战略空间的意图未有改变，但也不想重返"冷战"时代，而且美欧在如何对待俄罗斯问题上有不同的看法，德国明显持保留态度。当然，乌克兰局势动荡还将持续一段时间，化解危机需要各方合作，也需要时间。究竟结果如何现在尚难断定。

至于炒作中、俄、伊朗想在欧亚大陆做大，把现有国际秩序推倒重来的说法，那纯粹是冷战思维的延续，是西方新保守主义想要树立新的"假想敌"，为其围堵、遏制中、俄制造借口。

中国改革开放 30 几年的发展事实表明，中国积极参与全球化与全球治理，是国际秩序的参与者、维护者和受益者。中国是全球数以百计的国际组织的成员，与很多发达和发展中国家都建立了战略合作或战略伙伴关系，正在与美国建设"不冲突、不对抗、相互尊重、合作共赢"新型大国关系。这种战略合作或伙伴关系并非军事同盟，而是指两国关系的长远性和战略重要性。中国作为安理会常任理事国为国际安全作出了重要贡献，是五个常任理事国中派出维和部队最多的国家，超过一万名官兵。

中国在国际货币基金组织、世界银行、世界贸易组织、二十国集团、金砖五国和上海合作组织等国际组织中，倡导改革全球治理机制、改革国际货币体系，并不是想推翻现有全球治理机制，重起炉灶，而是希望全球治理机制能在继承和改革的基础上，更加公平、公正、合理地反映国际政治和经济的现实。从中国积极参与二十国集团峰会、世界贸易组织多哈回合谈判和其他全球治理机制的实践中，可以清楚地看到中国所发挥的积极、建设性作用。

谁都记得在 2008 年金融危机席卷全球的关键时刻，是中国首当其冲，于当年 11 月初推出大规模积极财政政策刺激经济，为 11 月下旬二十国集团首届峰会期间及会后其他主要经济体采取类似行动树立了榜样。到 2009 年 4 月初，又是中国在二十国集团伦敦峰会上，以国际社会利益为重，带头认购国际货币基金组织的债券，扩大了货币基金组织救助资金的盘子。在伊朗核问题、叙利亚危机和乌克兰危机中，中国作为安理会常任理事国，秉承国际法原则和中国的一贯立场，公正、公平地处理问题，提出自己的看法和建议，并派军舰为运送叙利亚化学武器护航，发挥了负责任大国的作用。

炒作中国想当"亚洲的霸主"同样荒谬，与事实不符。中国长期以来实行睦邻、富邻政策，与周边国家一起建设互联互通的基础设施，让中国改革开放的成功惠及邻国，走共同发展、共同繁荣的道路。中国与东盟经济联系不断加强、相互依存日益加深的事实充分说明了这一点。2012 年，中国与东盟贸易额达 4000 多亿美元，是 10 年前的 5 倍，相互投资逾 1000 亿美元，是 10 年前的 3 倍。正在打造的中国－东盟自贸区升级版目标是，到 2020 年双边贸易额达 1 万亿美元，新增双向投资 1500 亿美元。

2013 年，习近平主席在访问中亚和东南亚国家时，提出共同建设"丝绸之路经济带"和"21 世纪海上丝绸之路"的构想，描绘了"讲信修睦、合作共赢、守望相助、心心相印、开放包容"的美好蓝图，赋予古代丝绸之路全新的时代内涵，以实现"政策沟通、道路联通、贸易畅通、货币流通、民心相通"，给区域各国人民带来实实在在的利益。这是中国对区域治理机制的重要贡献，就是希望从区域治理高度来顶层设计和规划区域经济一体化，在平等互利框架下，与周边国家共同发展、共同繁荣。

中国与一些邻国有领土和海洋权益的争端，这是现实，无法回避也不必回避。中国依照国际法原则维护主权和领土完整无可厚非。中国倡导通过双边和平谈判政治解决争端，暂时解决不了，就搁置争议，共同开发有关资源。中国同时倡导在实现全面解决之前，各方保持克制，避免事态恶化。中国这一立场从来就没有改变。现在东亚地区和南海究竟是谁在挑衅？谁在制造混乱，挑拨是非？各国其实看得很清楚。

美国重返亚洲，在亚洲搞"再平衡"，怂恿一些亚洲国家铤而走险，目标很明显，已经对中国与周边国家的地缘政治带来巨大冲击。这是很危险、很冒险的选择。美国作为一个大国应该做深刻的反省。如果再拿出一套所谓的国际关系理论来为自己的"冷战"战略辩护，那就可能一错再错，在危险的道路上越滑越远。相信这不是美国的主流思想。最近已经看到美国的学者出来批评这种荒诞的说法。

我以前说过，美国重返亚洲是个伪命题。美国历来是亚洲的重要力量，从来就没有离开过亚洲。美国在西太平洋的军事战略力量占据美军一半以上。美国与日本、澳大利亚、菲律宾等国的军事同盟是美国全球战略的重要组成部分。美国最近在东亚海洋权益争端中力挺日本和菲律宾再次表明美国比历史上任何时期都更深地卷入亚洲矛盾。

美国的"亚洲再平衡"战略从逻辑上是自相矛盾的，从长远看也不符合美国的利益。美国虽然没有明说，但"再平衡"的对象是中国，大家心知肚明。从地缘政治角度看，美国的"亚洲再平衡"有政治、安全、经济抓手。

1. 政治和安全领域，美国强化与亚洲国家的军事同盟关系，并插手中国与有关国家的领土和海洋权益争端，选边站队拉偏架，致使中国周边烽火四起、矛盾激化。同时美国和西方希望"颜色革命"也能在中国发芽开花。这种做法与冷战时期别无二致，就是给中国制造麻烦，想搅乱和拖住中国发展的步伐。美国国内新保守主义乐此不疲，唯恐天下不乱。

但是中国发展势头难以阻挡，"颜色革命"更是声名狼藉，不可能得逞。亚洲尤其是东亚、东北亚的安全框架也离不开中国的参与和合作。况且中国已不是过去的中国。地缘政治冷战时期制造"敌人"的做法已经过时，只会适得其反，损害美国的根本利益。

2. 经济领域更是如此。中美是利益共同体，更是命运共同体。中美经济相互依赖，"你中有我、我中有你"，是两国关系的"稳定器"和"压舱石"。无论是投资还是贸易，随着中国国内消费社会的形成和扩大，中国经济对美国的重要性将持续增加。美国积极推进"跨太平洋经济战略伙伴关系"的谈判，试图排挤中国如此庞大规模的开放经济体，压缩中国的发展空间，这一是不可能，二是只会损害美国经济的复苏和发展。

3. 尽管美国抱住"再平衡"战略不放，中国并没有随美国的"平衡曲"起舞。中国领导人审时度势，从两国和国际社会共同利益出发，提出中美建立新型大国关系，希望两国走出一条新时代守成大国与后起大国和平竞争的相处之道。

　　乌克兰危机迟早会得到解决，重要的是从中汲取有益的经验和教训。今后中国将"咬定青山不放松"，继续坚持走和平发展道路。同样，"一个巴掌拍不响"，希望别的国家也同样能走和平发展之路。各国共同构建公平、公正、合理的全球和区域治理机制和体系，以造福各国人民。

颜色革命与中国的道路自信

乌克兰危机发生以来，人们对"颜色革命"的关注再次上升。所谓颜色革命，狭义讲是指，在原苏联范围内旨在推翻苏联解体后建立的由原苏联权力人物领导的政权，建立摆脱传统俄罗斯影响、基于西方价值观、更加亲西方政权的"革命"。从更大范围看，可以说是美欧国家支持旨在推翻本国传统政权，以西方价值观为旗帜建立亲欧美政权的"政权更迭"，如中东和北非地区的政治动荡，即所谓"阿拉伯之春"等。

冷战结束后，美国自认为"历史已经终结"，美式资本主义民主制度从此一统天下无敌手。自那以后，出于战略利益和意识形态需要，美国和西方国家推动"颜色革命"十分起劲，希望将整个世界都改造成美国治下的世界。

哪个国家如果不顺眼或者"改造"不顺利，美国和西方就会直接或间接在某个国家发动"革命"。很多情况下会利用西方或本国亲西方的非政府组织，培植亲美亲西方反对派势力，利用"民主"、民生等问题煽动百姓的不满情绪，鼓动街头政治，并利用美国强大的舆论主导权宣传该国政府压制"民主自由"、"专制独裁"、腐败透顶等。他们一方面在政治、财政上支持反对派，将反对活动引向"政权更替"。同时动员世界舆论抹黑该国政府，尽量把水搅浑，对当局用国家机器维护秩序则贴上"镇压"的标签，或渲染当局的暴力行为。面对美国和西方铺天盖地的价值观导向和舆论话语权，"被颜色革命"的国家往往毫无回手之力，被一步一步逼到悬崖的边缘。如有必要，美国还会动员西方国家采取制裁、禁运等措施，甚至直接进行军事干预，直至完成政权更迭。这差不多已变成"颜色革命"的标准模式。

那么迄今究竟发生了多少次"颜色革命"呢？真正可以得此"桂冠"的是 2003 年至 2005 年独联体地区的三起重大政治事变。

一，2003 年 11 月，萨卡什维利持"玫瑰花"逼格鲁吉亚总统谢瓦尔德纳泽下台并取而代之，拉开独联体地区"颜色革命"之序幕。

二，2004 年秋，乌克兰总统选举过程中政治斗争激烈，尤先科以橙色为旗帜攻击对手而获胜，被称为"橙色革命"。

三，2005 年 3 月，吉尔吉斯斯坦议会选举发生政治震荡和骚乱，阿卡耶夫总统因此流亡国外，巴基耶夫总统上台，于是就有了"郁金香革命"。

其实这些都不是积极意义的革命，而是三次国内争权夺利、外部大国博弈的政治事变。"颜色革命"并未给格鲁吉亚、乌克兰、吉尔吉斯斯坦三国带来国家经济的改观和政治稳定，只是使三国陷入无休无止的政治混乱和经济下滑。苏联解体给原苏联各国带来灾难性的冲击。苏联解体后独联体国家长期动荡，国家政治体系不协调，社会政治矛盾激烈，加上西方的干预和介入，导致"颜色革命"频频发生。恩格斯说过，"历史是这样创造的：最终的结果是从许多单个意志的相互冲突中产生出来的，而其中每一个意志，又是由于许多特殊的生活条件，才成为它所成为的那样"。独联体地区发生"颜色革命"就是各种因素相互冲突、相互影响的产物。

进入 21 世纪后新媒体和社交媒体的迅猛发展被"颜色革命"推动者充分利用，"茶杯里的风暴"也能掀起狂风巨浪。举几个例子便可一目了然。

一，2001 年 1 月 17 日。菲律宾有人用手机短信号召民众上街抗议，一条短短 16 个字符"Go 2 EDSA. Wear blk"的短信被疯狂转发，吸引、动员了 100 多万民众聚集。集会一直持续到 1 月 20 日埃斯特拉达总统离职，人们把这位总统下台归因于"短信一代"的牺牲品。

二，2009 年 4 月，摩尔多瓦发生未遂"颜色革命"，参与者大量使用新兴媒体推特，被西方媒体称为"推特革命"。

三，2009 年 6 月伊朗大选后，落选一方利用手机短信、脸谱、推特，传播不满情绪并煽动反对大选结果，导致了长达两周的"伊朗推特革命"。

四，最为世人瞩目的是 2011 年初，突尼斯、埃及、利比亚、也门、叙利亚、巴林等西亚北非国家先后爆发被称为"阿拉伯之春"的动荡和骚乱，引发战争和内乱。突尼斯、埃及、利比亚等国的政权先后被推翻，其他许多国家现在仍处于剧烈的政治、社会动荡之中。参与者绝大多数为社交媒体用户，他们用互联网新技术相互号召、联络，加强群体价值认同，统一运动步骤，聚合政治目标，释放出巨大的政治能量。如今，阿拉伯之春已经变成"阿拉伯之冬"，给西亚北非地区国家和人民带来无穷无尽的灾难和痛苦。

总的来看，如果说"颜色革命"的初衷是其表面所说的，要建立民主、有效的政治制度，反对专制和腐败，并推动经济社会的高效发展。那么"颜色革命"没有一个是成功的。所有爆发"颜色革命"的国家都变得政治更加混乱，民主更加无序，国家治理更加破碎，腐败更加严重，经济更加糟糕。几乎无一例外。

英国《经济学人》杂志最近撰写专题报告，质疑"民主究竟出了什么问题"，讲的是西方民主为何问题成堆，失去了活力和吸引力，也谈到通过"颜色革命"而获得所谓民主的国家问题重重。作者将2007/2008年的金融危机和中国的崛起列为主要原因。其实这个问题不难回答。不是民主出了问题，而是贴有西方标签的"民主"和"颜色革命"出了问题。因为它本来就动机不纯！当然，美国为维护世界霸权地位不会放弃"颜色革命"和其他维护与实现其战略利益的"民主"手段。

如果美国和西方推动"颜色革命"是另有目的，那么他们通过政权更迭，的确收获了地缘政治、战略安全和地缘经济的"胜利果实"，如在俄罗斯周边建立亲西方政权、在西亚北非推翻了西方不喜欢的利比亚政权等。

冷战结束后，美欧在战略上继续挤压俄罗斯，北约和欧盟东扩就是挤压俄罗斯战略空间的具体体现。经过反复博弈，绝大多数原有东欧国家相继加入北约和欧盟，波罗的海三国突破俄罗斯设定的"红线"，随后也加入北约和欧盟。美欧还对前南斯拉夫进行深度干预，造成米洛舍维奇政权倒台。这就是原苏联地区"颜色革命"的大背景。

"颜色革命"在多年的实践中对"被革命"国家的破坏性得以充分暴露，也已遭遇反弹和挫折。但乌克兰危机中美欧的攻势遭到俄罗斯强力反制，而美欧却没有"接招"的能力尚属首次。这次危机至少说明一点，即冷战后美意识形态和价值观"攻城略地"的利器效用大打折扣。

普京深知美在独联体搞"颜色革命"醉翁之意不在酒，在"清君侧"之后最终是想在俄罗斯实现"颜色革命"。从2011年、2012年俄罗斯国家杜马和总统选举情况看，美国确实下大力气支持普京的反对派。所以普京再次担任总统后就决定停止美国际开发署在俄的活动，并加强对俄境内外国非政府组织的管控。接着普京倡议建立"欧亚经济联盟"，推进独联体经济一体化，拓展俄战略空间。美俄在独联体的争夺不会停息，只会因乌克兰危机而展开更激烈的博弈。

中国坚持走有中国特色的社会主义道路，政治稳定、经济持续发展、人民生活水平不断提高，创造了发展中大国走自己道路取得巨大成功的"中国模式"，理论被总结为"北京共识"，与西方新自由主义和"华盛顿模式"的失败形成强烈反差。世界为之惊叹，许多发展中国家希望学习中国的成功经验。

仅举一例。发展中国家最大的挑战是消除贫困。据联合国统计，全球80%左右的贫困是中国近30年消除的，巴西、印度、南非、埃及等发展中大国加起来消除贫困的成绩也没有中国大。

中国的成功说到底是中国制度、中国道路的成功。只要没有意识形态的偏见，这一点不难看到。我们自己对中国的发展模式、中国特色社会主义道路、中国共产党领导的社会主义制度更要有充分的自信。

其实，凭着中国的体量、实力和制度优势，西方不敢直接在中国搞"颜色革命"，但是他们对中国的渗透和间接影响却无处不在。据统计，截至2012年底，在中国设立办事处或注册的非政府国际组织就有3100个，还有许多以各种名义没有注册的非政府组织，以及"地下教会"组织。不少以关心基层弱势群体和扶贫为由，已经把触角深入中国的基层和乡村。需要我们高度警惕。

中国还是新媒体发展最快的国家。截至2014年初，中国有移动电话用户12.2亿户，移动互联网用户8.45亿。这些数字逐日、逐月在更新，增长速度惊人。这标志着中国互联网真正进入了"移动网民时代"。而且国际社会关注中国，境外媒体聚焦中国。每年有5000~6000名境外记者来华采访，但他们大多对中国了解不多。

在一个各国相互开放程度益增、西方国家抓住意识形态不放、新媒体已经打破传统疆界的世界里，如何利用、管理好新媒体和非政府组织，使之成为社会的正能量，防止"颜色革命"的渗透和发生是不少国家面临的新挑战。中国也不例外。在这方面，俄罗斯有许多经验教训值得我们汲取。

"阿拉伯之春"的悲剧

"阿拉伯之春"引发中东再次动荡历时三年多，如今已是萧瑟一片，成为"阿拉伯之冬"。伊拉克、埃及、利比亚、叙利亚无一不被内乱和战争所摧残、蹂躏，生灵涂炭，民不聊生。阿拉伯国家的悲剧令世人心痛，也发人深省。

我们看到的是，美国调整中东政策，深刻影响地区局势走向；以"伊斯兰国组织"为代表的极端势力崛起严重挑战地区国家存亡；长期动荡使地区大国矛盾加剧，影响这些国家政局和巴以冲突、伊朗核问题等热点问题的解决。中东陷入难以自拔的困境原因多重，中东局势稳定尚需时日。

一　沉重的历史包袱

追根溯源，现有人口 3.5 亿的阿拉伯世界之所以成为热点问题集中的"火药桶"，有其深刻的历史原因。

首先，长期殖民统治以及美国西方等外来势力不断插手造成恶果：伊斯兰各派势力内部争斗绵延、伊斯兰教与西方"民主化"矛盾加深、中东经济对石油和天然气等自然资源过度依赖、长期强人和家族统治导致经济停滞和贫富差距日益扩大。

"阿拉伯之春"已经烟消云散，阿拉伯国家再次陷入混乱、内乱、战乱的可悲状态。历史上最为接近的例子是阿尔及利亚。20 世纪 80 年代末，阿尔及利亚出现许多自由运动，政治混乱，90 年代就演变成血腥的内战，血流成河，死亡人数高达 20 万，其结果是伊斯兰势力败北，寡头势力长期执政。目前许多阿拉伯国家面临当年阿尔及利亚同样的处境：政府腐败无能，反对势力一样腐败，还与恐怖势力有千丝万缕的关系。已故叙利亚作家瓦努斯对此现象有句名言叫"百劫无望"！

不少阿拉伯国家在殖民主义结束后并未完成现代国家所必需的政治、经济和社会建构，教派和部落组织依然是社会的基本形态。美国学者亨廷顿说过，"在中东，国家一向软弱无力，比家庭、宗教团体和统治阶级还要弱"。因此，长期以来强人政权和家族统治成为维系这些国家部落和教派的重要纽带。

如今，"阿拉伯之春"的浪潮卷走了穆巴拉克、卡扎菲等强人统治，伊斯兰各派势力和部落组织间的矛盾再次被激活，相互杀戮和争斗卷土重来，西方国家、海湾国家、土耳其和伊朗等国在逊尼派和什叶派较量中支持一派打一派，局势十分混乱。

二 建立国家秩序困难重重

重建需要稳定，稳定需要权威。因国家机器的缺失，这些国家要确立为多数民众接受的权威短期内很难实现。在埃及，除派系斗争外，信仰基督教的科普特人与穆斯林间矛盾激化，军队重新接管政权，镇压穆斯林兄弟会，原有国家体系已被彻底颠覆。利比亚近 150 个部落各有诉求，地方势力拥兵自重，中央政府毫无权威，凸显严峻政治和社会问题，国家事实上已经分裂。也门萨利赫总统"全身而退"并没有化解国内政治危机，各派围绕权力分配激烈博弈，恐怖势力乘虚而入。阿拉伯国家政治、经济架构重建困难重重，将进入持续动荡的困难时期。

沙特、卡塔尔等海合会国家异常活跃，各有所图。它们凭借石油"红利"，花钱买平安，稳定国内局势，同时介入他国危机，扩大势力范围和影响力。如卡塔尔利用半岛电视台制造舆论，支持动荡国家反对派，包括向利比亚反对派提供军事和经济援助，扶植叙利亚反对派，要求巴沙尔下台等。表明这些国家希望"抱团取暖"，不仅在中东地区坐大，还希望将势力范围扩充至地中海东岸和北非，成为阿拉伯世界中心。

同时，土耳其、伊朗和以色列调整政策，争取主动，扩大影响。土耳其表现最突出。土耳其正义发展党 2002 年上台后，从"重欧轻亚"转为

"欧亚并重"，利用联结欧亚大陆战略位置和西亚北非剧变，加强中东外交，填补地缘政治真空。虽然土耳其国内遇到困难，但其试图影响该地区格局的努力从未停止。

宗教派别之争加剧，极端宗教势力坐大。这次动荡中，一直被压制的穆斯林兄弟会等伊斯兰组织趁势而起，经历了从观望、跟进、积极参与到被再次打压的复杂、多变过程。从议会选举看，伊斯兰势力崛起明显。埃及议会选举结果显示，穆斯林兄弟会"自由和正义党"赢得36.6%的选票，成为议会第一大党，后被军队宣布为非法恐怖组织而遭镇压。2011年10月，突尼斯"伊斯兰复兴党"在选举中获41%选票，出面组阁。2011年12月，摩洛哥伊斯兰"正义发展党"在新议会395席中获107席，成为第一大党。伊斯兰武装力量在推翻卡扎菲战争中发挥了主要作用。

伊拉克在美军撤离后目前四分五裂，逊尼派、什叶派、库尔德地方势力三分而治。巴格达蒂领导的逊尼派反政府武装近来迅速坐大，已攻克伊拉克第三大城市摩苏尔，并向巴格达挺进。该武装组织宣布成立"伊拉克和大叙利亚伊斯兰国"，涵盖伊拉克、叙利亚、黎巴嫩等国领土。巴格达迪还自称是真主的传人，是15亿穆斯林的精神领袖。

中东地区的主要热点巴勒斯坦问题在阿拉伯之春中被边缘化，如今却再燃战火，加沙地带以军与哈马斯武装冲突加剧，170万加沙居民陷于水深火热，造成大量人员伤亡。然而，中东目前问题成堆，战火四起，阿拉伯国家因哈马斯与穆斯林兄弟会有密切关联而集体失声，停火遥遥无期，冲突有失控和蔓延的危险。

三 伊斯兰文明复兴前途何在？

近年伊斯兰思潮再次崛起是阿拉伯世界对美国和西方国家用武力和西方价值观民主化改造中东的必然反应，需要用历史的眼光来观察，它并不代表阿拉伯世界再次被伊斯兰化，也不是20世纪七八十年代伊斯兰复兴运动的重现。

（一）伊斯兰思潮并未成形，仍在演变。20世纪七八十年代伊斯兰复兴运动失败，"9·11"后西方全盘抹黑伊斯兰教，使伊斯兰学者组织深刻反思，主张重新诠释教义，以适应社会发展。伊斯兰"中间主义"就是反思的结果。

其核心思想是：反对极端主义和霸权主义，主张公正和谐；以对话方式循序渐进推进社会变革；反对暴力和外部施压；倡导教法创新。伊斯兰出现了温和化、政党化和民族化倾向。伊斯兰中间主义思潮对抵御伊斯兰威胁论和伊斯兰内部极端主义有积极意义。

（二）世俗体制并未彻底崩溃。埃及、突尼斯等阿拉伯国家世俗体制存在已久，获得大多数民众支持。世俗民族主义政党实力较强，牵制了伊斯兰政党发展。伊斯兰政党单独或与世俗政党联合执政，都不可能摒弃世俗体制，走伊朗式政教合一的道路。

同时地区动荡为伊斯兰极端势力发展壮大提供了空间。"马格里布基地组织"、"阿拉伯半岛基地组织"和利比亚"伊斯兰战斗团"等激进组织，利用动荡混乱壮大队伍，破坏能量不小。

这次动荡是在经济全球化和西方民主化浪潮双重冲击下，阿拉伯国家政治社会矛盾的集中爆发。阿拉伯国家的任何变革都将寻求维护伊斯兰文化传统和实现社会生活现代化的平衡，但这一过程曲折漫长。

（三）这场动荡是内生的政治社会运动，特征是"无领袖、无组织、无纲领"的无序反抗，鱼龙混杂，泥沙俱下。传统伊斯兰势力、亲西方势力及民族主义势力博弈激烈。

埃及有 50 多个政党，突尼斯则多达 114 个，多数国家以暴力或引入外部势力实现政权变更。战争进一步破坏了本来就十分糟糕的国民经济。2011年，埃及经济支柱旅游业收入比上年下降 2/3 至 90 亿美元，通货膨胀严重。且不考虑远期经济发展，阿拉伯国家近期损失就远远超过 1000 亿美元。

四　美国干涉主义造成中东持续动荡

奥巴马新干涉主义的中东政策以"价值观外交"为核心，为美战略重心向亚洲东移扫清障碍。美国在中东地区的首要战略目标是确保中东主导权和战略平衡，保证以色列存在，维持该地区亲美政权的统治。中东局势大起大落，打乱了美战略部署。美国不得不调整中东战略，在适度收缩基础上"重返"中东。

（一）继续推行价值观外交。奥巴马继承小布什衣钵，从伊拉克撤军同时利用"阿拉伯之春"积极推广美国价值观和民主，并将埃及和突尼斯作为民主过渡样板。虽然埃及后来因军队接管政府，美国表面上予以批评，但是对穆斯林兄弟会被镇压还是心里窃喜。美为此曾推动八国峰会"多国银行"承诺提供200亿美元援助，支持埃、突社会经济改革。

（二）支持温和派海湾国家，强化其军事力量，构建伊朗海湾多边安全联盟。沙特、巴林、卡塔尔等是美中东盟友和遏制伊的前沿阵地，美第五舰队司令部设在巴林。这些国家还是全球原油主要供应地，关乎世界经济命脉。"阿拉伯之春"狂风大作，美将稳定海湾盟友作为中东战略的重要环节。2011年12月，美与沙特达成军售协议，向沙特出售300亿美元的F－15战斗机。

（三）以保护的责任为由推行新干涉主义，实行"利比亚模式"政权更迭。西方推行保护的责任由来已久，但奥巴马在中东手法更巧妙：以多边替代单边，强调阿拉伯国家参与；通过安理会为使利行动合法化；美居后台，多采用无人机和特种部队小分队形式打击对手；实施以夷制夷，支持一国反对派。美以巧实力加硬实力，力求低成本、有限度卷入，凸显美新干涉主义总体收缩、精准发力的特点。

（四）修正对伊朗政策，在加强制裁同时与伊朗达成分步走解决伊核问题方案。伊朗是美国中东战略核心之一。伊拉克什叶派上台，形成从伊朗到伊拉克、叙利亚、黎巴嫩什叶派弧形带。这不仅威胁以色列安全，更令逊尼派执政的沙特等国寝食不安。美力压叙利亚巴沙尔下台，也是想割断什叶派弧形带。美改变策略，以部分放松对伊石油和金融制裁换取伊朗放弃核武器计划，是其中东政策的重大调整，已初见成效。

（五）巴以重燃战火，使巴以冲突从边缘重返美外交重要议程。奥巴马上台后重申美将推进巴以和平，并提出以1967年边界线为基础划分巴以边界。国务卿克里上任后奔波穿梭中东，希冀在以巴问题上找到外交突破口，改善美与伊斯兰世界的紧张关系。巴以问题本来就僵局难破，最近在地区局势持续动荡中以巴武装冲突加剧，中东乱象纠结更趋严重。

五　中国需要在中东发挥积极正能量

中国在中东有重大战略利益。中东和平进程直接关乎中国的能源安全和发展利益。例如最近伊拉克危机推高油价，冲击中国的石油供应。目前伊拉克生产的石油约 1/5 销往中国，占中国石油进口总量的 5%。

中国在中东的外交优势是与阿拉伯国家和以色列均保持友好关系，坚持在联合国决议框架下和平解决巴勒斯坦问题，希望以巴冲突早日走上和平谈判的道路。

中国对中东事务和该地区大国博弈复杂性、长期性有清醒认识。历史是面镜子。中东从来就是帝国的"坟墓"，无论是大英帝国，还是苏联和美国都在中东碰得鼻青眼肿。近年来，阿拉伯世界正在经历大调整、大变化，加上美国收缩中东战略，使该地区局势如同坐过山车一般急剧变动，地区势力和大国博弈异常激烈复杂。

中国对中东的外交战略与外交倡议要从多方面考虑该地区的历史与现实，从实际出发帮助地区国家寻求和平解决热点问题、推动区域发展的道路和办法，困难多、实现难度大是对各国包括中国全面外交的考验。

"丝绸之路经济带"构想包含地缘安全战略、西部对外开放与区域一体化、文明对话等丰富内涵，无疑为中国参与中东事务提供了新的切入点。中国应审时度势，积极应对中东形势演变给中国带来的重要机遇和严峻挑战，以务实创新精神推动中国与中东国家关系的新发展。

大国崛起与地缘政治陷阱

最近，世界银行的"国际比较项目"根据购买力平价预测，中国正以超越预期的速度赶超美国。2005年，中国经济总量是美国的43%。2011年数据显示，中国当年国内生产总值（GDP）达13.5万亿美元，相当于美国经济总量的87%。现在中国以美国经济增长率三倍的速度在发展，其国内生产总值将在2014年底超过美国。各国和舆论对此反应不一，各种评论沸沸扬扬。

其实这已经不是新话题。关于"中国经济何时超越美国"，西方媒体和专家学者早就众说纷纭。除此次世行预测2014年和不久前国际货币基金组织估计2019年外，英国经济与商务研究中心（CEBR）去年年底称，中国GDP将在2028年达335700亿美元，超过美国的322700亿美元。美国彼德森国际经济研究所则推断中国经济总量在2010年就已超过美国。

于是乎，有人就说中国马上要成为超级大国了，世界已重新回到"地缘政治"的激烈争夺。遏制中国发展的声音再次甚嚣尘上，抹黑中国对外战略与和平发展道路的声音增大，甚至把目前的地缘政治形势与一战前相比较。

当然也有不少人质疑世行预测的科学性，指出其并没有真正反映客观实际，中国离经济总量世界第一的位置还很远。而且不少专家表示，即便中国经济总量将来赶上美国，也不能说明经济实力尤其是综合实力就超过美国。

在国际格局正在发生深刻变化的今天，如何看待中国的经济发展成就，如何看待大国间地缘经济和政治、军事安全诸方面的互动和博弈，对我们了解和科学判断国际形势的变化很重要。

一　购买力平价的"误区"

用购买力平价来计算一国生活水平比较适当，但以此来计算经济实力和规模就可能"失之千里"，因为购买力平价使用的基准是国内生产总值购买国内产品和服务的能力。比较国家实力最好是以市场汇率这一基本标准为衡量。就拿中国和美国为例。按市场汇率计，2013年中国GDP只有美国的一半左右。

最近美国学者写了本书叫《大国经济平衡》，从经济角度来分析大国间实力的变化，其中提到一个重要的概念。认为衡量一国经济实力需要三个要素来综合考虑，即GDP、经济增长率、人均GDP，而且人均GDP权重较大。目前，中国GDP占全球总量的12%，美国为20%。中国人均GDP不到7000美元，只有美国的1/5，如按市场汇率计算，仅为1/8，两者差距都很大。

关于中国的增长潜力，正如著名学者林毅夫所言，中国基础设施投资有较好回报率，因此中国仍有持续经济增长潜力。根据购买力平价，中国2008年人均收入为美国的21%，相当于日本1951年、新加坡1967年、韩国1977年与美国的差距，中国经济从2008年起还可能有20年的年均8%增长不失为较为客观的判断。

同时许多专家认为，一个大国在全球经济中的分量和地位主要由规模而非人均决定。一个国家的实力除经济总量外，还有军事力量、科技和创新能力、教育水平和投入等，且不说软实力和文化的吸引力。即使两国具有同样的经济总量，各自对世界的影响力也不会完全一样。要将国家经济总量转化为方方面面的实际影响力，需要做很多"功课"，经济、政治、军事、货币、科技、文化各方面的实力都要强才行。

以货币为例。中国人民币国际化已经迈出关键的步伐，成为全球第5大交易货币；使用人民币与中国贸易的国家逐年增多，境外人民币数额不断扩大；中国与28国签订货币互换协议，规模达3万亿元。然而，世界经济稍有风吹草动，美元"避险安全港"的作用就凸显出来。观察2008年金融危机爆发后几个月里全球资金的流向，就可以看到这种奇怪的现象。金融危机非但没有让在美国的资金外逃，反而有数千亿美元各国资金流入美国，购买美国国债，寻求资金的安全。

不管外界是吹捧还是抹黑，中国人民有充分的理由为祖国的巨大成就感到骄傲。无论怎么统计，中国30年来是全球经济增长最快的，创造了人类发展的奇迹。同时我们对中国仍将长期处在社会主义初级阶段的现实，也有实事求是和清醒的认识。我们既不妄自菲薄，也不会忘乎所以，尤其不会被所谓"第一"一叶障目，而放慢改革发展和民族复兴的步伐。

二　地缘政治新挑战与陷阱

西方学者关于世界重回"地缘政治"大国争夺之说，显然没有摆脱冷战时期的思维方式。地缘政治从来就没有离开我们的视线，只是目前地缘政治的形势发生了变化，出现了很多新的挑战。伴随经济全球化加速，世界多极化趋势也在提速。这必然会冲击现有的国际格局和全球治理体系。不少国家包括美国还没有适应或者跟上地缘政治和国际力量的变化。

奥巴马2008年当选总统时美国国内普遍认为，美国在国际上摊子铺得太大，而今又觉得奥巴马怕担风险，美国外交政策"迷失了方向"，美国在世界上的作用太小了。美国国务卿克里最近在耶鲁大学演讲时描述了美国的"左右摇摆"。他说，"我们不能容许因为过去十年美国过分干预国际事务，而导致现在过度的孤立主义"。其实这些说法都低估了美国的作用。美国的精英们从骨子里都信奉美国至上和国际干预主义，美国在全球的投入和布局这些年并没有减少。

先看中东，很多人认为美国在"撤离"中东。事实是里根总统第二任期冷战高峰时，美国在中东驻军只有8800人，而今从伊拉克撤军后依然保持35000人的规模和大批军事基地。美国军方与埃及军方有着千丝万缕的关系。美国向以色列和埃及等国每年提供大量的军援。美国的盟友以色列和沙特阿拉伯等穆斯林逊尼派海湾国家之所以对美国不满，并非因为美国在叙利亚问题上裹足不前，而是因为美国竟然与他们的死对头什叶派伊朗谈判解决核问题。他们认为美国这样做将使伊朗在中东和海湾地区做大。

再看亚洲的情况。美国自2009年以来积极推进"亚洲再平衡"战略，强化与日本的军事合作，甚至纵容日本挑战二战确立的国际秩序；加强与澳大利亚、菲律宾的军事联系，取得更多亚洲军事基地的使用权；背后支持越南与中国重新挑起南海海洋权益的争端；最近美国又压韩国部署先进的反导系统，企图削弱中国的战略核威慑能力。难怪连美国学者都说，中国近来在南海和其他问题上"咄咄逼人"的立场与奥巴马政府过分强硬地推进"亚洲再平衡"战略有不可分割的关系。

世界多极化加速发展是历史的大趋势，用西方学者的话讲，是（与美国和西方相对应的）"其他力量的崛起"目前在地缘政治中占主流。这一趋势与经济全球化一起将继续发展，并成为21世纪地缘政治、地缘经济舞台波澜壮阔的主要表现。逆潮流而动，想方设法遏制新兴国家的发展和崛起，只会激化地缘政治和经济矛盾。

而且，当今世界与第一次世界大战前的形势无任何可比之处。中国这几十年的发展道路与美国通过一战成为全球霸主的轨迹，无论从历史还是现实角度看，也没有任何相似之处。今天的世界是扁平、立体、交叉的，各国经济相互依存，安全上"和则两利、斗则两伤"。不管承认不承认，各国已经结成利益共同体和命运共同体。就拿中东来说，美国关心中东形势，中国也关心中东局势的变化。如今中国对中东石油50%的依存度已远远超过美国的13%。"阿拉伯之春"演变成"阿拉伯之冬"对中东各国是悲剧，对与中东关系密切的所有各方都是悲剧。对现在中东的乱局，难道美国和西方不应该有所反思吗？

有学者以乌克兰危机、美国和西方在跨太平洋经济战略伙伴关系协定（TPP）和跨大西洋贸易和投资伙伴关系（TIPP）谈判中分别排挤中国和俄罗斯为例，指出美国地缘政治上的误判，说的倒是十分到位。美国目前无论是有意还是"跌跌撞撞"无意中进入对中国和俄罗斯的"双遏制"，都对美国没有任何好处。

俄罗斯在克里米亚公投后决定将克纳入俄疆土，是俄罗斯20年来被北约和欧盟东扩逼入死角的绝地反击。而中国在周边地区特别是东海和南海捍卫国家的主权和海洋权益更是无可厚非。地缘政治的对抗是条死路，只有一个多极化、相对均衡的世界才会给21世纪的人类发展和繁荣带来历史性机遇。

西方民粹主义兴起与政治极端化

近年来，美国和西方国家民粹主义在社会思潮、政治体制、国家治理中的作用日益凸显。最近的突出表现是美国共和党内茶党力量的壮大、孤立主义上升，以及欧洲议会刚刚结束的选举中代表民粹主义的法国国民阵线、英国独立党等获得民众的巨大支持。

西方政治的右倾化、极端化与民粹主义的兴起有着密切的关联，将在较长时间里影响西方的国家治理能力和内外政策。

西方民粹主义兴起的土壤

西方民粹主义再次兴起有其必然性。西方滋生民粹主义的土壤肥沃、发展空间很大。

美国学者认为，美国的经济和政治体制都出了问题。不仅是经济制度使富人更富，穷人更穷，而且"现代资本主义"已演变成新的专制制度。林肯当时倡导的"民有、民治、民享"已经蜕变为"1%的人有、1%的人治、1%的人享"。美国贫富差距不断扩大，特别是中产阶级生活水准持续下降，无疑给民粹主义提供了生长空间和沃土。"占领华尔街"运动从纽约华尔街发源，迅速蔓延到发达国家主要城市，其主要参与者就是教育程度高的青年专业人士和中产阶级。

美国"金钱政治"病入膏肓是推动百姓走向民粹主义的又一原因。《经济学人》最近撰文指出，金钱获得了美国历史上前所未有的影响力。数以千计的说客让立法过程变得更加冗长、复杂，使特殊利益集团更有机会参与。奥巴马医改法案长 2000 多页，就是权钱交易的产物，执行力之差难以想象。

再一个原因是，政治体制的僵化和极化，导致国家治理的混乱和无序，根本无法从国家的长远利益出发来决策。这种治理失败或者治理瘫痪的例子俯拾皆是。希腊、意大利、西班牙政府治理混乱、无力导致现在危机重重；冰岛国家治理能力低下致使国家破产；日本换政府像走马灯，每年换一个首相；美国国会两党对峙，预算案几次无法通过，导致政府"关门大吉"。

美国诺贝尔经济学奖获得者斯蒂格利茨说，现在"大部分北大西洋国家的实际（调整通胀后）人均 GDP 还低于 2007 年，美国经济规模仍比（金融）危机前小 15%"。据统计，目前美国中等收入家庭年均收入 53000 美元，比 2008 年经济危机开始时实际收入下降 7.6%，减少 4000 美元。美国贫富差距拉大在房地产行业凸显。2014 年头四个月，美国最贵的 1% 房产销售增长 21%，而其余 99% 的房产销售却减少 7.6%。

在美国政治如此混乱、国内经济严重衰退、联邦赤字和国债逐年攀升的背景下，美国茶党运动作为民粹主义领军人物，异军突起，也就毫不奇怪了。目前茶党和其他极端势力在美国共和党中占据重要位置，对美国社会及政治已经产生不容轻视的影响。

作为意识形态色彩很浓、代表底层百姓的政治抗议活动，茶党主要诉求是拯救、改造美国社会，改革国家治理机制和体制，重铸极端保守主义在美政治生活中的主导地位。接着，美国马上要进行国会的中期选举，全体众议员和 1/3 的参议员席位要改选。可以预计，民粹主义将在选举中再次显示其号召力和动员能力。

在欧洲，金融危机后欧洲经济一蹶不振，许多国家债务高企，欧洲失业人口目前合计有 2600 万。很多人悲观地认为，欧元区接下来将面临如日本一般的"失去的二十年"。日本因为社会结构相对单一、国家凝聚力强，没有导致国家的分裂和崩溃，而欧盟国家政治和文化如此多元，则难以承受经济持续低迷下滑、人民生活水平下降的困境，欧盟和欧元区破裂的可能性不能完全排除。

近日，欧洲不少国家右翼政党在欧洲议会选举中摧枯拉朽，迅速崛起，右翼政党获得总共 751 个席位近 30%。尤其是法国国民阵线获得逾 24% 选票，是该党历史上首次在全国选举中得票第一，而法总统奥朗德的社会党仅居第三。英国反欧盟的独立党超过保守党与工党，丹麦反移民的人民党夺得首席，其他国家极右政党同样表现不俗。在经济潦倒的希腊，则是激进左翼政党联盟 Syriza 取胜。

欧洲民粹主义主要表现在社会情绪民粹倾向和民粹主义政党快速兴起两方面。就社会情绪而言，欧洲国家普遍在移民问题上严重排外、种族主义思想蔓延，已经影响到一些国家的政策。瑞士 2013 年冬天投票通过了由瑞士人民党提出的限制欧盟国家移民到瑞士的议案。冷战结束后欧洲左右翼政党政策趋同，以自由市场、福利国家与有限政府干预作为共同政治纲领。

目前，欧洲极右政党仍不足以取代中间、中左与中右翼势力掌控欧洲议会，但已经形成难以阻挡的政治力量。这次欧洲议会选举充分表明，民粹主义作为意识形态和社会思潮已经蔓延至欧洲各国，改变了欧洲的政治生态，欧盟今后的效率和公信力更加令人怀疑。

近年，日本右翼民粹主义趋势也趋凸显，其典型代表是石原慎太郎和安倍。2012 年 4 月以来，石原一手操弄钓鱼岛"国有化"，以及安倍竭力否定二战确立的国际秩序、推动日本向右转，使日本民粹主义毫无节制地发酵。这与日本经济长期停滞、政体僵硬、社会不满情绪弥漫有紧密联系。

西方民粹主义与体制的对立

西方民粹主义正在国家政治生活中形成势头，与现有政治体制严重对立。随着全球化弊端进一步表面化，将更深层次地影响西方国家的治理能力和内外政策。

民粹主义起源于 19 世纪后期在美国南部、西部的人民党激进运动及俄国争取"土地和自由"的民粹派运动。其主张是强调平民价值和理想，把平民化和大众化作为政治运动和政治制度合法性的基础。民粹主义三大特征是草根性、非理性和批判性。

自 19 世纪后期以来，民粹主义经历三次高潮：19 世纪末在美、俄及东欧的第一代民粹主义；20 世纪六七十年代全球范围内的第二代民粹主义，拉美民粹主义复兴最剧烈；20 世纪 80 年代起欧洲、北美的第三代民粹主义。冷战后的欧洲新民粹主义属于第三类。

在美国政治话语体系中，茶党与"反抗"或"抵制"是同义词。1773年，波士顿殖民者不满英国政府征茶税令，把运往英国的茶箱货物倒入波士顿湾以示抗议。茶党由此得名。

2009年，茶党在美国东山再起，这次抵制的对象则是美国政府。奥巴马上台后，美国政治中的党派分歧和矛盾加剧。民主党人不顾大多数共和党人反对，在其占多数的国会通过了《美国复兴和再投资条例》，随后由奥巴马签署成法。这一做法激怒了美国国内的保守主义势力。借助社交媒体的传播和动员力量，不少地方的保守人士和民间团体纷纷聚集上街，抗议奥巴马增税计划。与政府唱对台戏的茶党运动于是在各地蔓延开花。

美国的民粹主义社会情绪已经对奥巴马政府的政策产生了影响。奥巴马最近在西点军校的演讲颇能说明问题。虽然奥巴马重申美国是"世界上不可或缺的国家"，但对卷入国际冲突十分谨慎，强调只有直接威胁美国国家利益才会出手。奥巴马并宣布2014年将从阿富汗撤军，驻军到年底将减少到10000人以下，且在2017年初奥巴马离任前完成撤军任务。他同时宣布将在2017年前裁减军队，美国陆军人数将降到二战以来最低水平——450000人以下。不少美国人担心美国的霸权地位和领导力将受损，甚至批评美国对"亚洲再平衡"战略"虚多实少"，空谈多于实干。另外，美国国内针对中国的贸易保护主义上升也与社会情绪极端化有很大关系。

说到底，民粹主义是政治生态中老百姓情绪的聚合和反映。伴随着经济复苏缓慢、失业高企、贫富差距扩大、思想文化激荡以及官民关系疏远，不同群体对立和社会矛盾日益激化，为民粹主义滋生和发展提供了温床。互联网的快速发展更是极大增强了民粹主义的辐射范围和影响力。

民粹主义突出表现在各国政坛的右倾化，草根型政治领袖借助民众对政府现行治理体制机制的不满，赢得高支持率。其实，奥巴马总统当年上台也借助了"草根政治"的力量。在一些国家，民粹主义政党已通过选举，合法执政。值得关注的是，民粹主义的表达方式越来越多地体现为民众通过激进和暴力手段表达不满和诉求，而非诉诸已有的体制机制渠道。西方国家政府不管其政治倾向如何，自然成为民粹主义的对立面，受到攻击和鞭挞。各国政治生态的右倾化由此加剧，而且现在看这一现象没有减弱的迹象。

民粹主义的盲目极端化

面临国际金融危机持续发酵，西方国家经济总体在谷底徘徊，民粹主义思潮在西方国家持续泛滥是可以预计的。民粹主义诉求成为西方社会主流思潮的重要部分，将使西方走上政治保守、外交孤立的道路。例子已在上面列举。从理念上分析有这样一些因素需要注意。

首先，民粹主义强调的是人民至上的理念，以体现其草根化和平民化。这本身无可厚非，但是过于强调这一点，并与政府和现行体制相对立或持怀疑态度，使民粹主义走向反体制的道路，削弱和阻碍了政府治理社会的公信力和执行力。

其次，民粹主义解决社会问题单一化、简单化的线性思维，以及这种解决方式所表现的狭隘平民主义、极端民族主义和盲目排外主义特点，其结果将造成社会阶层的对立，而带来更多的社会问题。

最后，民粹主义对于社会强烈的批判意识带有理想化色彩，其道德主义思维方式易陷入非理性逻辑和集体无意识，在国家决策中易走向盲目极端化。民粹主义与政治制度、特权、资本、政客有强烈的天然对立情绪。因此，民粹主义一直以批判、反叛性思潮存在，要真正成为社会主流思潮并非易事，除非国际国内形势发生大的变故。欧美国家用了200多年才将民粹主义驯服。法国大革命是民粹主义运动，是反对特权的人民革命，但反而使法国进入不断革命的怪圈。

以欧盟为例。英法德三国是欧盟的支柱，而且欧盟建立时的根本默契是：法国发挥政治引领作用，德国是欧盟经济的火车头，两者互相配合、相互平衡。这次英法极右翼政党在欧洲议会选举中大获全胜，震惊欧美政坛。欧美主流媒体惊叹民粹主义风潮横扫欧陆。英国虽不至于在接下来的公投中脱离欧盟，但将与欧盟更加离心离德。法国国民阵线党的崛起将使法国在涉及欧盟的问题上失去政治领导力，这已经引起法德政府的忧虑。民粹主义上升对北约的影响尚待观察，因为民粹主义政党在欧洲议会力量增加了，但大多并未在本国掌权。

几乎所有欧洲国家中，民粹主义政党都在发展，他们拒绝普世性、跨国性，主张向爱国主义及其象征物回归，比如唱民族歌曲、纪念民族节日、回归本民族历史神话等。

　　他们抵制欧盟进一步一体化，反对来自伊斯兰国家以及东欧国家的移民，同时欧洲反美情绪也在高涨。因为美国实际上通过北约在军事上依然控制着欧洲，而且正在推动"跨大西洋贸易和投资伙伴关系协定"的谈判，以在经济上与欧洲的捆绑更加紧密。

　　有学者因此得出结论，美英模式民主已经到了雅典民主覆灭重演的历史"节点"，西方可能过不去"民主政体危机"这道坎。虽然这些话有些耸人听闻，但西方确实面临"国家治理瘫痪"的制度性危机，这也是其经济危机阴影挥之不去的根本原因。

　　西方国家民粹主义泛滥将对中国发展和改革的国际环境产生影响。我们应予密切关注，认真研究其发展趋势，趋利避害。有一点很清楚，中国在全球化的浪潮中，一定要有政治定力，咬住青山不放松，坚持走中国特色的社会主义道路，抓住难得的历史机遇，实现中华民族伟大复兴的中国梦！

三 论国际经济、 金融与贸易

金融危机的教训值得汲取

国际金融危机爆发距今已有 5 年，现在对过去几年进行回顾和反思，对于我们认识当今世界正在发生的一些格局性、趋势性变化很有助益。

2008 年对世界和中国都是具有历史意义的转折点。历史的发展具有偶然性，更有它的必然性和规律性。那么过去 5 年给我们什么启示呢？

一，这场危机让人们深刻意识到，自 1990 年以来盛极一时的西方国家"华盛顿共识"及其思想基础"新自由主义"在理论和实践上彻底破产。与此同时，"北京共识"和"中国模式"由于中国经济发展的成功，在广大发展中国家中日益深入人心，虽然中国自己并没有主动去推广自己的发展方式。

以"私有化、市场化、自由化"为核心政策主张的新自由主义成为国际垄断资本的经济范式和意识形态以后，新自由主义被西方国家及其主导的国际经济组织在世界各地极力推行，拉美、东欧、非洲、东南亚等不少国家自觉不自觉地"吞下"其"治理经济的药方"，国家经济不进反退，堕入"中等收入陷阱"而难以自拔，其现代化进程或中断或延缓。新自由主义的全面推行还加剧了全球贫富的两极分化。

在金融创新的旗号下，垄断资本渗透到世界各地，导致虚拟经济与实体经济日益脱节，各种资产泡沫累积膨胀，全球经济运行风险不断加大，最终房地产泡沫破裂引发美国金融危机，而金融衍生品的风险链条又将危机从美国迅速扩散到世界各地，最终引发了史无前例的国际金融危机。

有数据显示，1980 年全球金融资产规模只相当于生产总值的 108％，时至今日，包括所有金融衍生品合约的名义价值在内的金融业规模大约是全球实体经济的 16 倍。

二, 金融危机带来的全方位冲击, 使全球力量对比开始发生有利于发展中国家的根本性变化, 其中中国的发展壮大最为突出。西方对于国际事务的掌控能力下降, 新兴经济体成长为世界经济增长和复苏的新引擎, 给全球特别是广大发展中国家的发展提供了巨大的外溢红利。

具有里程碑意义的是, 二十国集团 (G20) 领导人峰会取代 "西方主导、美国治下" 的七国/八国集团 (G7/G8) 和八国集团加发展中国家五国 (G8 + 5), 于 2009 年正式成为全球经济治理的主要平台, 一批新兴经济体由此真正进入全球治理的核心决策圈。

以国际货币基金组织、世界银行和世界贸易组织为核心的世界经济秩序和全球经济治理体系开始踏上改革进程, 朝着更加公正、合理的方向发展。

但值得注意的是, 西方国家出于维护全球经济主导权的考虑, 开始放弃多边主义, 试图改变全球经济的 "游戏规则"。想把中国和其他主要发展中国家排挤在外。美国和欧洲极力推行的跨太平洋战略经济伙伴关系 (TPP)、跨大西洋贸易与投资伙伴关系 (TTIP) 和 "服务贸易协议" 的谈判都是出于同一目的。

三, 金融危机迫使各国直面全球经济治理问题。在日趋一体化的世界经济格局中, 发达国家和发展中国家的利益紧密联系, 相互依存增加, 全球经济治理问题提上议事日程, 并将直接影响下一步经济全球化的发展。

自 20 世纪 90 年代以来经济全球化的高速扩张远远超过了国际体制和制度的发展步伐, 西方主导下的全球经济治理体系的种种缺陷和弊端在危机中得到充分暴露。危机来临之前, 没有人能够准确预测到这场灾难的广度与深度, 各种国际经济金融组织和机构形同虚设。幸运的是, 通过国际社会特别是二十国集团的果断应对与携手努力, 终于避免了世界经济大萧条的又一次降临。

当前世界经济复苏缓慢, 动力不足, 尤其是发达国家普遍面临债务危机和失业率高企的巨大困难, 有可能重蹈日本 "经济停滞、通货紧缩" 的覆辙。与此同时, 5 年来, 美欧等西方主要经济体为挽救濒于崩溃的银行体系, 刺激经济增长, 大量动用财政和金融资源进行多轮大规模的量化宽松, 导致低利率和流动性扩张成为世界经济的 "新常态", 新兴市场国家也深受其害。

　　美联储资产负债表已从危机前的 0.9 万亿美元飙升至 4 万亿美元，发达国家平均债务率达到 126％，日本更以 240％ 的负债率成为全球之冠，相当于人均负债 8.2 万美元。国际货币基金组织曾指出，到 2023 年发达国家的政府债务只能降到 80％。可以预计，史无前例的流动性过剩和政府债务、居民债务、公司债务、银行债务的持续攀升，已经对未来世界经济发展构成严重的困扰和威胁，这将需要一个中长期的去杠杆化调整过程，处理应对不当，危机还可能卷土重来。

　　四，在西方国家应对危机过程中，以党派政治裹挟国家利益的博弈愈演愈烈，西方模式选举带来的政治体制治理"失灵"弊端愈加突出，加上欧债危机、"占领华尔街"、美国信用评级百年来首次遭到下调、失业高企、贫困人口激增、工人罢工、大规模骚乱等乱象丛生，许多西方国家正深陷经济、社会、政治等多重危机。

　　国际劳工组织预计，全球失业人数 2015 年将增至 2.08 亿。在欧元区，则有 1/4 的年轻人找不到工作，而以美国为代表的银行业寡头反而日益壮大，量化宽松政策产生的"财富"大多被华尔街据为己有。现在美国 0.2％ 的银行控制了美国 70％ 的银行资产。正如美联储前主席格林斯潘坦承："大银行和高收入的富人们虽已享受到'经济复苏'，但实体经济的中小企业和相当大一部分劳动力，却无法摆脱经济困境并且仍在艰难中挣扎。"

　　这场危机并未使欧美经济的基础产生根本动摇，西方利益集团也不会就此轻易让渡全球经济治理的权力。美国仍然是全球最具创新性的经济体，美元在国际金融体系中的地位尚无可替代，全球经济治理改革之路依然漫长。对于中国而言，西方的需求和倚重在危机后进一步上升，但仍对我发展抱持疑虑、防范和牵制的态度。

　　中国的发展不可阻挡，中国特色社会主义的发展道路是我们的正确选择。中国要立足发展好自己，依靠发展构筑优势、拓宽空间、赢得主动，善于运用斗争与合作的两手，维护与西方的互利共赢关系，充分调动其积极、有利因素，不断扩大利益交汇点，妥善管控矛盾分歧，并依靠团结广大发展中国家，促进国际政治、经济秩序向更加公正、合理的方向发展。

警惕世界经济再次泡沫化

近日世界经济有两个动向引人注目。一是美国和日本股市大涨，美元走强，日元大跌。美道琼斯指数涨过 15000 点，日经指数也突破 15000 点大关。日元兑美元跌至近五年最低点 1∶102.5。二是欧元区经济陷入最长衰退期，国内生产总值已连续 18 个月下滑，近年一季度比较去年四季度又萎缩 0.2%，失业率高达 12.1%。由美国次贷危机引爆的国际金融危机使世界经济陷入长期低迷，在刚刚看到复苏萌芽之际，各种泡沫就已膨胀。有三大风险值得密切关注。

第一是债务危机的风险。目前，美国、日本和欧洲都债台高筑。2012 年 11 月美国的国债总规模达 16.4 万亿美元，而美 GDP 总量约 15 万亿美元。中国是美国国债的最大持有国，现在持有美国国债及其他美元资产约 1.2 万亿美元，我国外汇储备总量约 3.4 万亿美元。日本国债占 GDP 之比接近 250%，但好在 90% 以上是日本国内企业、个人购买。欧盟几近一半以上国家债务规模占本国 GDP 的 50% 以上，而希腊、西班牙等已达 150% 以上，融资压力很大。欧元区五国葡、西、意、希、爱 2013 年需融资 2.3 万亿欧元，其中 60% 靠政府、欧盟稳定基金（ESF）和欧洲央行，从市场融资已十分困难。短期内，三大发达经济体难以走出债务困境，尤其是欧元区金融系统性风险依然存在。

欧债危机最根本的原因是欧洲联合进与退的博弈，涉及政治、经济体制以及能否建立统一的财政和货币政策等。还有就是入不敷出，生产不足以支撑福利支出。欧洲人口占比不足世界的 10%，GDP 占 25% 左右（2011 年 15.6 万亿美元），但福利开支却占世界的 50%。寅吃卯粮已不可持续。

第二是经济持续下滑和就业困难的风险以及随之产生的社会动荡。受金融、债务危机影响，世界经济下行风险上升。国际货币基金组织（IMF）几次下调 2013 年全球经济增长预期至 2.8%，其中发达国家 1.3%，新兴经济体 5.5%，远低于去年的 3.9%。

全球贸易增速已从 2011 年的 5.2% 降至 2012 年的 2%。再看全球外国直接投资（FDI），2012 年为 1.3 万亿美元，与 2011 年基本持平。

经济恶化首当其冲的是就业困难。发达国家就业一片哀鸿。美国经济复苏情况相对较好，失业率回落，但依然有 7.5%，日本是 6% 以上。欧元区失业率高达 12.1%，失业人口近 2600 万，西班牙 500 万人没有工作，法国 320 万人失业。全球就业率仅 60%，有两亿多人没有工作，其中 40% 是 24 岁以下的年轻人。中国就业压力也很大，每年城镇需新增就业 2500 万人。农村富余劳动力 2.63 亿，其中 1.63 亿人进城务工。

经济状况恶化导致社会矛盾加剧，从 2011 年 9 月 "占领华尔街" 到西亚北非的动荡，又到希腊、西班牙、英国等欧洲国家老百姓上街抗议政府的财政紧缩政策，社会动荡此起彼伏，影响政局稳定。

第三是量化宽松刺激经济措施催生严重泡沫。增发货币应对经济衰退已成为美国、日本和欧洲的共同选择，危机大国借助储备货币发行优势、最大限度地以货币扩张方式降低债务占 GDP 的比重。各国央行纷纷降息。美国现在第四轮量化宽松是无限期宽松。美国还制定了两个挂钩的指标，一是和就业挂钩，失业率 6.5% 以上就不停止；二是与通胀挂钩，2.5% 以上也不停，并将长期维持接近于零的超低利率。经济学里有个 "欧肯定律"，是美国人发明的，说要失业率下降 1%，经济就需要增长 3%。美国去年 GDP 增速为 2.2%，要增长 5.2% 才有戏。谈何容易！也就是说美联储铁了心要长期滥印绿票子了！自金融危机以来，美联储资产表（Balance Sheet）已翻了两番，达 3 万亿美元以上，2013 年还会增 1 万亿美元。再看日本。安倍上台即推出 "安倍经济学"，第一张牌就是宽松的货币和财政政策，也实行无限量化宽松。预计新的财政刺激占 2013～2014 年 GDP 的 1.5%，同时推高通胀目标至 2%。欧元区受主权债务困扰，直接货币交易计划（OMT）从欧洲金融稳定基金 EFSF 向欧洲稳定机制 ESM 永久救助机制过渡，将向市场释放大量的流动性。这将导致世界经济的最大问题，全球流动性泛滥。

这些经济风险对于发展中国家，对于新兴市场经济体会带来严重的输入性通货膨胀和巨大的贸易风险。流动性泛滥导致大宗商品价格走高或在高位震荡。热钱大进大出使新兴市场经济体金融风险增大。**国际贸易62%用美元结算，主要结算货币的贬值使人民币等货币升值压力上升，出口商品价格提高，市场份额减少。**贸易风险还来自新的贸易壁垒。2008年以来，尽管二十国集团一再呼吁反对贸易保护主义，但几十个国家制定了贸易保护政策。奥巴马号召美国人要买美国货，美国并提出"重振制造业"和"出口倍增计划"。

世界经济泡沫化具体对中国而言，有四重风险和冲击。

1. **全球需求不振对我出口打击较大。**国际经济低迷将持续几年，中国经济靠三驾马车——出口、投资、消费拉动。出口市场萎缩已经导致中国沿海出口贸易比重较大的省份经济增速下滑，对全国经济增长也产生较大负面影响。去年中欧贸易5460.43亿美元，同比下降3.7%。中国经济增速放缓使国家财政收入也受到影响。

2. **金融泡沫风险增大。**美国、日本和欧洲的量化宽松导致热钱大进大出和大宗商品价格动荡，给我国带来输入式通胀。目前中国广义货币（M2）已过百万亿元大关，2013年M2增长定为13%。中国面临的系统性金融风险上升。其他地区金融泡沫破灭有三个常见的征兆：杠杆率迅速抬升；资产价格持续上涨；潜在增长率下滑。我们不可不提高警惕。

3. **西方国家贸易、投资保护主义升温，对外转嫁危机，"贸易战"、"货币战"盛行。**美国对中国对美投资设置障碍，说中国是"国家资本主义"，美国众院情报委员会以国家安全为由对华为、中兴两家企业发起调查。欧洲也不甘落后，对中国光伏产业等征收反倾销、反补贴税。

4. **全球经济治理主导权之争加剧，主要表现在贸易规则、标准之争以及知识产权之争。**西方国家仍然把持国际经济规则主导权，在世界贸易组织内美国和欧洲不再可为所欲为的情况下，美国东西两面出击，东推"跨太平洋战略经济伙伴关系"（TPP），现在已有12国参加谈判，包括美国、日本和澳大利亚，西面正式启动美国欧洲贸易投资伙伴关系谈判（TTIP）。实质就是要把美国主导的贸易、投资等规则巩固、扩大，要中国等按西方的规则办事，阻止中国等新兴国家在全球化过程中持续获利。

　　世界经济形势不容乐观，泡沫化在上升，充满不稳定、不确定性。世界经济复苏将是个漫长的过程。环顾全球，亚洲经济增长较为强劲，非洲经济增速也不慢。中国经济虽然面临一些困难，但中国的发展前景和潜力巨大。未来5年，中国需要进口10万亿美元的商品，将有超过4亿人次出境旅游，对外投资将达5000亿美元。中国的发展得益于与世界各国的经济合作，也将继续为世界经济的复苏和发展作出贡献。

后危机时代世界经济面临的挑战

2014 年初达沃斯年会期间大雪漫天飞，暖意浓浓的会堂里与会者对当年全球经济前景的分析却似阳光穿过厚厚的云层，透出一丝乐观，认为金融危机后最糟糕的一页已经翻过：美国经济复苏势头稳健、欧元区"崩溃"梦魇消失、日本走出通货紧缩的阴影、新兴市场国家虽遭美联储退出"货币宽松"政策影响，但抵御冲击能力提高。全球经济在 2014 年可能出现"同步复苏"的转折点。

经济学家认为，重大经济危机一般需要七年左右的恢复期。自 2007/2008 年金融危机导致全球经济危机已经过去七载春秋，那么后危机时代世界经济前景究竟如何呢？

展望 2014 年，更多人认为，美国经济复苏乏力、欧元区面临通货紧缩危险、日本远未摆脱紧缩阴影，新兴市场国家困难重重。从地缘经济角度看，主要问题是，以美国过度消费、欧洲债务驱动、新兴市场出口驱动的经济增长模式已告失败。世界经济尚未找到新的增长点，各国经济转型路上坎坷不断，总体经济和社会环境不确定因素增多，面临不少根本性的挑战。

国际货币基金组织对全球经济的最新预测十分谨慎。全球国内生产总值预计增长 3.7%，仅比 2013 年 10 月的预测提高 0.1%。其中发达国家在低位徘徊，美国增长 2.8%，日本 1.7%，欧元区 1%。这样软弱的增长显然无法弥补这些国家目前产出远远低于金融危机前的现状：欧元区低 13%，美国 15%，英国 18%。欧元区情况值得特别关注。在 2012 年和 2013 年分别负增长 0.7% 和 0.4% 以后，2014 年预计增长 1%，而且经济核心指标通货膨胀率持续超低，经济增长动力严重不足。欧盟统计局数据表明，欧元区核心通货膨胀率（剔除能源和食品）2013 年 11 月为 0.9%，12 月为 0.8%，2014 年 1 月又降至 0.7%，已经引发外界对欧元区陷入通货紧缩的普遍担心。通胀率下降意味着欧元区国家的实际债务负担加重，不利于经济走出困境。国际清算银行数据显示，欧元真实汇率（贸易加权并除去通胀因素）2013 年 12 月上升了 1.7%。欧洲债务危机只是暂时偃旗息鼓，并未真正得到解决。

发达国家美国和欧元区的就业形势也不容乐观。美国失业率从 6.7% 微降至 6.6%，但 2014 年 1 月新增工作岗位仅 11.3 万个，远远低于预期，动摇了人们对美国经济复苏企稳的信心，担心美国经济复苏放缓还有深层次的结构问题。尽管失业率在缓慢下降，但是总的劳动参与率仍然处于 40 年来的最低点，2013 年底为 62.8%，2014 年 1 月是 63%。难怪 1 月就业报告出台后，美国股指期货走强，美元应声走软，美国国债价格上涨。

欧元区失业率仍在高位徘徊。2013 年 12 月，欧元区失业率依然有 12.1%，其中希腊和西班牙情况最糟糕，分别达 27.3% 和 26.7%。青年失业状况尤其令人担忧，2013 年 10 月欧元区 25 岁以下青年失业率高达 24.4%，而且呈现上行趋势，希腊、西班牙、意大利、葡萄牙青年失业率分别为 58%、57.4%、41.2% 和 36.5%。加之欧元区内需不足，家庭消费已经连续 7 个季度同比下滑，结构性改革又进展缓慢等因素，欧元区要实现真正的经济稳定复苏还需要较长一段时间。

新兴市场和发展中国家总体情况略好，预计 2014 年增长 5.1%（2013 年为 4.7%），亚洲和撒哈拉以南非洲国家会继续引领增长，其中中国 7.5% 的增长势头最为强劲。然而，发展中国家并非高枕无忧、前程似锦。

国际货币基金组织副总干事朱民列举了四项新兴市场国家面临的挑战：①全球金融条件趋紧；②中国增长放缓；③大宗商品价格下跌；④国际贸易疲软。面对美联储 2014 年起每月减少购买 100 亿美元债券以逐步退出量化宽松政策的冲击和上述全球经济环境的不利条件，2014 年发展中国家依然是逆水行舟，"各自都有一本难念的经"，尤其是经常账户赤字和外债规模较大的国家，如阿根廷、土耳其、印度、印尼、南非等，日子将更加难过。巴西、俄罗斯等资源型国家则将因大宗商品价格下滑而进一步影响其收入和经济复苏。

2014 年全球资金的逆向流动是大势所趋，原先涌入发展中国家的资金因为美国收紧货币政策、中国经济增速放缓等因素，而大量回流发达国家。新兴市场国家大多被迫采取大幅度提高利率、本币贬值等干预措施。阿根廷比索自 2013 年 11 月以来已经贬值 22%，土耳其里拉贬值 9%。土耳其还急剧提高利率制止资金外流。巴西、阿根廷、印度、南非已经采取同样的措施，不少其他发展中国家也将跟进。虽然许多发展中国家现在抵御资金流出的防冲击能力因外汇储备增加、金融管理改善而有所提高，但大量短期资金回流的冲击依然将对信贷供应和经济增长带来较大负面影响。目前发展中国家国内生产总值占全球之比已从 1997 年的 40% 上升至 55%，新兴市场经济体集体"踩刹车"反过来也将殃及发达国家的经济复苏，尤其是为债务危机所累的欧元区国家，进而影响全球经济的复苏势头。

最近特别需要关注土耳其经济恶化及其对全球经济的影响。土耳其经济 2010/11 年增速很快，尔后迅速下滑，其主要问题是信贷快速扩张、储蓄率低、外贸赤字已占其 GDP 的 7%，而且 3/4 依赖短期外债来填补。土耳其外汇储备已不足其偿债需要的 1/5，情况堪忧！土耳其经济下滑、货币贬值已经对欧元区的塞浦路斯、希腊等国经济产生负面影响，导致这些国家的经济复苏努力化为泡影。不少专家担心，如今全球经济的"蝴蝶效应"明显，土耳其的危机是非会蔓延、演变成区域甚至全球性危机，无人可以打保票。1994 年墨西哥危机引发拉美金融危机，1997 年泰国金融泡沫破裂导致亚洲金融危机，2007/2008 年美国次贷危机触发全球金融危机，至今历历在目，触目惊心。

许多人还担心中国的经济会不会出问题。其实大可不必。中国经济增速放缓是中国经济转型的需要，也是经济发展正常的轨迹，并不意味着中国将陷入"中等收入的陷阱"。由消费和服务业带动的经济增长肯定速度会慢于以出口和投资驱动的增长。中国的制造业依然强劲，而且正在向高端发展。中国的服务业比重在稳步上升。特别需要说的是，中国经济进一步全面深化改革已经蓝图绘就，将逐步付诸实践。这将为中国下一步经济的发展开辟广阔的道路。

以数据化为特征的第三次
工业革命已经来临

  以无处不在的互联网、智能机器和高级机器人为标志的信息技术和通信技术大踏步前进，加上可再生能源的快速发展，已经催生第三次工业革命的到来。18 世纪后期的第一次工业革命和约一个世纪前的第二次工业革命使世界的面貌和人类的生活发生了根本性的变化。如今方兴未艾的第三次工业革命已经悄然来到人们身边，开始影响全球经济发展的模式和每个人的日常生活。这种影响一定也是颠覆性的。

  计算机领域的"莫尔法则"可能接近尾声，集成电路板很难再大幅度缩小，但商业化的计算能力仍将继续成倍增加，价格也会越来越便宜。

  "坐而论道"，我们对第三次工业革命究竟怎么认识？中国作为新兴大国应该如何乘势而上，成为这次工业革命的"弄潮儿"？这些问题不仅关系中国的发展方向，也将对中国实现强国梦的路径产生重大影响。

  运用马克思主义方法论和工业革命理论来透视世界经济史，我们对第三次工业革命的认识就会清晰。第三次工业革命可以说是对前两次工业革命的再革命，基本特征一是对脑力劳动的替代；二是把能源采掘业纳入制造业，能源生产成为收益递增的活动。

  目前，对如何理解第三次工业革命尚有分歧，即是《经济学人》2012年 4 月《制造和创新：第三次工业革命》提出的以机器人、3D 打印机和新材料为核心的"第三次工业革命"，还是美国学者里夫金《第三次工业革命》所说互联网技术与可再生能源革命相结合以"能源互联网"为主要标志的"可再生能源革命",或是两者合二为一的"第三次工业革命"。

然而,无论怎么归类,这场与数字化、信息化技术紧密联系的新工业革命,因其与社会化生产的内在关联,将在理论和实践中对社会主义,尤其是中国特色社会主义,起到凝聚巨大正能量的作用,促进社会主义思想在新历史时代更具生命力和推动力。

这一点在弗里德曼《世界是平的》的一书中其实已有涉及,虽然作者当时并未充分意识到。信息化和通信技术的快速发展极大地推进了全球化"水银泻地"式的发展,使发展中国家有可能大大缩短工业化进程,并有可能避免重蹈工业化国家先污染、后治理污染的旧工业化道路之覆辙。技术革命已经彻底改变了"发展经济学"理论,中国很可能是最后一个以原有模式成功走完工业化的发展中国家,而且中国在进入工业化后期的今天,发展模式也已发生根本性转变。这正是中国当前努力转变经济增长方式的必然性和必要性所在。当然,这种被学者称之为"过早的非工业化"现象对印度等许多发展中国家来说,可能是更严峻的挑战。

中国特色社会主义理论很重要的一点是邓小平先生特别重视科学技术是第一生产力的论述,以及技术革命为中国发展提供的历史机遇和提出的重大挑战。

第三次工业革命为中国实现跨越式发展提供了历史机遇。中国由于历史的原因错过了前两次工业革命的机遇,教训是惨痛的。面对西方列强的坚船利炮,中国因落后而挨打,至今难忘百年耻辱。经过几十年特别是近三十年改革开放的艰苦奋斗,中国已进入工业化中后期。中国共产党很早就提出要把工业化与新科技革命相结合,把工业化与信息化相结合,走中国特色的新型工业化、跨越式发展的道路。21 世纪对中国共产党执政的重要考验之一,就是如何将中国特色社会主义与第三次工业革命相结合,踏踏实实地在稳增长基础上调结构、转方式,为实现两个"百年目标"而不懈努力。

从中国引领全球治理的角度看,第三次工业革命使中国在坚持对外开放的基础上深入参与全球治理、向世界提供习近平主席所说的"中国思想"和"中国方案"有了难得的机遇。2008 年国际金融危机以及随后欧洲主权债务危机的爆发和延续,是资本主义结构型矛盾尤其是资本无节制追逐利润的结果。美西方主导的全球治理机制和体系出了大问题。于是乎二十国集团（G20）"横空出世"，成为"全球经济治理的主要平台"。这并非偶然现象，而是历史的必然。中国顺势而为，从边缘进入世界舞台中心，进入全球治理的核心圈和决策圈。问题是下一步怎么办？

为寻找经济新的增长点，也为尽快走出危机，发达国家已经在投棋布子，正集中力量推进与数字化信息技术革命密切相连的新工业革命。第三次新工业革命将使中国在"新的历史起点上"有可能改变科学技术长期落后于西方的"软肋"。中国别无选择，必须全身心地投入科技创新和制度创新，及时学习和利用新工业革命成果，使中国特色社会主义在先进科技基础上，发挥生命力，促进生产力的极大发展。

十八届三中全会提出要实现国家治理体系和治理能力的现代化，四中全会提出全面推进依法治国。两者是紧密相连的，相辅相成，缺一不可。第三次工业革命为中国实现这两个宏大目标提供了历史性机遇。举例来看，互联网以其扁平、快捷的信息传递方式打破纵向、等级的体制束缚，为推进中国共产党倡导的协商民主广泛多层制度化发展创造了条件，也为多元主体通过民主和法治形式治理国家、治理社会提供了条件。

第三次工业革命风起云涌，发展势头迅猛，需要认真研究，密切关注其动向。历史唯物主义反复证明，在社会生产力的历史发展过程中，各国的选择非常有限，机会也是稍纵即逝。只有紧紧抓住机遇去认识、顺应、适应历史潮流，才不会被历史淘汰。第三次工业革命就是这样的历史机遇，中国不可再次错过，务必跟上乃至引领历史的潮流，为中国特色社会主义的深入发展，为中国经济的可持续发展创造和巩固难得的历史机遇。

新兴市场国家面临全球
经济的新调整

最近，随着美联储表示将谨慎退出量化宽松政策，印度、巴西、南非、印度尼西亚等新兴市场国家阴云密布，经济遭受严重冲击，股市大跌、本地货币汇率大幅下挫、资金大量外流。印度卢布对美元汇率 8 月 27 日一度跌至 66.30∶1。南非兰特 2014 年以来已贬值近 23%，巴西雷亚尔已下跌近20%，土耳其里拉贬值 14%。这些国家股市也是一片哀鸿，普遍下降 10% ~ 20%。新兴国家的经济增长率 2014 年已下调到年均 4%。

新兴市场国家是否会重蹈 20 世纪 90 年代亚洲金融危机的覆辙？还是世界经济和全球市场在美国经济复苏、欧洲经济出现起死回生迹象的大背景下正在再次调整？这些问题使人们在全球经济形势走势不确定的情况下倍感困惑。

世界经济、政治因素叠加使新兴市场国家目前面临三重打击：货币贬值；利率上涨和国债收益率上升；油价上扬，但其他大宗商品价格下跌。

美国经济数据显示其复苏势头较好，美联储很可能于 9 月开始逐步退出（tapering）量化宽松措施，也就是说不再每月回购 850 亿美元的国债和债券。加上美国和英国、法国、德国等欧洲国家可能对叙利亚采取军事打击，触发了全球市场的避险情绪，全世界风险资产都开始下跌，而美元和美国国债以及黄金自然又成为全球资本避险的"良港"。自 2008 年以来，已有上万亿美元的热钱涌入新兴市场国家，造成巨大的股市、房地产泡沫。现在大量资金自新兴国家回流至美国和部分欧洲国家。这使得印度、巴西等存在巨大经常账户赤字的国家受打击尤为沉重。甚至有经济学家预计，不排除个别国家经济崩盘的可能。以印度为例，2007 年至今，其经常账户赤字从 80 亿美元猛增至 900 亿美元，相当于印度国民生产总值的 5%。南非的赤字已达国民生产总值的 5.8%。印度前 10 家债务最重的公司自 2007 年以来负债上升六倍，高达 1200 亿美元，1/4 公司已没钱支付利息。印度短期外债也从 800 亿美元上升到 1700 亿美元。

新兴市场国家的第二重打击来自通货膨胀和利率攀升。美联储退市引发的"完美风暴"为什么对印度和巴西的冲击如此严重？原因是他们经常账户赤字太大，一旦热钱逆转流出，必须先对付赤字，填补漏洞，其唯一手段就是货币贬值，但是货币贬值的"副作用"则是通胀和利率上升，且利率暴涨还可能触发债务危机。南非的通胀水平 2014 年 7 月达到 6.3%，已突破南非央行制定的 6% 的上限。印度的通胀高达 10%，远远超过任何大国的水平。

第三重打击是大宗商品需求减少、价格下降，唯有石油价格上扬。一降一升带来的都是负面效果。全球经济复苏缓慢、中国等新兴市场国家经济正经历深刻调整，对原材料的需求趋于稳定甚至减少。这使得澳大利亚、加拿大、巴西、俄罗斯等大宗商品出口国经济增速放缓、货币贬值。不少新兴市场国家同时也是资源出口国，消极因素叠加效果明显。石油虽然也是大宗商品，其价格不降反升，主要原因是中东地区局势近年来持续动荡，伊朗核问题久拖不决，伊拉克未见好转，所谓的"阿拉伯革命"更是把西亚北非地区搅乱成"一锅糨糊"。叙利亚已接近内战边缘。虽然叙利亚并非主要产油国，战前日产油仅 35 万桶。但如西方军事介入叙事务，整个地区局势将更加混乱，石油供应和运输的脆弱性进一步加深，反映风险医素的价格自然还会继续上涨。

如此重击之下，新兴市场国家前景难道就是一片黑暗？其实，此一时彼一时，首先，如今的新兴市场国家经济实力已远远超过亚洲金融危机时期，而且，现在国际经济环境也有重要的变化，尤其是经历了 2008 年全球金融危机以后，各国防风险、抵御外来冲击的能力都大为提高。还拿印度说事。1991 年，印度出现过类似情况，不得不紧急向国际货币基金组织求助。当时印度的外汇储备仅能支付不足一个月的进口所需，而现在印度外汇储备能支付五个月的进口。1997 年亚洲金融危机时，亚洲新兴市场国家和公司都身负大量的美元债务，而目前大部分债务都是以本地货币计价的，而且占国内生产总值的比例也远低于 1997 年。加上现在新兴市场国家普遍外汇储备较高，可以用来保护本国经济，其承受打击的能力已今非昔比。

其次，美联储也在调整政策，美元走势近期内将保持平稳。美元在前一段时间走强，令美担忧影响美国经济复苏势头。美国并不希望美元市场大起大落，而是期望缓慢地挤压美国经济的泡沫。美联储于是通过释放各种信号和购买债券压制了利率的过快上涨。结果，新兴市场国家资金已不再大幅度回流美国。

最后，中国作为新兴市场国家的中流砥柱，经济发展潜力依然巨大。这些年来，中国是国际热钱的集中地。对中国经济的前景世界上有各种各样的说法，但是主流看法依然是：只要中国政府坚持稳健的货币政策，坚持改革经济发展方式，尤其在这个关键时间段，解决好就业等重大民生问题，中国经济增长空间依然很大。其实，破题的关键就是改革。这对印度、巴西、印尼、土耳其和中国都是如此。而中国正在改革大潮中破浪前进。中国的响亮口号是"改革只有进行时，没有完成时"。

我们要求美国作为主要国际储备货币国负起责任来，在坚持还是退出量化宽松措施问题上更多地考虑对国际金融的影响。这自然是对的，也是必要的。但是我们也不必对美联储即将退出量化宽松"草木皆兵"，自乱阵脚。中国和不少发展中国家已经是世界经济发展的主要动力，重要的是把我们自己的事情办好，同时对热钱的大进大出加强防范，减少对自身金融的冲击。国际上对最近中国上海自贸区的建立及其所传递的中国将坚持改革开放、进行金融创新试点的强烈信号好评如潮就是例证。

知识经济与第二次机器革命的兴起

　　近年来，世界经济已经摆脱全球金融危机的阴影，正步入由创新和技术革命引领的知识经济新时代。主要标志是在网络技术的推动下，全球逐步形成劳动力和资本成本趋同的统一市场，创意和知识要素重要性大大提高，机器越来越"聪明"，传统意义的价值链和生产链发生根本性变化，"你中有我，我中有你"的全球经济相互依存关系更趋复杂和多元。这种经济发展新趋势对发展中国家，特别是中国经济的转型，提出新的挑战，也提供历史性机遇。

　　新技术突飞猛进和全球化快速发展是推动全球经济进入"第二次机器革命"时代的两大动力。新技术不断涌现使通信、物流、交易成本急剧下降，劳动力、资本和其他生产要素流动更加便捷，催生全球迅速形成大一统市场。目前发达国家大约1/3的货物和服务可以通过贸易进行。在这样的全球市场里，传统意义的劳动力和资本不再是紧缺资源，创意和"好主意"（新产品、新服务、新商业模式）日益成为稀缺和更为重要的生产要素。创新能力成为一国能否成功实现经济转型，并在新一轮工业革命脱颖而出的关键。

　　全球新一轮经济发展将聚焦创新和知识经济的结合体——机器人，所以也称为"机器人革命"，是以数字化、智能化、网络化为特征的第三次工业革命的有机组成部分。

　　第二次工业革命指的是通过生产装备的自动化和标准化实现机器替代人的体力劳动。以"第二次机器革命"为推手的第三次工业革命则是，用技术创新和生产要素低成本、快速流动在全球范围实现机器替代人的脑力劳动。这场革命意味着生产方式将实现"颠覆式"的革命，更是人们生活方式和思想观念的一场革命。

"第二次机器革命"不仅将大大提升工业生产的效率，而且将从根本上化解传统工业生产方式产品成本和产品多样性的矛盾，实现线性产品开发流程向并行产品开发流程的革命性转变。其结果是产品开发周期大为缩减、产品性能显著改善、产品功能极大丰富。

苹果手机背面"加利福尼亚设计、中国装配"的说明词就是这场革命的缩影。它对市值5000亿美元的苹果公司是如此，对越来越多的"微型跨国公司"更是如此。浙江义乌众多中小企业这些年逐步发展成为全球产品制造商的历史就是这场革命拉开帷幕的见证。

这场新的机器革命或"机器人革命"同时引发了生产关系的深刻变革，使人作为主要生产要素之一在工业生产中的地位和角色发生重要变化。

首先由于机器智能化飞速发展，其功能大大延伸，对人的替代范围不断扩大，伴随生产效率的提高，劳动力需求量反而下降。美国近两年经济复苏明显，但就业人数增长却不多。中国官方数据显示，1996年以来制造业产能增加70%，而就业人数却减少了3000万，占总数的1/4。

与此同时，知识经济中生产所需的机器日益复杂、智能程度日新月异。这对产业工人在众多领域的技术技能和编程、系统处理等知识提出更高要求。劳动力不再以简单的人数来衡量，而是知识和技能人才的竞争，更在于工程师人数与普通工人比例的提高。

在"机器人革命"浪潮下，制造业生产外包由于自动化程度提高，正在向产品"最终消费市场"回流。就连"呼叫中心"这种发达国家过去大量外包给印度等发展中国家的服务业，也因智能"声音互动系统"的普遍应用而迅速减少外包。可以肯定，一国产业竞争优势的内涵、产业竞争优势所依赖的资源基础以及各国产业分工形式都将发生深刻的革命性变化。

那么，第二次机器革命究竟有哪些特点呢？从生产层面看主要表现在五个方面。

一，智能化是新一代机器人的核心。装配传感器和具备人工智能的机器人能自动识别环境变化，无人工厂能根据订单要求自动规划生产流程和工艺，并完成生产。

二，网络和云存储将机器连接成为物联网终端和结点，应用领域不断扩展。伴随信息技术急速发展，机器/机器人将更有效接入网络，组成完整的生产系统，提供流程更多、操作更复杂的服务，使多台机器/机器人协同实现生产方案。服务/家庭机器人能通过网络实现远程监控。

机器人最初应用在汽车、电子等模块化程度高的产业。机器人智能化提高后，需要更多复杂动作的纺织、化工、食品行业也开始大量使用。随着技术成熟及劳动力成本提高，机器人应用将渗透到工业生产的各个领域。

三，机器人生产成本迅速下降。在工业领域，机器人技术和工艺日益成熟，性价比不断提高，机器人初期投资相对于传统专用设备的价格差不断缩小。虽然在功率和速度上与传统装备还存在差距，但机器人在精细化、柔性化、智能化和信息化方面具有显著优势，因此在个性化程度较高、工艺和流程烦琐的产品制造中替代传统专用设备具有更高的经济效率。成本的下降也使得机器人逐渐步入办公室和家庭。

四，收入差距将进一步拉大。据经济学家们统计，由于数据技术的迅猛发展，过去十年里，包括中国在内的 59 个国家中，有 42 国劳动力收入占国内生产总值的比例持续下降，其中美国 1947 年至 2000 年期间年均占比 64.3%，2010 年降至 57.8%。创新性人才包括公司高层管理人员的薪水或其他形式收入与普通员工的收入差距持续拉大。例如 INSTAGRAM 公司由 14 人创建，只是照片处理软件平台，一年半后以近 7.5 亿美元出售。

五，人与机器的关系再次发生革命性变化。计算机操作、控制系统标准化和平台化后，通过手机等端口对机器人发送指令就能完成工业生产和生活服务。机器人的普遍应用将改变人的生活方式和社会形态，人与机器之间的信任和协作增强，机器人成为人类社会和文明不可或缺的组成部分。

从国别情况分析，许多发达国家已经走在智能制造知识经济时代的前列，但是中国等发展中国家也有明显的后发优势。

一，美国 1962 年开发第一代工业机器人，限于就业压力未广泛应用。2013 年，美工业机器人占全球市场份额不足 10%。2011 年，奥巴马宣布实行"先进制造伙伴计划"，将投资 28 亿美元，开发基于移动互联技术的第三代智能机器人，以提振美制造业。目前美工业机器人体系结构和机器人语言研究居世界首位。这些技术与美网络技术优势结合，为机器人智能化奠定坚实基础。谷歌等美互联网公司开始进军机器人领域，融合虚拟网络能力和现实运动能力，实现机器人智能化。

二，日本 20 世纪 60 年代从美国引进工业机器人技术，于 1980 年率先实现商业应用，并一直维持产业技术和市场竞争优势。2012 年，由于汽车产业对工业机器人需求大幅增长，日本成为全球最大的工业机器人市场，达 332 台/万人。日本机器人产业的竞争优势是配套体系完备，在控制器、传感器、减速机、伺服电机、数控系统等方面有技术优势。

2011 年，德国保持欧洲最大多用途工业机器人市场地位，工业机器人密度为 147 台/万人。

2012 年，韩国工业机器人密度世界第一，达 347 台/万人，远高于 58 台/万人的全球平均水平。

三，中国机器人起步晚，但部分技术已达到或接近国际先进水平。中国在通用零部件、信息网络等部分器件和系统技术上与发达国家尚有差距，但中国企业系统集成能力强，可根据需求，将模块组成可应用的生产系统。专家预计中国机器人产业打破外国垄断的突破口就在于此。

另一个优势是，中国机器人产业市场大，升级换代空间大。目前，中国工业机器人密度不及全球平均水平的 50%，服务和家庭机器人市场更处于培育期。

中国的挑战首先是机器人顶层架构设计和基础技术受制于发达国家，减速机、伺服电机、控制器、数控系统均严重依赖进口。发达国家向中国转移或授权机器人核心技术和专利可能性小，中国企业通过参与国际标准制定、技术合作研发进入中高端市场障碍重重，存在低端锁定风险。

中国从战略高度重视机器人产业，经过这些年努力已经成为全球最大的机器人市场。"机器人革命"将成为"第三次工业革命"的重要增长点，深刻影响全球制造业新格局的形成。

按照国家规划，到 2020 年，中国将形成较为完善的工业机器人产业体系，培育 3～5 家具有国际竞争力的龙头企业和 8～10 个配套产业集群，使高端产品市场占有率提高到 45% 以上，机器人密度达 100 台/万人以上。相信随着中国经济转型加快、知识经济从量变走向质变，中国机器人生产和应用赶超世界水平，满足国防建设、国民经济及社会发展需要的宏伟目标一定能实现。

美联储缩减量化宽松对
发展中国家的影响

"犹抱琵琶半遮面"，牵动世界经济神经的美联储量化宽松政策的退市终于撩开面纱。美联储 12 月 18 日宣布，从 2014 年 1 月 1 日起将长期债券购买计划每月的 850 亿美元减少 100 亿，同时承诺在较长时间内仍不加息。也许是新兴市场国家的力量和神经都比以前坚强了，这次美国货币政策的变化似乎并未像 2014 年年中美联储暗示"退市"时那样对一些新兴国家产生巨大冲击，但负面影响依然不小。

因为拥有大量经常账户赤字而备受热钱进出折磨的巴西、印度、印度尼西亚、南非和土耳其，今年在美联储暗示要退出量化宽松时，遭遇了货币大幅贬值、股市大跌、利率攀升等金融和经济困难，被摩根史坦利称为"脆弱的五国"。如今他们的情况又如何呢？

南美大国巴西。过去几年美元如潮涌入，巴西利率达到历史最低，现在回到两位数高位，政府和普通百姓债务负担骤然加重。私营企业信贷 5 年内升至国内生产总值的 50%。流动性减少将使信贷趋紧。政府必须着手解决预算赤字攀升、控制因汽油价格上涨引发通货膨胀等经济失衡问题，出路很可能是货币贬值、通货膨胀、提高利率。

南亚大国印度。印度今年受冲击最严重：货币贬值，股市大跌，银行坏账已逾 10%。但是自储备银行行长拉贾上台后，印度严压黄金进口，吸引侨民汇款投资，使印度经济开始有所好转，外汇储备增加了 600 亿美元，第三季度经济增长回复到 4.8%。但是这些并未能解决工业生产下降、通货膨胀上升的难题，只是为经济不再大起大落争取了一些喘息的时间。

横跨亚欧大陆的土耳其。美联储目前的"小步退出"加"长期低息"对土耳其影响不大。不少政府官员和专家认为，土经济因夏天的冲击已经做出了调整，政府债务可控、财政赤字减少。但是经济依靠热钱的状况未变，逾80%的经常账户赤字（占国内生产总值的7.5%）依赖短期资金，而不是外国直接投资。隐患依然存在。

非洲的"金砖"南非。资金外流将加剧南非的经济困境。自2009年以来，南非陷入经济衰退，估计2014年国内生产总值增长率会跌到2%以下，失业率已逾25%，贫困人口有增无减。政府正在努力削减赤字，为今后几年经济增长2.2%创造条件，但困难重重。

东盟大国印尼。印尼受美联储退市影响严重，资金大量外流，政府1/3债务为外债。世界银行已将印尼2014年经济增长预测从2012年的6.3%降到5.3%。好的一面是，印尼货币贬值有助于将经常账户赤字从国内生产总值的4.4%降至2.5%左右。

其实，受到影响的发展中国家远不止这一些。泰国的金融机构过分依赖外国短期贷款情况也很严重。美联储再有风吹草动，流动性就会出问题。中国社会科学院最近发布报告说，中国中央和地方政府债务2012年合计28万亿元，占国内生产总值的53%，虽然离欧元区定的60%的警戒线还有距离，但考虑到企业债务占国内生产总值比重已达113%，甚至超过经合组织90%的阈值，其对中国经济的影响还是需要高度警惕。

英国前首相布朗在《金融时报》撰文称，2008年金融危机的起因之一是全球影子银行无限扩张。然而这五年来各国并未汲取教训，影子银行的规模有增无减，已从2008年的59万亿美元扩大到如今的71万亿美元。这其中固然有欧洲领导人一意孤行的原因，但亚洲和拉美新兴市场国家的影子银行这五年增加了20%。2009年以来，亚洲银行负债表扩大的速度比全球最大金融机构要快三倍多，而其资本金却只增加了一半。这些都是危险的信号，前车之鉴并不远！

金融危机已经过去五年了，世界经济复苏依然缓慢。发达国家债务高企，缺乏增长亮点，他们利用在国际货币体系中的优势，长期求助于"量化宽松"的货币政策，向发展中国家转嫁危机，所谓"脆弱的五国"不过是发展中国家在现有国际体系中受害者的代表。国际社会需要认真总结经验教训，尽快着手改革全球经济治理体系，推动建立更加合理、公平、公正的世界经济秩序。金融和货币体系的改革首当其冲，刻不容缓。

　　2008 年金融危机的最大教训是，全球问题需要全球解决办法，只有同舟共济才能推动世界经济的快速复苏，避免危机的再次发生。英格兰银行的经济学家迈尔斯曾预言，世界每七年就会来一次金融危机。此言虽有耸人听闻之嫌，但如果各国还是"各人自扫门前雪、莫管他人瓦上霜"，这一预言就会"不请自来"！

美国经济形势好转及其对
中国经济的影响

最近关于美国经济复苏的消息沸沸扬扬，一片赞扬声。那么事实究竟如何？美国经济如果好转对中国意味着什么？

2014年以来，美国道琼斯和纳斯达克指数一路上扬，房地产市场开始回暖，失业率下降至7.6%。美国联邦储备署伯南克主席不久前甚至暗示，如美国经济稳定复苏，将考虑收缩量化宽松政策。但仔细分析，美国经济走向依然阴影笼罩，不确定因素较多。

美国经济四年前开始缓慢复苏，一路磕磕碰碰，起伏不定。尽管采取了75年以来规模最大的财政和货币刺激措施，四年来年均国内生产总值仍然在2%上下徘徊，2012年第四季度和2013年第一季度甚至降到2%以下。这是自二战以来最弱的增长。而且债务负担益重，财政赤字占国内生产总值比例已连续四年超过10%。回顾美国历史，以往经济危机后复苏期的年均经济增长率为4.1%。美国汽车城底特律近日宣布破产就是最新例证，负债180亿美元，其中养老金入不敷出是主要原因。

让我们拨开迷雾，看看美国经济的核心要素就业情况。美国财政部部长杰克·卢最近表示，自金融危机以来，美国企业已经创造了700万个工作岗位。然而不少经济学家认为，广为报道的7.6%的失业率实际上只是"障眼法"而已，实际失业率要远远比这高得多，2014年5月为13.8%，6月则高达14.3%，失业或就业不足的人数达2200万，也就是说就业人口仅占工作年龄人口的63.5%，比四年前开始复苏时还下降了2.2%。

为什么会这样？一是许多人长期找不到工作，干脆放弃了就业；二是临时工作岗位的比例大幅度上升。2014 年 6 月的美国政府统计数据表明，2014 年以来就业人数增加了 753000，但其中至少 557000 系临时工作岗位。该统计还显示，全国临时工作岗位目前有 28059000 个，为 2007 年底金融危机以来之最！这点连联邦政府也未能幸免，2012 年 6 月联邦政府临时工为58000 个，2014 年 6 月已达 148000。很多人将此归咎于被称之为"奥巴马福利"的医疗保险法。该项法律规定，雇员超过 50 人的企业必须为雇员提供医疗保险，否则将处以每人 2000 美元的罚款，而雇员的界定是每周工作30 小时以上。故众多中小企业宁可雇用临时工，以躲避法律的规定。

现在再来看看量化宽松政策的实际效果。经济学家认为，美国经济复苏迟缓的根本原因是总需求不足，要刺激消费需求就要增加民众的财富和对经济前景的信心。美国政府在债台高筑的情况下，凯恩斯主义的财政政策手段已经穷尽，只能祭出美联储的货币宽松绝招。于是乎量化宽松从一期到四期，美元流动性如"黄河之水天上来"，每月 800 亿美元的债券回购连绵不绝。伯南克 2010 年 11 月曾说，希望这样史无前例的量化宽松政策能"抬高股市"，"以增加消费者的财富，有助于增加消费者的信心，这将刺激消费"。

但是事与愿违，量化宽松并没有达到刺激经济增长的预期效果。就是最近美国股市的回升也有很多因素支撑，而非完全由于流动性增大所致。如果是后者，那么前几年美股市就应该大幅回升，而不会等到最近才"阳光普照"。还有，美联储为市场注入大量流动性大多进入虚拟经济催生美国和新兴市场国家的金融和房地产泡沫，而没有用来投资实体经济。这一点从美国"无就业增长"中可见一斑。关键问题是，美国经济目前亟须结构性调整，货币政策不是"对症下药的药方"！

当然，在所有发达国家中，美国的情况是最好的。美国经济确实在复苏，如果没有财政整顿，增速可能还会再高一些。美元在升值，美元债券利率上扬，大量美元向本土回流。由于资产通胀驱动，当前美国家庭净财富已达到 70 万亿美元，比 2009 年低谷时的 48 万亿美元增长了 45%。美国制造业在回归重振，有了较大起色。页岩气的大量发现和开采使美国国内能源价格下降，制造业成本降低，竞争力加强。美国能源独立指日可待的说法不绝于耳。美国经济转型也已经拉开帷幕。虽然美国政治固有的党派之争和短期利益绑架经济发展方向的现象并没有根本改变，但不少有识之士和美国民众要求改革的呼声益高。美国经济的科技创新能力和巨大发展潜力不可低估。同时，失业率居高不下也有劳动生产率的科技含量增加、信息技术日新月异不断替代白领工作的深层次因素。

美国是国际经济的领头羊，是国际经济体系和以美元为主要储备货币的国际货币体系的主导者。美国经济的一举一动都与中国经济密切相关，影响中国经济发展的外部大环境。

让我们把目光首先投向金融领域。美联储持续数年的量化宽松使美元流动性在全球泛滥，数以万亿美元计的流动性注入中国和许多新兴国家。热钱的大进大出使不少新兴市场国家的金融和经济面临严峻考验，亚洲不少国家已患上"量化宽松依赖症"，最近美国宽松刹车引发的美元回流使这些国家的信贷出现危机，经济增长再亮红灯。对中国而言，量化宽松导致输入性通货膨胀压力增加，人民币"大池子"水位不断升高，金融泡沫风险增大。随着美联储准备逐步收紧量化宽松政策，中国资金外流规模扩大，我们同样面临信贷收缩的风险。

中国央行数据显示，到5月底，中国M2同比增长15.8%。中国金融业资产2002年为20万亿元，2012年激增至100多万亿元。流动性急剧增加催生了房地产和金融泡沫，地方债务也迅速膨胀。据国家审计署统计，2012年底地方债务约10.7万亿元，全国有8300多家地方融资平台，个别地方的债务与其国内生产总值之比已高达219.57%。外界估计中国的地方债务数字则更高。而同时国际货币基金组织最新数据警告，如果中国进一步开放资本市场，未来几年里中国资金净外流量将达国内生产总值的15%，约1.35万亿美元（流出2.25万亿美元，外国投资9000亿美元）。

能源和贸易问题突出反映了美中两国实体经济所处的不同经济环境，以及美国在解决所谓全球经济失衡中所采取的经济战略。美国页岩气的大量开发不仅降低了美国企业的成本，也使美国逐步减少对石油特别是对中东石油的依赖。美国制造业在美国政府"出口倍增计划"和"重振制造业战略"的激励下，加上国内能源供应的优势，发展势头看好。这将使中国这样制造业出口分量重，尤其是在美国市场占较大出口份额的国家，面临更加严峻的挑战。加之美国贸易保护主义政策和壁垒增加，对华反倾销和反补贴案不断，我国贸易风险上升，对美出口萎缩态势已经难以逆转。中国的光伏产业以及橡胶、轮胎等产品的出口都遭受严重打击。这也增加了中国在转变经济增长方式中解决产能过剩问题的难度。以中国钢铁产业为例。2012 年，中国钢铁产量达 7.2 亿吨（美国产量约 1.2 亿吨），产能至少过剩 20%。钢铁企业走出去可能是条出路。如鞍钢去年购买了美国密西西比钢铁开发公司 14% 的股份，准备在美国建 5 个炼钢厂。

更深层次需要我们思考和解决的是全球化面临的方向性问题，即全球化带来的新问题如何解决？美国和西方国家正在引领新的国际投资和贸易规则的制定，准备改变国际经济治理的框架和游戏规则，中国如何应对？

事实上，2008 年始于华尔街随后席卷全球的金融和经济危机并未迟滞全球化的步伐。看看投资和贸易：1990 年以来，全球直接投资和贸易增速均高于全球国内生产总值的增长。全球直接投资存量占全球经济产量的比例从 1990 年的 9% 上升到 2012 年的 33%，同期全球货物和服务业出口占全球生产总值之比也从 20% 增加到 31%。这几十年被经济学家称为"超级全球化时代"（Superglobalization），大多数发展中国家以空前的速度在追赶美国和其他工业化国家。1990 年以来，103 个发展中国家中有 75 个国家以每年人均 3.3% 的速度在追赶发达国家，即便在金融危机（2008～2012）期间，这一增速也接近 3%。南北差距在历史性地缩小。按理说，各国现在应该乘胜追击，继续扩大全球化的成果，努力缩小发达国家与发展中国家的贫富鸿沟，但值得警惕的是以美国为首的发达工业化国家，以解决全球经济失衡为由，正准备重新制定规则，修改全球经济治理的游戏规则。"他们的奶酪别人不能动！"这不仅仅表现在贸易和投资保护主义的壁垒大大增加，更体现在一方面世界贸易组织的"多哈回合谈判"已名存实亡，另一方面一些大国却竭力推行排挤中国的"超级自由贸易区谈判"的怪现象。"跨太平洋战略经济伙伴关系"和"跨大西洋贸易和投资伙伴关系"谈判就是这样的"超级"谈判。两大自贸区谈判双向同时推进，把世界第二大经济体搁在一边，连美国和欧洲不少有识之士都惊呼，"此举十分危险"！

其实全球化就是全球经济的融合和共同发展，地球越来越像全球村，谁也排挤不了谁，各国"老死不相往来"已无可能。大家唯有同舟共济才能互利共赢。我们相信最终理智能够战胜狭隘的"地缘政治"考量，全球化的发展将沿着双赢和多赢的道路继续向前高歌猛进！

America's Reindustrialization and Its Impact on China's Development

As China enters 2014 with the orderly unfolding of reform measures outlined at the Third Plenum of CPC. The external environment wherein China will carry out these reforms brims with challenges and difficulties that include America's Reindustrialization unleashed after global financial crisis.

The 2008 crisis hit the United States especially hard on its manufacturing industry that had claimed supremacy for the past century. It is the backbone of American economy with its share of added-value over 20% and jobs at 21.65% of national total before 1980. Both dropped sharply to 11% and 8.9% in 2009. Reflecting on the root causes of crisis, American elites believe that the imbalance between real economy and finance is definitely one of them. Moreover, they are convinced that its manufacturing industry has to be competitive simply to maintain American military supremacy globally. They want no stone unturned for the US to meet this challenge from emerging economies, China in particular.

A succession of actions quickly followed. From 2009 to 2012, the US unveiled initiatives ranging from "Revitalizing America's Manufacturing", "Buy American", "Doubling Export in 5 Years" to "Promoting Domestic Employment". The reindustrialization strategy has thus taken shape and real progress been made in strides to fill the "hollowing" of American manufacturing industry.

Restructuring of manufacturing industry has uplifted production and its value-added share up 0. 9% to 11. 9% in 2010. The return of manufacturing to the States followed and in the last 2 years, 2/3 of major American manufacturers have moved their factories back either State-side or to countries in American neighbor-hood. Of the 108 American companies operating globally, one survey shows that 33% plan to move their manufacturing back to the States.

This has contributed to economic recovery and recoupment of employment in the States. 2012 saw the US real economic growth at 2% while manufacturing grew 6. 2%. The same year witnessed unemployment drop from 10% to 7% with 489, 000 new jobs created by manufacturing industry.

America's reindustrialization has coincided with the emergence of Third Indus-trial Revolution and been aided by large-scale shale-gas production and the rising labor cost in emerging economies as they engage in structural readjustments. It is not fabricated to "fit China", but the reality is not different for China. How will it impact China?

Many believe this is about "made in China" or "made in America" . China's reform from late 1970s onward has produced an economic miracle and to-gether with other emerging markets has changed global economic as well as politi-cal landscape. As a result, the US global market share has declined. 2010 saw China for the first time overtake the US as the biggest manufacturing economy with 19. 8% of the world total vs. 19. 4% for the US. Moreover, China has also sur-passed the US as the country with the greatest numbers of patent applications. Plus that year marked China's ascendency to global number two in terms of GDP. The anxiety and sense of crisis so permeates the American government and society that many Americans worry about the US losing "the great power rivalry" with China. Hence the constant pressure on China by the US on RMB appreciation, opening fi-nancial sector and intellectual property protection etc.

Another thrust of reindustrialization strategy is America's global rebalance to-wards Asia and for "like-mined countries" to form mega-FTAs like TPP and TTIP for the purpose of creating new trade rules of much higher standards. China and other emerging economies are the targets.

The US joined TPP negotiation in November 2009 and a framework document emerged in 2011. It is understood that complete sets of rules have been formulated against the perceived Chinese competition. TPP members are expected to complete negotiation in 2014. Both TPP and TTIP are tools for the US and other western nations to reshape the global governance system and rules that have been supposedly under attack from emerging economies. These new rules will involve international trade, investment and finance, high-tech, new energy and agriculture. It is not a big stretch to imagine that should these attempts succeed, China will be confronted with an international trade, investment and economic order that is dominated by the US, Europe and Japan. China will be put in a strategically defensive and awkward position with no easy options.

At the same time, the US government has taken protectionist measures including setting up an office for trade law enforcement and beefing up its supervision and screening of Chinese exports and investments into the States with a view to curbing Chinese investments and exports to protect domestic manufacturing. As a result, the US put China on "article 301" watch list in 2010 and subsequently in 2012 on "article 306" list. It is expected that Chinese investments in the US will meet more strident approval processes and the situations with Chinese companies like Huawei, ZHE and Sanyi will be repeated. Furthermore, no matter how much China will do in IPR protection, IPR will always be an instrument for the US in its protectionist push against China.

It is true that fast ascendency of emerging economies does have geo-political and geo-economic consequences relating to global governance system created by the western nations. America's Reindustrialization is tinged by geo-political considerations against China. That is a given. What then should China do to cope with such complicated developments?

First, China's advance should not be distracted by externalities wherever they come from. Growth and reform are what need to continue regardless of external interference. Generally speaking, three conditions should be met for any country to have long-term sustainable economic development, i. e. scale of labor and their quality; technological breakthrough; adequate capital input. China needs to have greater input in all three no matter where America's Reindustrialization goes.

Secondly, the 3rd Industrial Revelation, as a historical trend, is already in full swing characterized by Internet, new materials, new sources of energy and smart production like 3D printing. This is the backdrop against which China should view the America's Manufacturing Revitalization. It is inadvisable for China to abandon low-end jobs in the global manufacturing chain now given the reality that China's huge population still contains a large part of low skill labors. Excess manufacturing capacity could be assimilated by moving them out to other developing countries where there is an acute need.

Thirdly, real industrial revolution starts with revolution of energy and information dissemination which has already gripped us tightly. China, with the advantage of a late-comer, could jump right into this revolution by focusing more on R&D, especially in the fields of new energy and IT sector. It is imperative for China to set up and improve upon an innovation-inducing system of science-and-technology, education and financial services, all intertwined for the purpose of raising productivity.

Fourthly, economic competition is in the final analysis the competition of talents, of people. China needs to pay particular attention to the education and cultivation of all kinds of talents. To be more specific, conditions and environment must be created for the right talents to grow up and take hold. Moreover China should not only be able to retain its own talents, but also in a position to attract talents from advanced nations by creating a "soft environment" that is ideal for economic growth and industrial management.

Finally, on such attempts to remodel international trade system that excludes China as TPP and TTIP, China has no option but to meet the challenge head-on. It at least should do the following:

1, Continue to push for an early conclusion of Doha Round based on the initial agreement reached in Bali so as to safeguard the global governance regime.

2, Make greater efforts to move the negotiation on RCEP to a fruitful end while try its best to upgrade FTA between China and ASEAN.

3, Translate into reality the proposals by Chinese leadership to "build the economic belt of the Silk Road" and "the Maritime Silk Road" to China's west and east respectively.

4, With China's own geo-strategic perspective, make careful but quick study of such meg-trade-deals as TPP and TTIP and adopt an open approach to any regional arrangement that will facilitate global trade. Whatever the conclusion, it's always better to be "in" early on because only by joining the negotiation can one expects to get relatively favorable outcome. We are confident that China's economic stability and growth is not just good for itself but also a blessing to the whole world.

"多哈回合"巴厘协议对维护全球
贸易体系具有重要意义

2013 年 12 月，世界贸易组织多哈回合谈判久旱逢雨，迎来历史性突破。在印度尼西亚巴厘岛举行的世贸组织第九届部长级会议上，贸易部长们经过艰苦的讨价还价，终于达成作为"早期收获"的"巴厘岛一揽子"协议，包括农业、贸易便利化和发展领域的 10 个文件。

一，协议的主要内容有：

1. 在贸易便利化方面，协议决定尽快成立筹备委员会，就协议文本进行法律审查，确保相关条款在 2015 年 7 月 31 日前正式生效，各方同意建立"单一窗口"简化清关手续。

2. 在农业方面，协议同意为发展中国家提供一系列与农业相关的服务，并有条件同意发展中国家为保障粮食安全进行粮食储备。

3. 在棉花贸易方面，协议同意进一步向最不发达国家开放市场，并帮助他们提高棉花产量。

4. 在发展议题方面，协议同意对最不发达国家出口到发达国家的商品实行免税和免配额制；进一步简化最不发达国家出口产品的认定程序；允许最不发达国家的服务优先进入发达国家市场；同意建立监督机制，对最不发达国家享受的优先待遇进行监督。

二，这份来之不易的协议对维护全球贸易体系和促进世界贸易具有重要意义。在全球经济复苏缓慢的背景下，协议的实施将给经济发展提供动力，为世界贸易带来近 1 万亿美元的增长，创造 2100 万个就业岗位。特别是贸易便利化协定一项，估计可以为发展中国家每年增加 14% 的出口，给发达国家增加 10% 左右。按照 2012 年出口额计算，中国每年出口将因此增加近 2800 亿美元。

作为二战后形成的协调全球贸易秩序的主要国际组织，世界贸易组织进入 21 世纪以来由于多哈回合谈判长期停滞不前，在经济全球化发展的新阶段面临被边缘化的危险，甚至被称为是"昏迷中的病人"。发达国家与发展中国家在世贸组织中持续严重对立。

2001 年 11 月，世贸组织在卡塔尔首都多哈第四次部长级会议上，启动了新一轮多边贸易谈判，被称为"多哈回合谈判"。这一回合的宗旨是促进世贸组织成员削减贸易壁垒，创建更公平的贸易环境来促进全球经济发展，关注发展中成员，尤其是最不发达成员的利益，因此也被称为"发展回合"。多哈回合是迄今为止涉及议题最多、参与方最多的一轮多边贸易谈判。谈判启动 12 年来，一波三折，历经艰难。由于参与者不断增多，利益诉求千差万别，特别是 2008 年金融危机使各国的贸易保护主义政策抬头，谈判迟迟无法达成共识，多次陷入僵局，一直无法取得进展。面对多哈回合久拖不决的尴尬局面，在 2011 年第八届部长会议上，世贸组织成员决定，推动具有普遍共识的议题先行达成协议，也就是所谓的"早期收获"一揽子协议。

发达国家为保持在全球贸易体系中的主导权，以世贸组织多哈回合长期谈判无果为借口，声称中国等国家"搭全球自由贸易体系的便车"，开始放弃多边主义框架，试图另起炉灶，重新制定"游戏规则"，通过"跨太平洋战略经济伙伴关系"和"跨大西洋贸易和投资伙伴关系"等区域性贸易和投资安排谈判，有选择地推动贸易自由化，排挤中国等主要发展中国家。巴厘岛"早期收获"谈判成功鼓舞了全球支持多边贸易体系的力量，对发达国家走"另起炉灶"的歪门邪道也是个有力牵制。

三，建立在 12 年艰苦谈判共识之上的多哈回合早期收获计划，虽然还不尽人意，但它反映了各方利益的相对平衡。"早期收获"协议的达成，初步结束了世贸组织成立以来在贸易规则制定方面停滞不前的局面，增加了人们对世贸组织的信心，也为最终完成多哈回合谈判创造了一定的条件。下一步要做的是，世贸组织成员就如何完成多哈回合谈判制定路线图和相应的目标。

中国一贯坚定支持以世贸组织为核心的多边贸易体制，积极参与多哈会合谈判，为达成协议作出了许多贡献。中国自己是个发展中国家，在发展进程中深切体会到维护一个开放、自由的全球贸易体系的重要性。中国一直并且不断加大对最不发达国家的无私援助。在 2008 年，中国就已经成为最不发达国家的第一大出口市场。中国目前已经给予最不发达国家 95%的产品免关税待遇，并承诺到 2015 年给予 97%的产品免关税待遇。

与此同时，中国还向最不发达国家援建了近千个各类项目，涉及工业、农业、文教、卫生、通信、电力、能源和交通等诸多领域，促进了当地经济和社会的发展。中国还对最不发达国家减免债务，减轻负担，促进受援国的可持续发展。随着中国经济的发展，中国对最不发达国家的援助将继续增加，对全球贸易也将作出更大的贡献。

人民币区域化与"一带一路"建设

2013 年，习近平主席提出建设"丝绸之路经济带"和"海上丝绸之路"（"一带一路"）的战略构想，体现了中国对全球和区域经济体系发展的顶层设计，与亚洲经济一体化和欧亚一体化十分契合，其中人民币区域化是这一构想的重要基础和不可或缺的组成部分。

人民币"走出去"初见成效

人民币区域化、国际化是指人民币在境外流通，成为各国普遍认可的计价、结算及储备货币的过程。目前人民币境外流通渠道已打通，区域化拉开帷幕。

2013 年四季度跨境人民币指数（CRI）创 228 点历史新高，显示跨境及离岸交易使用人民币活跃程度快速上升。中国货物贸易进出口总量超 4 万亿美元，成为第一贸易大国，为跨境使用人民币奠定重要基础。中国进出口贸易人民币结算占比由 2011 年的 5.5% 上升至 2013 年的 11.7%，人民币成为中国外贸第二大结算货币。全年跨境人民币结算 5.16 万亿元，同比增长 61%，人民币对华直接投资同比增长约 60%，人民币对外直接投资同比增长 130%。同年，中国银行对全球约 3000 家企业的调查表明，70% 以上认为人民币成为国际货币是大势所趋，30% 多认为人民币国际地位以后将接近美元和欧元。61% 企业计划跨境贸易结算使用人民币或提高人民币占比。

2013 年，5000 多亿元人民币资金通过贸易和投资渠道进入海外市场。其中，经常项目人民币净流出约 8500 亿元，资本项目人民币净流入约 3500

亿元。2013 年底，香港人民币存款 8605 亿元，同比增长 43%。目前海外人民币资金存量逾 1.5 万亿元。

2013 年，人民币与其他主要货币国际使用活跃度差距缩小。四季度美元活跃度指数 1436，比二季度上涨 2%；欧元指数 981，下降 3%；英镑 675，上涨 3%；日元 422，下降 5%。而同期跨境人民币指数由 186 上升为 228，增长 23%。据国际清算银行统计，人民币成为第九大外汇交易货币，并跻身全球第七大支付结算货币，市场占有率 1.39%。

2014 年，中国在全球经济贸易总量占比将继续提升，吸引更多国家使用人民币。其他国家使用货币互换协议下的人民币资金、增加外汇储备中人民币资产配置将出现新突破。这有利于深化与中国的投资贸易往来、分享中国经济增长红利。新兴市场国家则通过使用人民币挂钩中国经济，借助中国经济体量增加经济运行的安全性、稳定性。

人民币区域化"东西两翼"齐发展

目前，人民币沿着贸易结算、金融交易、货币储备的逻辑递进关系，以及周边、区域、国际的演绎路径，由贸易结算向金融交易货币发展，亟须在周边增加储备货币功能，推动建立区域人民币货币圈。

十八届三中全会提出构建开放型新经济体制，人民币利率汇率市场化、人民币资本项目开放将稳步推进，跨境使用人民币将更加便利。上海自贸区金融创新政策试验为人民币国际化开辟了新领域。中国建设"一带一路"的战略举措，平行推进货币圈内离岸中心金融市场和金融服务网络建设，将推动人民币在东盟和中亚"东西两翼"的区域化进程。

东盟作为人民币"东进"方向符合人民币区域化目标。目前东盟金融机构人民币服务不断完善，东盟国家对人民币接受程度提高。中国与东盟的金融合作取得长足进展："清迈倡议"多边化协议规模超 2400 亿美元；双方强化多层次区域金融安全网，落实双边本币互换协议；鼓励跨境贸易和投资使用本币结算；为东盟机构投资中国债券市场提供更多便利；完善区域金融风险预警和救助机制；中国银行已推出新加坡元、菲律宾比索、马来西亚林吉特、泰国铢、越南盾和印尼卢比与人民币的汇率报价。另外中国与东盟的贸易逆差也为人民币进入东盟创造了有利条件。2011 年，中国与东盟贸易逆差达 226.9 亿美元。

下一步可推动：在东盟设立中国人民银行外派代表联络机构，强化与东盟各国央行高层对话，建立双边货币合作管理机制，达成货币跨境兑换、调运、储备等共识；加强区域债券市场合作、金融机构互设、跨境人民币贷款，以促进区域内金融市场互相开放；支持新加坡建设人民币离岸市场，扩大人民币大宗商品计价能力；完善人民币投放与回流机制，逐步推动人民币成为东盟主要货币。

国际金融危机削弱了美元地位，国际经济金融力量对比变化催生国际货币体系变革。人民币区域化无疑是双赢、多赢之举，但对区域金融格局仍带来挑战。东盟是传统美元区，美国不会放弃在东盟的货币主导权。布热津斯基说，"美元的命运就是美国的命运"。维护美元霸权地位事关美国战略利益。因此对人民币向东区域化的困难要有清醒认识。

同时，人民币"西进"正当其时。在中亚及其以西地区构建人民币货币圈，是建设"丝绸之路经济带"的题中应有之义，又与人民币向东区域化相辅相成，两翼互补齐发展。

"一带"上有俄罗斯、中亚、中东等国家。中国从这些国家进口石油、天然气等能源资源，出口制成品，经济互补性强。中亚等主要国家都是上海合作组织成员国或观察员国，在加强安全和反恐合作、应对"三股势力"的同时，已启动上合组织区域经济合作，金融和货币合作需求上升。

中国"丝绸之路经济带"构想受到上合组织成员欢迎。该地区属卢布货币区，俄罗斯与中国有推动本币国际化、构建多元全球货币体系的共识，而美国对该地区货币掌控能力有限。人民币"西进"有较好的政治和经济基础。

目前，中国人民银行已经与哈萨克斯坦、乌兹别克斯坦、白俄罗斯、蒙古等国签订了货币互换协议。中国进出口银行、中国工商银行、中国银行等已在俄罗斯、哈萨克斯坦、阿联酋等国家设立营业机构或代表处。双边和区域货币合作已起步。

人民币"西进"的重要意义还在于推动国际石油计价货币多元化。美元在 20 世纪 70 年代放弃金本位后，之所以能长期保持全球核心货币地位，与美元成为石油等大宗商品计价货币密切相关。故美元常被称作"石油美元"或"石油本位币"。俄罗斯、中亚、中东地区是全球主要石油出口国，而中国是主要石油进口国之一。人民币区域化西进，与卢布等一起成为石油计价和结算的主要货币，将提升人民币的区域和国际货币地位。

应重视香港和上海的助推作用

人民币区域化有两大助推平台，那就是香港和上海。香港是国际金融中心，也是人民币走出去的关键"节点"，地位独特。

首先要推动香港离岸金融市场的制度创新，包括人民币债券市场和汇率市场的建设。就债券市场而言，可考虑将内地人民币债券市场延伸到香港；放宽赴港人民币债券发行额度，简化赴港发行人民币债券审批手续；参照 QDII 机制创新 RQDII 机制，设立人民币项下合格内地投资者制度，鼓励内地金融机构通过 RQDII 机制买卖香港市场人民币债券，并且同等量设置和提高 RQDII 的额度。香港人民币债券市场扩容将为海外人民币拓展投资和流动性渠道。

汇率市场方面，可考虑允许内地银行间外汇市场做市银行入港，通过 RQDII 机制参与香港市场人民币外汇交易。这既有利于香港成为离岸人民币汇率主市场建设，也有利于内地外汇市场市场机制的完善，为金融机构管理汇率风险开辟新渠道。

上海自由贸易区具有推进金融改革开放的职能：一是通过区内利率、汇率、资本管制机制创新，倒逼中国金融改革；二是构建离岸人民币金融中心，助推人民币区域化、国际化。

上海离岸市场金融职能与香港大同小异。上海在人民币债券市场和汇率市场建设上可能更具优势。推进香港、上海离岸中心同步快速发展，对人民币区域化、国际化将产生重要的助推力。

总而言之，人民币区域化与"一带一路"建设同步进行，将巩固和加强中国与区域国家的利益共同体建设；提升中国国际地位，增强中国对世界经济的影响力；减少汇价风险，促进中国国际贸易和投资，促进人民币计价债券等金融市场发展；促进中国边境贸易，加快边境少数民族地区经济发展；中国外汇储备巨大，实际是向外国提供巨额无偿贷款，却还要承担通货膨胀税。人民币区域化、国际化可减少财富流失，并获得国际铸币税收入。

"美元陷阱"与人民币国际化

2008 年全球金融危机动摇了美元的世界霸权宝座，然而，近年来美元地位不仅没有下降，反而一路走强，只要全球经济金融形势一有风吹草动，美元以及美元债券特别是美国财政部国债就成了各路资金追捧的对象，供不应求。这是为什么？人民币这些年随着中国经济的快速发展，已经成为国际贸易结算货币之一，虽然总量刚过 2%。人民币区域化渐成规模，正向投资货币迈进。这两者又有什么关联？

自 2008 年全球金融危机以来，美国政府的公共债务飙升至 17.4 万亿美元，超过美国国内生产总值。美联储向美经济注入了逾 1 万亿美元的资金。2011 年，美国国家评级首次被下调。但是所有这一切并没有削弱或者动摇美元的价值和国际储备货币的战略地位。就在 2008 年到 2009 年危机期间，各国政府和个人资金大量回流美国，追逐"美元安全资产"，购买美国财政部债券，达几千亿美元。欧债危机爆发后又发生类似情况。国际贸易和金融交易依然用美元计价，各国中央银行 2/3 以上的外汇储备都是美元资产，而且主要持有美国国债。仅中国一家就有 2 万亿美元以上的美元资产。最近，著名经济学家普拉撒德写了本书，叫《美元陷阱》，讲的就是美元地位经久不衰背后的故事，值得一读。

从美元历史认识美元地位

美国崛起从其独立到一战约 150 年，而美元则到 20 世纪初才具备世界货币的实力。有以下主要轨迹可循。

一，1774 年北美 13 个殖民地决定发行自己的货币，定名为 dollar。1776 年美国独立，第一任财政部部长汉密尔顿开始设计美国的货币制度。1792 年美国颁布《铸币法》，规定美元为美国货币单位，并确立了双本位制：黄金、白银均为法偿货币，由立法规定其兑换比率。1873 年美国颁布《铸币改革法》，废除银币，采用金本位制。1900 年美国颁布《金本位制法》，正式废除双本位制法，黄金成为美元唯一标值，允许美元纸币兑换黄金。这一步为美元融入英国主导以金本位制为基础的国际货币体系、美元走向世界提供了政治法律保障。

二，美国独立后不断向西扩张领土。到 19 世纪中叶，已成为东西链接太平洋和大西洋的大国。第二次工业革命始于 19 世纪 70 年代，美国作为新兴资本主义国家，两次工业革命交叉进行，于 19 世纪末 20 世纪初完成工业革命。美国资本主义经济迅速发展，19 世纪 80 年代美国工业产值超过英国，进入帝国主义阶段并进行对外扩张。1909 年美国塔夫脱总统实行金元外交政策，鼓励银行家扩大海外投资，通过资本渗透获取海外市场和殖民地特权，美元成为美对外扩张的金融"利器"。

三，20 世纪初美元虽具备世界货币实力，但英镑在国际货币体系的中心地位未有根本改变。美元从 1914 年至 20 世纪 50 年代末逐步取代英镑地位有深刻的背景。

首先是第一次世界大战提高了美元的国际地位。1914～1917 年，一战使欧洲经济遭重创，英法德实力削弱，美国成为债权国，欧洲国家暂停纸币兑换黄金。美国是唯一保持金本位制的国家，美元国际货币地位迅速提升。二战后西欧一片哀鸿，美国成为世界政治、经济、军事强国和西方盟主。当时美工业制成品占全球的 50%，对外贸易占 1/3 以上。美黄金储备从 1938 年的 145.1 亿美元快速增至 1945 年的 228.7 亿美元，约占资本主义国家的 59%。超强经济和军事实力与雄厚黄金储备为二战后期美国建立美元霸主地位奠定了基础。

四，1944 年 7 月，44 国在美召开"联合和联盟国家国际货币金融会议"，通过《布雷顿森林协定》，规定美元与黄金挂钩，其他国家货币与美元挂钩，同时实行固定汇率制。布雷顿森林体系实为金汇兑本位制，或美元－黄金本位制。美元成为黄金等价物、国际清算货币和各国主要储备货币。但是美元霸主地位的最终确立还在其后关键两步棋：一是迫使英镑贬值，分化英镑区；二是在全球扩大商品输出和资本渗透。1947 年 10 月 30 日，美国等 23 国在日内瓦签订"关税及贸易总协定"，同时美国对西欧实施马歇尔计划。20 世纪 50 年代末美元彻底取代英镑。

美元地位会很快下降吗？

现在的问题是，由于美元既是国内货币又是主要世界货币，其两重性使以美元为中心的国际货币体系存在强烈的不稳定性，各国货币和汇率摩擦不断，货币危机不时出现。1960 年美元发生危机，各国纷纷抛售美元并向美政府兑换黄金。1971 年美元危机再次爆发，为保护美黄金储备，尼克松宣布停止美元兑换黄金。1973 年 3 月，主要国家货币与美元脱钩，实行浮动汇率，布雷顿森林体系土崩瓦解。为挽救美元国际地位，美与沙特签订协定，决定采用美元计价和交易石油。此后美元成为其他大宗商品计价货币。

国际政治经济发展不平衡规律决定了美元确立霸主地位的曲折历史沿革。而今国际格局多极化、经济全球化、区域经济一体化不断发展，使得欧元、日元、英镑不时冲击美元的霸主地位。进入 21 世纪以来，随着新兴市场在全球经济分量的增强，其货币如人民币对美元形成新的挑战。然而"冰冻三尺非一日之寒"，无论从历史还是现实看，美元地位衰落都将是长期的过程。世界货币地位进入如今的纸币阶段，主要靠两样东西支撑，那就是发行国家的经济实力和信誉（偿债能力）。任何其他货币想取代美元成为主要世界货币需要经济、军事实力相匹配，时间进程会很长，而且不可能一帆风顺。

围绕货币主导权的激烈博弈

由此可见，主要经济体围绕国际货币体系主导权的斗争将是长期、曲折、十分尖锐的。对美国来说，除了军事霸权，没有什么比美元的世界货币地位更重要的了。金融危机期间，美元货币体系被指为金融危机的源头，要求建立新国际货币体系的呼声不绝于耳。然而美国自 2009 年开始进行战略反击，目标指向欧元、日元、人民币，竭力维护美元的霸权地位。

　　美国对欧洲等资本顺差国采取强美元政策，打压欧元，让资金回流美国，并通过刺破希腊债务泡沫，引发欧洲主权债务危机，暴露欧元的"致命裂痕"。现在欧元已经基本丧失冲击美元的动力。

　　对日本、中国等贸易顺差国采取弱美元政策，逼它们的货币升值，减轻美债务压力。美国为压缩中国增长空间，一再压人民币升值，借汇率问题打压中国。2011年美国参议院通过《2011年货币汇率监督改革法案》立项预案，以"货币失衡"为借口，逼中国加大人民币升值幅度。美还竭力推动《跨太平洋战略经济伙伴协定》（TPP）和《跨大西洋贸易和投资伙伴关系协定》的谈判，制定区域和全球贸易新规则（据专家计算约80%的规则将重新制定），以巩固其亚太和全球经济主导权，矛头直指中国"耕耘多年"的与东盟和欧洲的经济合作。

　　为维护美元的全球统治地位，美国还在进行长期战略布局：①将"美元—石油"体系转换到"美元—碳排放"体系；②将美国信息产业优势转换到新能源产业优势；③实现能源革命和制造业回归，从金融帝国向制造业帝国转变。美国在以上三方面均已取得较大进展。

人民币国际化大势所趋任重道远

　　人民币国际化没有现成的道路可走。中国应认真学习历史，特别是美元成长史，从中找出规律，以加强国家金融战略的顶层设计，蹄疾步稳，实现人民币国际化全方位发展，深化金融市场改革，扩大金融业内外开放，走出一条中国特色的人民币国际化道路。

　　近年来，人民币国际地位迅速提升，海外人民币存款总量从2010年的几百亿元，增长到目前的1.2万亿元。人民币跃居全球外汇市场交易最活跃的十大货币之列，从2010年全球第17位跃升至第9位，日均成交额增长2.5倍。国际贸易以人民币计价和结算比例2013年达9%左右，超过欧元成为第二大贸易融资货币。未来人民币在贸易、投资、结算中的比重将显著提高。预计到2015年人民币在中国对外贸易、投资结算中的占比将达到15%，2025年有望超过30%。

　　中国与28个国家和地区签署了货币互换协议，总规模逾3万亿元。东南亚、东欧及非洲一些国家已经把人民币作为其储备货币。随着中国经济持续健康发展，人民币国际化面临历史性机遇，预计未来十几年人民币将成为全球主要结算、投资和储备货币之一。据世界银行预测，到2025年，人民币在全球官方外汇储备的比重将超过5%。

在这样的背景下，中国需要确保国内经济发展，做实人民币国际化的经济基础，并从以下几方面着手走稳人民币国际化的道路。

一，加快实现人民币资本项目可兑换。这是实现人民币国际化的必要条件，有利于资本平衡流动，抑制跨境资金套利，促进人民币在岸、离岸市场有效运行。

二，推动人民币作为大宗商品计价货币，促进大宗商品贸易、投资等人民币业务。这是人民币国际化的重要标志。

三，支持上海成为全球人民币中心，拓展香港人民币离岸市场，发挥香港国际中心作用。上海自贸区是中国金融业开放、先行先试的试验田，要促进人民币回流渠道多样化，加大金融市场开放力度。促进在岸、离岸市场协同发展，推动、协调其他国际金融中心如伦敦、新加坡、卢森堡、巴黎、法兰克福等离岸人民币市场发展，形成全球人民币市场体系。

四，配合企业走出去战略，发挥中国大型商业银行的重要作用，同时注意充分调动民营资本的积极性。在人民币国际化进程中，更多参与大型跨境投资项目，提高金融创新能力和外汇交易水平，优化布局，促进人民币国际化全方位发展。

"青山遮不住，毕竟东流去。"中国经济发展到今天已处于历史关键节点，须主动出击，人民币国际化乃经济发展的应有之义。世界储备货币地位之争虽非充满硝烟的战争，但过程一定会充满艰险。美元成为国际储备货币的历史已经证明了这一点。只要中国始终坚持改革方向不动摇，坚持经济发展不动摇，人民币国际化的道路定会引领中国经济乘风破浪，到达胜利的彼岸。

能源格局变化值得密切关注

能源资源在人类生活和社会发展进程中起着决定性作用。基辛格说过，"谁控制了石油，谁就控制了世界"。我们已经进入大数据时代，但是今后很长时间里传统能源资源依然是全球经济发展的动力和源泉，围绕能源资源而展开的种种博弈将深刻影响大国关系和全球经济发展的进程和全球性问题的解决。现在能源领域有哪些突出变化呢？

能源消费重心正在向新兴国家转移

经济学的普遍规律是消费决定需求。有统计表明，到 2035 年，全球能源需求将增长 30%，大部分来自新兴国家，只有 4% 的增长来自经合组织国家（OECD）。未来 10 年，中国将成为全球能源最大消费国。预测到 2035 年，中国将成为每日进口 1300 万桶原油的净进口国，能源消费将超过美国 80%，人均需求将增加 40%，基本达到目前欧洲的消费水平。以石油消费为例，到 2035 年，OECD 国家石油消费将下降至只占全球石油消费的 1/3，也就是目前的一半。中国石油消费增长迅速，到 2030 年将达到 1600 万桶/天，超过美国成为最大的石油进口国和消费国。其主要原因是日益膨胀的交通和车辆的需求，以及石油化工行业需要大量使用石油。

举几个地区的例子。中国、印度和东南亚构成的亚太月牙形地带的石油需求占世界的 25%，不仅是世界最大的石油需求中心，而且成为对世界石油市场和地缘政治具有重大影响的"需求中东"。预计 2014 年后世界新增能源需求在中国、印度、东南亚、中东、拉美和非洲等地进一步聚集。

东南亚到 2035 年能源需求将增加 100%。2020 年后印度对煤炭、石油和电力的需求将迅速增加。全球能源消费增量中中东国家占 10%，中东人口增速高达 3%。其天然气消费到 2020 年将达到欧洲水平，到 2035 年中东国家每天需要消费 1000 万桶石油，与中国目前的消费基本持平。

值得注意的是，新兴市场国家能源消费大幅度提高，将继续推动大宗商品价格长期在高位徘徊。由于新兴市场国家因历史原因并未掌握大宗商品的定价权，其经济发展的成本将逐步递增。虽然未来低碳能源包括可再生能源和核能的占比会增大，但是化石能源到 2035 年依然将占能源消费结构的 75% 左右，在今后相当长时间内，清洁能源难以成为能源消费的主流。这些因素综合起来分析，不难发现新兴市场国家特别是新兴大国与控制能源资源的西方国家围绕能源资源及其定价权的博弈将长期存在，与此相关的大宗商品定价、结算货币多元化之争也将十分激烈。

碳排放将与能源消耗同步增长

气候变化和环境问题已经日益成为国际社会的重大挑战，从 2009 年哥本哈根第 15 届气候变化谈判大会到如今，各国虽然对排放的责任、强制性削减排放安排、减缓的费用等问题议而不决，争议很大，但对碳排放及其相关安排已开始形成一定的共识。这对于仍处在工业化中后期的中国等发展中国家来讲，挑战十分严峻。

不同能源消费结构造成不同碳排放结构，对全球生态环境和气候变化的冲击也不尽相同。专家估计到 2035 年二氧化碳排放量将增加 25%，每年约增长 1%。中国经济持续发展，其能源需求增速较快。这自然包括天然气、煤炭、可再生能源、石油和核能等各种能源，能源结构还是主要依赖煤炭。2011 年，中国煤炭占一次能源消费的 68%。中国经济新的五年规划已要求减少煤炭消费，到 2035 年估计中国煤炭占比将下降到 33%，这显然有利于减少二氧化碳排放。虽然中国近年来单位 GDP 能耗下降明显，但下降速度依然无法抵消经济发展增量所需的能源消耗排放量。在到达峰值年之前，中国的碳排放与能源消耗将继续同步上升。就绝对排放值而言，2012 年中国碳排放比美国多 60%，到 2035 年将达到美国的两倍。中国面临的国际压力将越来越大。有个利好消息是，长远看 2011～2035 年中国煤炭的碳

排放增长速度为 -0.4% 。这对改善中国生态环境和将全球气温上升控制在
2℃ ~3℃ 内会有重大贡献。

　　总的来看，非经合组织国家二氧化碳排放量都将不断增加，2035 年将
达到经合组织国家的标准。当然人均排放差距将依然存在。到 2035 年印度
人均排放将继续保持较低水平，中国及中东人均排放将达到美国人均排放
的 50% ，超过欧洲人均排放水平。

美国的能源革命影响深远

　　最近关于美国能源独立和能源革命的报道与分析源源不断。据美国能
源信息局报告，2013 年，美国石油产量将突破 1000 万桶/日，占世界的
15% 左右；加上加拿大和墨西哥，到 2020 年北美石油产量将超过 25% ，成
为"新中东"石油供应中心。美国原油产量 2016 年将达每天 950 万桶，接
近 1970 年每天 960 万桶的历史最高水平，大大高于 2008 年美国原油产量下
降最后一年每天 500 万桶的水平。2012 年，美国石油供应量的 37% 来自进
口。随着美国能源革命的成功，这一数字到 2016 年将降至 25% 甚至更低。
能源信息局预测，世界基准布伦特原油价格将从 2013 年的平均每桶 109 美
元降至 2017 年的仅 92 美元。

　　北美油气供应在"页岩气革命"推动下明显增长，全球供应地位上升。
2009 年美国天然气产量 5840 亿立方米，超越俄罗斯居世界首位；2012 年达到
6814 亿立方米；2013 年突破 7000 亿立方米，占世界天然气总产量的 21% 。美
国的天然气价格自 2008 年 6 月以来已下降近 70% 。目前，100 万英热单位的
天然气在美国的价格约为 5 美元，欧洲和亚洲的价格约是该价格的 2 ~4 倍。
这使得石化产品生产等利用天然气作为原材料的产业以及云计算提供商等
大量用电的产业相对于其他地方的竞争对手拥有巨大的比较优势。

　　美国能源革命只是北美能源快速发展的一部分。美国、加拿大和墨西
哥天然气和石油生产飞速进展累积起来的结果是北美能源独立性大大增加。
目前美国能源部核准天然气出口计划以与美国签署自由贸易协定的国家为
主，其他国家必须先申请，但随着页岩气持续大量开采，美国管道天然气
国内价格持续下跌，出口急迫性增大，未来美国扩大天然气出口是必然的。

　　天然气供应历来是俄罗斯战略影响力的有力渠道。乌克兰 60% 的天然

气靠俄罗斯，俄罗斯在天寒地冻时刻要挟切断乌克兰与欧洲国家天然气源近年已经发生过。2012 年从俄罗斯进口天然气最多的是德国，第二是乌克兰，前十大进口国还有土耳其、白俄罗斯、意大利、波兰、英国、捷克、法国与匈牙利。乌克兰克里米亚危机爆发后，俄罗斯国营天然气公司就告知乌克兰，不再优惠提供天然气。从美俄新冷战的现实考虑，美国将迅速提高对欧洲的天然气出口，以减少欧洲对俄罗斯的能源依赖，避免西方在与俄罗斯的战略博弈中受制于对方。从这次乌克兰危机中可以清楚地看到，德国等欧洲国家与美国在对俄制裁上的步调和态度不是完全一致，其根本原因就在于此。

除美国能源革命带动北美石油、天然气供应大增外，巴西、哥伦比亚、非洲东部以及其他地区发现新的石油储量，也为全球石油扩大供应提供了动力。即使在动荡的中东地区，产油能力在 2014 年也将提升。伊拉克石油主要产自南方，其他地区不到总产量的 15%，南方产油量近期将有较大提高。利比亚石油出口 2014 年上半年将会增加至危机前每天 140 万桶水平的一半或者更多。伊朗核问题谈判取得历史性进展，临时协议结束后的安排也有较大进展。这对伊朗石油供应也是利好消息。此外，俄罗斯西西伯利亚北部、里海/中亚地区、非洲西部深海、东非地区以及巴西海域等油气区已成为油气供应中心。与全球能源需求东移相比，全球能源供应多中心化明显。

能源资源对经济发展和人民生活的重要性决定了其在各国对外战略中的地位。可以说，如果没有能源资源的独立，一个国家实际上并没有真正的独立可言，其经济发展和社会稳定都将受到制约。美国很早以前就制定了能源独立战略，孜孜不倦地为之奋斗，日本受岛国地理限制积极发展核能、储备石油，越南大力发展海洋经济、开发海洋石油，都是出于这样的战略考虑。

全球能源格局的变化对中国的影响

中国正在步入全面深化改革、经济持续发展的新阶段。如何在全球能源格局发生重大变化、中国能源消耗随着经济增长仍在继续增加、石油对外依存度逐年扩大的情况下，实现中国的能源资源独立，确保中国经济可持续发展是中国面临的严峻挑战。

首先，中国能源战略应继续立足国内，在深层勘探、非常规油气开发、深海资源开发和新能源市场开发等领域加大投入，夯实国内能源供应和国内市场这两个基础。将油气并举改为稳油增气。同时以国内市场需求引导新能源和可再生能源发展。能源政策不仅要突出科技进步，还要突出能源开发和利用的创新机制，包括理念创新、科技创新、制度创新、管理创新和消费方式创新。新能源发展要两手并举，从中国市场需求出发，将新能源作为新兴产业加以政策和规划引导，发挥技术推动和市场拉动的双重牵引作用。

其次，要改变能源结构，积极扩大非化石能源特别是非常规天然气的供应。中国国情使然，2030 年前中国能源结构以煤为主难以改变。但必须逐年减少煤炭直接消费比例，推动煤炭清洁化。中国非化石能源消费比例2020 年将从目前的 8% 上升到 15% 左右，2035 年达 24.5%。其中，水能增长较为稳定，核能在保证安全条件下将持续增长，太阳能、风能和生物能将较快发展。

在 2025～2035 年，中国天然气将与全球同步进入快速发展期，实现产业发展、政策到位和公众利益同步推进。预计 2020 年中国非常规天然气产量比重将从目前的 39% 上升至 60% 以上，2035 年达 72%。发展非常规天然气产业是"十二五"、"十三五"时期中国"减煤、稳油、增气"政策的重点。

但是中国能源发展也有不确定性。致密气和煤层气已有较成熟开发技术，但页岩气尚处于开发初期，产业能力建设不到位，2015 年和 2020 年的产量目标难以确定。煤制气可能对天然气供需矛盾紧张起到缓解作用，但是对环境压力，特别是水资源压力较大。新能源发展所需要的内需开发和技术创新前景不确定因素多。中国碳交易价格已在若干城市试点，但 2020年能否形成全面碳交易价格尚难确定。

最后，要继续坚持绿色发展，节能减排，转变经济发展方式，推行生态友好的能源发展战略，在生态文明建设中体现"四强调"：在推进新型工业化、信息化、城镇化和农业现代化进程中，强调能源发展对国民经济社会发展的约束作用；强调生态环境与人的全面发展对经济发展质量的评估机制；强调国内能源治理与全球能源治理体系相结合、相协调；强调推进节能环保产业，保护公众利益，走适应全球趋势和中国国情的低碳、清洁和生态友好型能源发展道路。

全球能源格局的变化必然影响大国地缘政治的博弈，也将从经济、金融、环境等诸多方面影响全球性问题的解决。中国需要继续高度关注世界能源形势的演变，及时调整能源战略和政策。中国能源政策须面向国内外，并与周边国家和地区的能源安全需求相协调，与全球能源安全、能源治理和气候变化等全球议程相对接，积极、开放、务实地与各能源利益攸关方加强对话与合作，以利于中国经济长期稳定、健康的发展。

四　论中国政治、经济与外交

中国改革谋求全面升级

进入 21 世纪以来，随着综合国力与国际影响力的不断提升，国际社会愈来愈多地关注中国。不久前举行的中国共产党第十八届三中全会，宣告中国新一轮全面深化改革征程正式启航。《经济学人》认为这次会议开得很及时，我想借机谈谈对中国全面深化改革的一些看法。

一　三中全会的重要意义

（一）《中共中央关于全面深化改革若干重大问题的决定》清晰地勾勒出中国在经济、政治、文化、社会、生态文明以及国防军队、党的建设等各领域进行系统改革的路线图和目标，改革部署之全面为中国改革开放 35 年来所罕见，范围之广泛、表述之具体，充分展现了中央和国家致力推进改革的坚定意志。海外舆论评论说，这些改革措施若能落实，中国将迎来翻天覆地的变化。

（二）中国的改革历来带有强烈的问题意识，改革总是由现实问题倒逼而产生，而非凭空想象进行顶层设计，也从不照搬他国的经验或模式。要深入理解中国新一轮的改革浪潮，首先需要分析当前中国面临的错综复杂的国际国内形势。

1. 就国际形势而言，当今世界全球化和多极化迅速发展，发达国家与新兴国家的力量对比正在发生历史性变化，就是通常所说的由西向东、由南向北转移。和平和发展依然是主流，但世界很不太平，强权政治和新干涉主义上升；国际金融危机带来全球经济的深度调整，世界经济复苏缓慢，各种形式的贸易和投资保护主义抬头；现有国际机制难以适应不断涌现的全球性问题治理，国际体系的变革不可阻挡；科技革命和产业革命成为国际竞争焦点，以新能源、新材料、生物科技、信息技术、航空航天等为代表的创新发展正在孕育新突破。

2. 从国内形势看，2012 年中国人均国内生产总值超过 6000 美元，步入中等收入国家行列，增长潜力巨大。但中国同时处于经济结构调整和治理转型的关键期，深层次矛盾叠加，存在诸多"成长的烦恼"，能否跨越"中等收入陷阱"将是严峻的考验。

作为一个发展中大国，中国深知当前正处于爬坡过坎的极重要关口，必须拿出勇气与智慧，以全面深化改革凝聚各方共识，构建制度保障，着力推动发展方式和发展战略全面升级，努力实现中华民族伟大复兴的中国梦。

二 全面深化改革需要系统性和加强统筹协调

（一）全面深化改革的核心是国家治理体系和治理能力现代化，讲的是系统性和制度化，要将发展目标与制度目标相衔接。国家治理体系和能力现代化包括两个方面：一是国家治理的全面覆盖，即把党和国家对现代化建设各领域的管理同各种范畴、各种层次、各种形式的多元治理相结合，以实现"体系化、系统化"，避免治理与管理的碎片化和相互制约；二是提高总体治理水平，实现人的现代化。

（二）全面深化改革需要统筹协调，要"牵住牛鼻子"。说的是经济体制改革是重点，核心是处理好政府和市场的关系，使市场在资源配置中起决定性作用并更好发挥政府作用。

将市场在资源配置中由以往的"基础性作用"提升为"决定性作用"，是理论上的重大突破，在新一轮改革中将发挥纲举目张的作用。政府"看得见的手"的职责将限定在宏观调控、市场监管、公共服务、社会管理、保护环境等领域，最大限度减少对微观经济事务的管理。

（三）全面深化改革将遵循公正、平等、透明的原则。《决定》将公有经济和非公有经济放在同等重要的地位，强调公有财产和非公有财产都不可侵犯。这在中国共产党的重要文件中属首次。《决定》强调权利平等、机会平等、规则平等，保障各种所有制经济依法、平等使用生产要素，公平参与市场竞争，并鼓励非公有企业参与国有企业改革，致力从根本上消除对非公有经济的理论歧视、思想歧视、政策歧视和门槛歧视。

在投资领域，《决定》提出统一内、外资法律法规，保持外资政策稳定、透明、可预期，推进金融、教育、文化、医疗等服务业领域有序开放，放开育幼养老、建筑设计、会计审计、商贸物流、电子商务等服务业领域外资准入限制，进一步放开一般制造业，展现出中国构建开放型经济新体制的坚定决心。

（四）全面深化改革关键在于落实。《决定》已给出明确的改革时限，即到 2020 年要在重点领域和关键环节改革上取得决定性成果，形成系统完备、科学规范、运行有效的制度体系，使各方面制度更加成熟、更加定型。

（五）全面深化改革将加强顶层设计、突破利益固化藩篱。中央将成立全面深化改革领导小组掌控大局，负责改革的总体设计、统筹协调、整体推进和督促落实，扎扎实实完成每一项既定改革任务。同时设立国家安全委员会，完善国家安全体制和国家安全战略，有效应对内外安全挑战，为全面深化改革提供稳定、良好的安全环境。

三　"中国梦"与世界的关系

习近平主席提出实现"中国梦"代表了中华民族的集体愿望和意志。从 1979 年至 2012 年，中国国内生产总值年均增长 9.8%，书写了现代世界经济增长史的奇迹。2013 年中国对世界经济增长的贡献将达 30%。这些伟大成就既源自中国对改革开放与和平发展的坚定不移，也与各国人民的支持与友好合作密不可分。

今天，中国的前途命运日益紧密地同世界的前途命运联系在一起。各国比以往任何时候都更需要和平稳定的国际环境，更需要公正合理、自由开放的发展空间，更需要通过密切合作来促进发展，更需要以客观和长远的眼光来处理彼此间的关系。

美国华盛顿总统在他的告别演说中说过这样的话："不要对某些国家抱着永久而固执的厌恶心理，而对另一些国家深爱不已，应当对所有国家都培养公正而友善的感情。"

虽然出于意识形态、国家利益等因素，一些国家不那么情愿接受中国的快速发展，但是更多的国家希望与中国合作共赢。中国特色社会主义制度的理论与实践丰富了各国关于发展道路的理论和实践，赢得世界上越来越多的关注。

中国人民重视爱国主义，同时具有"以天下为己任"的广阔国际视野和胸怀。随着国力增强，中国将在力所能及的范围内承担更多的国际责任和义务。"国家富强、民族振兴、人民幸福"的中国梦不仅是全体中华儿女的共同梦想，也与世界各国人民的美好梦想密切相通、相连。中国梦昭示中国未来的发展目标和前进方向，也蕴含着中国对于实现世界美好前景的真诚愿望。历史已经并将继续证明，中国的发展将为人类的和平与繁荣带来更多、更大的发展机遇。

巨人放慢步伐是为了走得更稳健

最近关于中国经济的报道很多，不少西方媒体"忧心忡忡"，纷纷评说中国经济这个"巨人"放慢步伐，开始走下坡路，甚至上升到理论高度，说"北京共识"已失去光环，金砖国家经济都在减速，代表西方新自由主义学派的"华盛顿共识"将卷土重来，世界经济鹿死谁手，现在还没到下结论的时候。正如耶鲁大学教授罗奇所言，每每有风吹草动，"唱衰中国论"就死灰复燃。那么，我们究竟应怎么看中国经济的发展呢？

2014 年 7 月 30 日，中共中央政治局开会分析了中国经济形势，核心的看法是：当前中国经济发展仍处于可以大有作为的战略机遇期，经济继续健康发展的基础没变，将保持总体平稳发展态势。可谓底气十足，掷地有声！

我们不是盲目乐观。困难确实不少，有的甚至还十分严重。目前，世界经济形势错综复杂，前景难卜。美国经济复苏乏力，失业率高企不下，但随着经济复苏势头逐步趋于稳定，美联储退出量化宽松，美元回流本土，将加重发展中国家的信贷紧缩；欧洲深陷债务危机，经济增长连年萎缩，面临欧元区"散伙"的危险；日本二十多年经济停滞不前，"安倍经济"后劲不足。国际货币基金组织已纷纷调低这些国家 2013 年的经济增速。预计 2014 年世界经济将仅增长 3%。发达国家的经济困境使全球经济环境恶化，总需求持续下跌。

发展中国家同样面临经济下行的压力。国际货币基金组织最新数据显示，2013 年中国、印度、俄罗斯、巴西的国民生产总值将分别增长 7.8%、5.6%、2.5%、2.5%。2008 年金砖国家对世界经济增长的贡献占全球的 2/3，

2011 年为 1/2，而到了 2012 年则略少于 1/2，今后 5 年大致会停留在这一水平。由此，英国《经济学家》断言，中国经济已经到达一个重要的拐点。虽然 2013 年发展中国家整体按购买力平价计算，其经济总量首次占全球经济总量的 50% 以上，但中国和金砖国家今后几年经济增速将放慢，"快轨道前进"的年代已经过去。

温故而知新。世界在前进，在发展。今天的全球经济版图已经发生了翻天覆地的变化。19 世纪末叶，美国超过中国成为世界经济第一强国。1890 年，美国人均收入是中国和印度的 6 倍。这一差距到 20 世纪 90 年代初拉大到 25 倍。但是，经过 30 多年的改革开放和经济赶超，中国经济总量 2012 年达 8 万多亿美元，为美国的 50% 强，稳居世界第二。中国国际贸易额占世界贸易总量的 11%。中国人均国内生产总值也已达美国的 18%。就发展中国家总体而言，从 90 年代后期以来，73% 的发展中国家经济增速年均超过美国 3.3%，即使在 2008 年金融危机之后，这些国家增速仍然超美 3% 左右。而在 1960 年至 1990 年期间只有 30% 的发展中国家经济增速好于美国，且只超 1.5%。

世界经济力量变化的面也越来越广，而不仅限于金砖国家的崛起。美国高盛公司最近提出"新 11 国"的概念，其中包括印度尼西亚、墨西哥、土耳其、尼日利亚和孟加拉等。这一集团合计人口有 13 亿，人均国内生产总值已到美国的 14%。

让我们回头来看中国经济的情况和前景。观察经济运行要看经济的基本面。首先自然是经济增速，2014 年上半年国内生产总值增长 7.6%，略有下降，但在预期目标的合理区间内。在世界经济哀鸿遍野、中国坚持以提高经济发展质量和效益为中心调整经济结构的大背景下，这样的增速已属不易。"合理区间"是关键词。而且与世界其他主要经济体相比较，中国经济速度依然独占鳌首，稳中向前。

可喜的是，经济调整已经初步见到成效。中国国内生产总值的构成也出现变化，主要表现在服务业的加速增长。这是走向消费拉动经济发展的关键之一。2014 年头六个月，服务产业同比增长 8.3%，高于制造业和建筑业的 7.6%，占国内生产总值比重也达到 45.3%，比 2013 年年底提高 0.7 个百分点，过去长期是后者增速高于前者。拿 1980～2011 年为例，两者年均增速分别是 8.9% 和 11.6%。2014 年这一历史性的逆转表明，中国经济增长结构开始向服务业倾斜。据罗奇教授分析，服务业发展起码有三大好处：增加新的劳动收入来源，这是消费的支撑；使经济增长更可持续，以缓解制造业和建筑业高速发展带来的过度资源消耗、环境污染问题；可以扩大经济基础，减少不平等现象，缩小贫富差距。

再看经济核心指标之一的就业情况。2014 年上半年城镇新增就业 725 万，完成全年目标的 80.6%，为近几年来的新高。外出农民工达到 1.7 亿人，同比增加 444 万。因为吸纳劳动力更强的服务业的增长加速，目前国内生产总值每增长一个百分点，就能容纳 140 万~150 万人就业。过去一个百分点只能带动 80 万~100 万人就业。经济结构调整的好处已经显现。这样，年均 7% 的经济增速就能创造大约 1000 万就业机会。这是合理区间的又一理论支撑。

不少人担心中国的金融泡沫包括地方债务问题。瑞银经济学家估计，目前中国总的债务达 17 万亿美元，相当于国内生产总值的 210%，比四年前增加了 50%。其中公司债务达到国内生产总值的 113%，主要是钢铁、铝业、太阳能、造船业等。"影子银行体系"和地方债务平台问题也很严重。据称影子银行体系约占国内生产总值的 1/3。事实如何呢？中国金融泡沫虽然存在，但爆发系统性危机的可能性很小。原因是，中国有庞大的个人储蓄和外汇储备，依然实行资本管制，而且真正的外债量并不很大。即便有 1/3 贷款违约，救援成本也只会使政府债务增加 7 个百分点，仍在可控的 60% 区间内。就地方债务而言，8 月 1 日起，国家审计署将对各省区市政府性债务再次进行审计。2011 年那次全面审计结果表明，中国省市县三级地方债务余额为 107174.91 亿元人民币。中国地方政府的债务大多投资于基础设施，形成实物性资产，而且地方政府有大量其他资产和国有企业，清偿能力较强，不会出现美国底特律那样破产的情况。

中国经济具备持续发展的基本条件，这并非空话套话。经济的结构性转变不可能一蹴而就。要取得经济转型的成功需要好的发展战略、相当一段时间以及政府和民众的意志和决心。这三点中国都具备。经济发展战略简言之，就是稳中求进，稳增长、调结构、促改革。具体到眼前工作，那就是宏观政策要稳、微观政策要活、社会政策要托底，三者有机统一。中国经济继续保持平稳的发展，是全面建成小康社会和实现国家现代化的关键，也是实现中国梦的基础所在，只要我们众志成城，努力奋斗，这一目标就一定能达到。

中国布局全方位外交新战略

　　中国新一届领导人登上政治舞台以来，习近平主席和李克强总理的足迹已经遍及五大洲，充分展现了中国全方位外交战略的魅力和自信。独立自主、和平发展、互利共赢的中国外交思想得到普遍赞同。

　　在全球化和多极化快速发展的今天，中国与世界的交往更加密切，中国与世界的命运更加紧密地联系在一起。中国人民正在为实现中华民族复兴的中国梦而努力奋斗。中国梦不仅造福中国人民，而且造福世界各国人民。中国全方位外交战略就是为实现这一伟大的共同愿景服务的。

中美有广泛的共同利益和合作空间

　　面对21世纪世界格局的深刻变化，建立新型大国关系势在必行。中国和美国作为世界上最大的发展中国家和发达国家，有着广泛的共同利益和合作空间，两国关系已远远超越双边关系的范畴，具有全球和战略意义。诚然两国间有不少分歧和矛盾，如美国在亚太的"再平衡"、跨太平洋战略经济伙伴关系谈判、网络安全等，需要双方认真沟通，减少疑虑，进行有效管控和处理，但世界的和平与繁荣，尤其是亚太的和平与发展，离不开中美两国的深入沟通和坦诚合作，全球政治、经济治理更离不开中美的密切磋商与合作。

　　中国需要长期稳定和平的环境来发展自己，在这方面中美关系如何发展是关键。对美国来说，美国经济的复苏、全球重大问题的解决都离不开中国的支持和合作。"和则两利，斗则俱伤"。双方只有相向而行，以实际行动逐步建立战略互信，发展长期稳定、健康的合作伙伴关系，才符合两国的根本利益。

中美在 21 世纪能否和睦相处、共同发展，建立新型的大国关系是两国的历史责任，也是对两国外交的现实考验。两国已经为此在做出不懈的努力。习近平主席和奥巴马总统在加州的元首会晤将为这一新型大国关系奠定扎实的基础。

友好和平的周边环境是全方位外交的战略支撑

"家和万事兴。"中国的家在亚洲，中国和平发展的根也在亚洲。与邻为善、睦邻富邻、建立长期友好和平的周边环境是中国全方位外交的战略支撑。

中国有 2.2 万公里的陆地边界，与 14 国毗邻，有 1.8 万公里海岸线，与 6 国隔海相望。习近平主席上任首访俄罗斯、李克强总理近访印度和巴基斯坦彰显中国对周边的重视。过去 10 年，中国与周边国家贸易额由 1700 多亿美元增加到 1 万多亿美元。中国与东盟十国建立了自由贸易区，2012 年贸易额超 4000 亿美元。清迈倡议等亚洲货币金融合作已经起步。上海合作组织为共同打击三股势力而建，而今政治、经济、文化各方面合作如火如荼。中国近几十年的快速发展带动了地区的发展，辐射效应持久、突出。

进入 21 世纪第二个十年，亚太地区已成为新的世界地缘政治、经济、军事中心，是全球发展最快、潜能最大、机遇最多的地区。世界各大力量纷纷加大战略投入，美国战略重心东移，地区海洋权益争端、资源之争升温。部分国家民粹主义抬头、局部动荡频繁。

最近中国周边出现一些问题，引人关注。中国与日本围绕钓鱼岛的矛盾、南海争议、朝鲜半岛核问题等此起彼伏。中国的战略安全环境复杂性、不确定性增大。然而，地区战略格局调整是历史的必然，也是各方力量消长使然。亚太地区的大趋势依然是和平与发展。

当前各国相互依存日益紧密，谁也不希望地区局势出现大的动荡，影响亚洲的良好发展前景。有问题可以通过和平协商、谈判来解决，一时解决不了，就要有大局观念，着眼长远，逐步为解决问题创造条件，不能为了一时一事，想怎么干就怎么干，损害地区的和平与发展。中国走和平发展道路是坚定不移的，中国的睦邻友好政策更是战略抉择，不是权宜之计。

全方位外交是前无古人的战略抉择

欧洲目前面临债务危机和经济结构性调整的双重严峻挑战。这些困难既有全球金融危机阴影不散、经济复苏缓慢等外部因素的影响，更多反映欧洲联合自强前进道路上内在的矛盾和阻力，还有欧洲各国发展的不平衡。要解决欧洲的问题需要时间和勇气。但欧洲是世界政治、经济、文化重要力量的现实没有改变，欧洲是中国主要政治、经济合作伙伴的现实没有改变。

欧洲经济总量近 16 万亿美元，全球第一。2012 年中国与欧洲贸易额逾 5460 亿美元。最近中德加强各领域合作，中国与瑞士签订中瑞自由贸易区协定，发出倡导贸易和投资自由化、便利化的积极信号。中欧贸易争端包括光伏产品的争端正朝着协商解决的方向前进。

中国与欧洲有很多共同点，经济互补性强。中国支持欧洲联合自强，支持欧元，欢迎欧洲在国际事务中发挥积极作用，希望欧洲积极推进改革，调整结构，实现经济的稳定复苏和持久发展。

非洲是个充满希望的大陆。没有非洲的和平与发展，就没有世界的发展和繁荣。2000 年以来，非洲国家踏上稳定发展的良性循环道路。撒哈拉以南非洲国家国内生产总值年均增长 5%，每年吸引外资 500 亿美元，超过接受外援的数量。同时贫困人口自 1996 年以来年均下降 1%，每天生活费用不足 1.25 美元的人口 2008 年首次下降至 48%。据估计，大部分撒哈拉以南国家到 2025 年人均国民收入将达 1000 美元。

中国和非洲同属发展中国家，在国际政治、经济事务中同命运、共呼吸、齐发展。双方的友谊、合作和相互支持源远流长。中国长期以来坚定地支持非洲国家争取民族独立、发展经济的努力，为非洲提供了大量援助。同时非洲国家在国际事务中给予中国全面的支持，并为中国的改革开放作出了积极贡献。

1971 年第 26 届联大通过决议恢复中国在联合国的合法席位时，联合国大会厅内非洲兄弟载歌载舞的欢声笑语至今历历在目。进入 21 世纪，中非关系向更高层次、更广领域发展，中非合作论坛峰会的召开，中非合作基金的建立，中非合作新模式的探索和成功，无不标志着中非战略合作的基础更加牢固，前景更加宽广。

拉美是美洲灿烂辉煌古代文明的发祥地，其中玛雅文明被誉为印第安文化最杰出的代表，玛雅祖先培育的玉米、西红柿、辣椒、可可和烟草等都已成为各国人民饮食中不可缺少的内容。

中国与拉美都是发展中国家，有着传统的友谊和合作，地理距离的遥远并未阻隔双方关系的稳步发展。中国视拉美国家为长期友好、平等互利的战略伙伴。巴西、墨西哥、阿根廷、智利、秘鲁、委内瑞拉、古巴、哥斯达黎加等许多拉美国家与中国关系都十分密切。

习近平主席这次对墨西哥和哥斯达黎加的访问凸显了中国和拉美关系的重要性。以墨西哥为例，双方建立了战略伙伴关系，开展了战略对话。目前中国是墨西哥第二大贸易伙伴和第三大出口国。两国元首两个月内实现互访，揭开了中墨关系的新篇章，也预示中国与拉美的关系将全面深入发展，进一步造福于双方人民。

进入 21 世纪第二个十年，作为一个坚持走中国特色社会主义道路的发展中大国，中国的和平发展将为世界的繁荣和稳定作出更大的贡献。中国坚持奉行独立自主、和平发展的全方位外交战略，在集中精力发展自己的同时愿与所有国家保持友好合作关系，共同发展，共同富裕，共同进步。踏着全球化和多极化前进的步伐，中国的命运已经与世界的命运紧紧地联系在一起。在国际格局发生巨大变化的今天，这是前无古人的战略抉择和伟大道路，中国有足够的道路自信、制度自信、战略自信和战略耐心与世界各国一起来完成这一历史创举。

从 G20 峰会和夏季达沃斯看中国经济的稳步转型

　　二十国集团第八次峰会日前在圣彼得堡落下帷幕。习近平主席在会上掷地有声地说，要坚定维护和发展开放型世界经济，同时强调，"必须坚定推进结构改革，宁可将增长速度降下来一些"。讲话中透出对中国经济充满信心。习主席话音刚落，在大连随后举行的夏季达沃斯会上，李克强总理明确表示，中国政府权衡利弊后，决定不用短期经济刺激政策来推高经济增速，而是将保持宏观经济政策的稳定。中国高层集中就中国经济走向表态并不多见，而且他们传达的信息清晰，具有很强的前瞻性，包含不少可以透视中国经济未来走向的"经济密码"。

　　为什么全球都关心中国经济的下一步方向呢？环顾世界经济，我们看到全球经济衰退的巨大阴影持续笼罩，美国和欧洲经济虽然缓慢复苏，但深层次问题并未解决，债务高企、失业居高不下、流动性泛滥但信贷依然吃紧，尤其是中小企业资金匮乏。美联储在美国宏观经济出现向好迹象后计划退出每月回购 850 亿美元债券的量化宽松政策在所难免，也在情理之中。当然作为国际货币储备国，美国对推出的时机与方式必须负起责任，充分考虑国际影响。然而，美联储表态的"蝴蝶效应"已经引发新兴经济体 2013 年 5 月以来普遍出现资金外流、本币贬值、通胀上扬、债务急升，以印度、巴西、印度尼西亚、土耳其、南非为重灾区，印度等货币贬值都在 20% 以上，股市也是一片哀鸿。虽然新兴市场国家因为汲取了 20 世纪 90年代金融危机的教训，不至于重新跌入"深渊"，但事实上冲击还是很大，而且反过来也影响了全球经济的整体复苏和增长。中国同样面临经济增速放慢，消费、投资、外贸下滑，财政收入减少的严峻挑战。在这样的国际和国内经济形势下，中国政府能够克服以"短期经济刺激"来推高经济增速的冲动实属不易。

2008 年金融危机爆发后，中国政府审时度势在 11 月初果断推出"4 万亿"刺激经济方案，为 11 月中在华盛顿召开的二十国集团第一次峰会树立了榜样。二十国领导人面对危机，同舟共济，共商大计，成功地防止了金融危机的蔓延。此后，中国经济继续强劲向前，每年为全球经济增长的贡献超过 20%。不少亚洲国家和资源出口大国，如澳大利亚、巴西、印度尼西亚等国家，都搭上了中国经济持续高速增长的快车。如澳大利亚经济这些年增速都在 5% 左右，安全度过金融危机毫发未损，这在西方国家中无出其右。2014 年 9 月 15 日就是 2008 年金融危机标志性事件雷曼兄弟公司宣布破产的五周年。历史的惨痛教训至今历历在目。金融危机以来中国经济的强劲表现使国际社会许多成员自然而然地产生了某种依赖思想，总是期待中国继续高速发展，来推动世界经济的持续复苏，哪怕需要刺激措施，也希望在所不惜。虽然中国不能这么做，其他国家有这样的想法自然也是可以理解的。

中国共产党将在 11 月召开三中全会，对中国的经济改革等问题作出全面部署。中国领导人在二十国集团峰会和夏季达沃斯的讲话充分展现了党中央和中国政府驾驭宏观经济的能力和对经济长远发展的信心和前瞻性。稳中求进，着眼长远，调结构，促改革，已经成为政府和社会各界的共识。经济发展最怕大起大落，忽左忽右，尤其是中国这样的大国，经济总量已经稳居世界第二位，发展战略和宏观经济政策确定以后，一定要保持政策的稳定性、连续性和对执行政策的自信，政府要有坚强的战略定力。考虑到政策的落实需要时间，有时效果还会滞后一段时间才会显现，只要没有再如 2008 年那样金融海啸的惊涛骇浪，就不要轻易做出重大调整。在很多时候，信心比什么都重要。在经济尤其是金融领域，许多情况下都是依赖"预期"在运行，譬如对经济增速的预期、对通货膨胀的预期、对利率和汇率变化的预期等。我们不仅要给中国国民以信心，还要承担起大国和重大经济体的责任，给国际社会以信心。

中国经济已经连续 30 多年一路高歌猛进，现在增速适当放缓，以适应调整经济结构、转变经济发展方式的需要，这是很正常的事。况且，7.5%左右的年经济增长在当今世界已是"一花独放"了。中国的经济发展贵在长期，不在一时一事。中国经济对世界经济的贡献也要坚持长远的观点。无论是发达国家还是新兴经济体，许多国家的经验教训表明，刺激经济的措施不可不用，却不可多用、长用。以美国为例，美国经济复苏势头稍有稳定，美联储就想退市，其中的原因也在于此。奥巴马总统最近关于重建美国经济和再平衡的讲话中，就提到美国不能将经济增长建在"流沙"上，必须建在"岩石"上。言之凿凿，也是担心美国经济追求短期利益，放任"刺激措施"，以致失去长期发展的驱动力。确实，美国个人储蓄率在金融危机爆发后，从3%迅速上升到6%，但随后却又滑落到4%左右。美国反映国际贸易往来的经常账户赤字2009年下降到国内生产总值的2.5%，但此后却停滞不前，没有进一步削减。

经济全球化和社会信息化快速发展的结果是各国经济相互依存日益紧密，多层次、多方式的全球经济伙伴关系已经逐步形成，我们的"地球村"越来越小。习近平主席在二十国集团峰会上呼吁，主要经济体采取负责任的宏观经济政策，首先把自己的事情做好，同时加强宏观政策协调；共同维护一个开放的世界经济，反对形形色色的保护主义；完善全球经济治理，争取更加公平、公正的经济秩序，特别要改革国际货币体系，避免系统性风险。中国是个负责任的大国，言必信，行必果，我们有意愿、有能力沿着改革开放的康庄大道，继续推进中国特色社会主义事业的发展。

海外舆论中关于"中国经济崩溃论"或者"中国自私论"的说法依然时时可见，但都没有什么依据和道理。这样的说法如果不是对中国改革开放缺乏基本的了解，就是想故意抹黑中国。中国将坚持改革开放和创新，推动经济长期健康可持续发展。中国将继续是全球经济增长的主要动力之一，其对世界增长的贡献在未来几年估计还是不会少于40%。预计未来5年中国进口将达10万亿美元，对外投资达5000亿美元，出境旅游人数将超过4亿。这样的美好前景不单单是中国人民的福音，更是世界的福音。只要各国携起手来，共同应对全球性挑战，世界经济的前途是光明的。

中国金融外交开创世界金融新格局

金砖国家领导人前不久在巴西召开的金砖国家峰会上正式宣布建立金砖国家开发银行，启动资金 500 亿美元，总部设在上海，并同时建立金砖国家应急储备安排，初步资金规模 1000 亿美元。

消息一发，全球议论纷纷。有的说金砖国家尤其是中国想挑战美元主导的国际货币体系，与世界银行和国际货币基金组织分庭抗礼。发展中国家普遍欢呼雀跃，为终于有了自己的银行和应急基金而备受鼓舞。不管如何议论，世界金融格局从此发生深刻变化，金融多极化趋势出现新局面，这符合国际社会特别是发展中国家的长远利益。

经过 2008 年的金融危机洗礼，以美元为主要储备货币的全球金融体系遭受严重打击，其内在缺陷和弊端暴露无遗，要求改革全球经济治理机制的呼声高涨。二十国集团峰会、国际货币基金组织、世界银行和一些地区组织多次讨论此议题，终因各国利益不同，鲜有进展。就连二十国集团领导人一致通过的国际货币基金组织和世界银行份额和投票权调整这"一小步"改革也因美国国会反对而迄今无法兑现。

中国直面自己的国际责任，与其他金砖国家一起成立金砖国家开发银行和应急储备安排顺应世界潮流，实实在在地拓宽了国际、地区金融合作渠道，为改革全球金融秩序顶层设计作出了贡献。中国和金砖国家此举作为国际货币基金组织、世界银行以及亚洲开发银行等金融机构的补充，无意替代，也替代不了它们的作用。

中国已经成为全球第二大经济体和最大货物贸易国，外汇储备四万亿美元，占全球之首，然而在国际金融与货币体系里话语权还不够强。近年人民币清算额和贸易结算比例在迅速增加，国际化步伐加快，但总体受制于美元主导的全球金融体系局面未变，大宗商品价格和金融风险有增无减。其他发展中国家面临同样的严峻挑战，都在思考如何改革国际、区域金融治理机制问题。

近年来，中国金融外交的大手笔当属作为发展中大国在二十国集团峰会中的杰出表现。中国由此进入全球经济治理核心圈，话语权有所扩大。

在国际金融领域，中国有两大举措值得关注：一是建立金砖国家开发银行和亚洲基础设施投资银行等金融机构；二是扩大双边货币互换的范围和规模，截至 2014 年 5 月底已与 23 个国家和地区签订本币互换协议，金额达 2.567 万亿元。这两方面的重大进展充分体现了中国负责任大国的担当和作为。

中国从亚洲国家利益出发倡导建立亚洲基础设施银行。亚洲基础设施银行资本金为 500 亿美元，将来可能提高到 1000 亿。这将与亚洲开发银行 1650 亿美元的资金规模相差无几。亚洲特别是东亚作为全球经济增长最快的地区，金融体系被美元"绑架"，汇率、资金风险增大。不少国家积累巨额外汇储备用作抵御金融风险的"防波堤"。亚洲国家建立自己的金融机构，保持亚洲经济和金融稳定，已达成共识。中国作为亚洲大国责无旁贷。

除中国、日本、韩国、新加坡等国外，亚洲基础设施状况滞后于其他地区。据亚洲开发银行预计，到 2020 年，亚洲基础设施投资需要 8 万亿美元。目前亚行每年基础设施项目贷款仅 100 亿美元。亚行和世行资金远不能满足亚洲基础设施开发需求。

亚行问题还在于日本和美国是最大股东，分别持股 15.7%、15.6%。1966 年成立后，亚行一直由日本人担任行长。中国在亚行的股份仅 5.5%，与中国经济体量根本不相称。

金砖国家成立开发银行和中国与周边国家等建立亚洲基础设施投资银行引起广泛关注，美国和西方国家对中国在国际金融领域的举措更是"关心"。为维护在亚洲经济和全球的美元主导地位，美国对中国建立亚洲基础设施投资银行的倡议颇有"醋意"，已向韩国施压，要求韩国不参与。

美元体系包括美联储、华尔街、国际货币基金组织等，在国际金融领域地位强势。发展中国家想改变世界金融格局，需要突破制度性障碍。建立金砖国家银行、应急储备安排和亚洲基础设施投资银行是十分关键的步骤。以金砖国家银行为例，它将增强金砖国家在国际货币体系中的分量和话语权，主要体现在以下方面。

首先可以在国际结算中推动人民币、卢布等金砖国家货币国际化，减少对美元、欧元的依赖，以本币为主的贸易结算方式可以化解美元作为单一结算货币的风险，增加金砖国家抵抗西方国家债务货币化、损害债权国利益风险的能力。

2003年至2011年，中国和金砖国家贸易额从365亿美元增长到2828亿美元。2008年起，中国是印度第一大贸易伙伴，印度是中国在南亚最大的市场。2009年中国成为巴西第一大贸易伙伴，巴西是中国第十大贸易伙伴。2010年中国成为俄罗斯第三大贸易伙伴。2009年南非成为中国在非洲的第二大贸易伙伴，中国是南非的第一大贸易伙伴。

其次，近年来西方经济大幅衰退，消费需求下降，使金砖国家出口导向型经济面临转型挑战。开展实体经济合作、拉动内需成为经济发展新引擎。金砖国家银行在本币支付和出口信贷上将帮助经济转型，为金砖国家扩大贸易合作保驾护航。

最后，金砖开发银行同亚洲基础设施投资银行一样，可以为金砖国家基础设施投资提供资金。巴西石油储备大多在边远乡村，基础设施落后阻碍石油出口规模。印度人口居全球第二，但低廉劳动力因基础设施落后而无法充分利用，外国直接投资长期低迷。俄罗斯远东大开发计划有赖于将能源运往中国、印度、韩国和日本。金砖国家银行将为巴西、印度和俄罗斯在上述领域提供资金支持。

为何近年来货币互换机制迅速发展？了解其背景有助于我们理解中国金融外交在这一领域取得重大进展的意义。

全球经济和贸易区域化、集团化日趋普遍使国际金融出现"货币互换网络"新趋势。一方面，美元作为国际储备货币绑架各国金融，许多国家中央银行纷纷寻求货币互换的"避风港"，希望减少对美元的依赖。另一方面，美国在金融危机期间向盟国提供美元流动性，把他们与美元体系紧紧捆绑在一起。美、欧、日、英、加、瑞士央行达成六国长期货币互换协议，使美联储成为事实上的最后贷款人。金融危机期间美联储通过货币互换机制，为欧洲和日本央行等提供近6000亿美元的流动性。

以美元为中心的货币互换机制长期化表明，美正在构建应对新兴经济体货币崛起的新货币联盟。它是以美联储为中心、主要发达经济体央行参与的排他性超级国际储备货币供求网络。这种货币互换不仅涉及货币流动，更关系到发达国家的汇率安排以及宏观经济政策协调。

日本也已抛弃亚洲清迈货币互换协议以及建设东亚外汇储备库地区合作机制，重回货币单边路线。标志是日本与印尼、菲律宾扩容双边货币互换，并重启与新加坡、泰国、马来西亚双边货币互换。

中国不断扩大双边货币互换的规模体现了共同发展原则和命运共同体意识，也是推动世界金融格局更加公平、公正的重要举措。

还有一点很重要，中国推动改革全球金融治理机制，并不排斥国际金融机构，相反希望加强与其的联系。2009年，中国在二十国集团框架内率先决定购买不超过500亿美元的国际货币基金组织债券，以弥补其应对危机资源的不足。2012年，中国又向国际货币基金组织新增资源承诺430亿美元。

全球经济治理机制和体系改革的重点之一是金融治理机制改革。要实现更加公平、公正、合理的金融治理有很长的路要走。我们要为中国的努力加油，为金砖国家的努力加油，为发展中国家的努力加油！

转移过剩产能的双赢之路

美国学者阿尔珀特最近在《供应过剩的时代》一书中尖锐地提出，当今全球经济最大的挑战是克服生产能力、劳动力、资金供应在全球范围供应过剩的问题。其实，资本主义周期性经济危机的实质就是生产过剩，计划经济也会出现这个问题，它是带有普遍性、规律性的经济现象。中国经济在过去30年快速发展的过程中也积累了不少过剩的生产能力，如何稳妥地处理这一经济发展中产生的难题，不仅将直接关系中国经济的走向，也会对区域和全球经济产生重大影响。

近几十年全球化快速发展带来了全球经济分工的细化，即美国和欧洲国家成为全球的主要市场，俄罗斯、巴西、加拿大、澳大利亚及中东、非洲和拉美等资源富集的国家主要提供能源资源，全球制造业则向中国等新兴市场国家集中，形成了全球经济三极分工合作的局面，促进了全球经济的增长和繁荣。

2008年金融危机是经济全球化的分水岭。金融危机暴露了上述全球经济分工布局的内在矛盾，使全球经济失衡凸显。对经济全球化的反思促使各国对全球化采取"有选择性"的开放态度。各国对资本流动采取更多的直接和间接的控制，连历来主张资本开放的国际货币基金组织近来也认可适当控制资本流动的必要性。同时全球贸易投资壁垒和非壁垒措施大大增加。据统计，尽管二十国集团领导人宣言多次表示反对贸易和投资保护主义，但自2009年以来该集团国家新增贸易保护主义措施超过400项。西方发达国家举债消费、债台高筑的经济发展模式难以为继，开始减少进口，削减开支，进行结构性经济调整，同时随着知识经济的发展，如3D打印机的迅速崛起，以及新兴市场国家劳动力成本的提高，西方国家"再工业化"政策初见成效，部分制造业回流本土。资源出口型国家受经济周期影响大，试图实行经济多样化。以制造业和出口导向型经济为主的新兴市场国家也在努力调整经济增长模式，积极发展服务业等消费行业，提高国内消费占国内生产总值的比重，以使经济增长更趋平衡、合理，并更加绿色，减少对环境和生态的污染和破坏。

就中国而言，其产能过剩问题确已到了非解决不可的地步。仅以钢铁、电动汽车和电力为例，2002年中国钢铁产能为1.8亿吨，到2012年底已逾9亿吨。据说现在每吨钢铁的利润已不到5毛钱。这些年电动汽车一直未能真正普及，目前我国库存量逾2300万台。我国电力总装配量是10万千瓦时，但2013年总的用电量不会超过5.2万千瓦时，过剩接近100%。中国的船舶制造、电解铝产业情况都类似，产能严重过剩。

中国共产党十八届三中全会召开在即。中国政府最近出台了多项化解过剩产能的严厉措施，可见新一届政府统筹稳增长、调结构、促转型，打造中国经济升级版的坚定决心和强大意愿。对化解过剩产能的各项措施，除消化、整合、淘汰以外，很重要的一个方面是增强中国企业的国际竞争力和跨国经营能力，向需要这些产品和技术的国家，特别是发展中国家转移。过剩产能对中国也许是包袱，是负担，但是对其他发展中国家来说，很可能就是他们经济发展急需的技术和生产能力，而且潜在的市场很大。过去不少发达国家经济发展过程中在应对产能过剩问题时，都是走的这条道路。而中国改革开放初期在沿海地区出现的大批来料加工企业不少就是发达国家过剩产业的"接力棒"。

全球制造产业链的形成和信息技术的迅猛发展使各国经济更加紧密地联系在一起。现在产能转移的可能性和有利条件比过去又有很大的进步。中国企业要结合"走出去"战略，深入研究其他发展中国家，尤其是周边邻国的实际情况和市场潜力，周密计划，大胆进取，把适合他国的产能、技术成规模地转移出去。记得发展经济学中就有"适合的技术"这个概念，讲的是援助发展中国家的技术要适合这些国家的发展水平，要对路，对方要有能力和潜力来承接、消化。

习近平主席最近访问东南亚、中西亚国家时提出，要与邻国一起建立"海上丝绸之路"和"丝绸之路经济带"，走共同发展、共同富裕的睦邻、富邻道路。这其中就蕴含了许多企业可以转移既是过剩产能又是适合技术产能的巨大机会。从国家层面来讲，政府还可以结合对外援助和其他配套措施来有计划、有步骤地推动企业向境外进行有序的产能转移。当前全球化进入了一个反思、调整，再向前进的新阶段，中国企业要乘风破浪，抓住机遇，在国际竞争中做大做强，实现双赢。

再论产能过剩与中国"走出去"战略

  中国共产党十八届三中全会提出了中国全面深化改革的思路和路线图，其中让市场在资源配置中发挥决定性作用十分关键。这对解决中国国内不少产业产能严重过剩问题和中国企业"走出去"战略的成功实施，以及两者的有机结合，以促进中国经济发展方式的转变有着重要的现实指导意义。

  中国经济与世界经济进入深度调整期是中国工业部门目前面临严重产能过剩的最主要原因。受国际金融、经济危机持续发酵的深层次影响，美欧等发达国家市场持续低迷，同时中国国内市场增速趋缓，凸显中国部分产业供过于求的矛盾，即人们通常所说的产能过剩。而且这次产能过剩因为其产生原因的复杂和深刻，如许多传统重工业产品需求已到峰值、投资对于工业增长拉动效力逐步减弱、产业政策存在缺陷、地方恶性竞争等，将呈现长期性、全面性的特征，解决起来并非易事，需要通盘考虑和长期规划。

  中国现阶段产能过剩主要表现在高能耗、高排放的传统制造业。由于改革开放的历史条件等因素，这一行业曾对中国的经济积累和发展有过重要贡献，而现在国情、世情都发生了重大变化。以 2012 年为例，中国钢铁、水泥、电解铝、平板玻璃、船舶产能利用率当年年底分别为 72%、73.7%、71.9%、73.1% 和 75%，导致行业利润大幅下滑，企业负债累累，经营十分困难。如继续下去，将不可避免地出现银行不良资产增加、生态环境恶化、企业倒闭等严重问题，不仅迟滞经济发展方式转变和民生改善，甚至会影响社会稳定大局。

  在党的十八大和三中全会精神指导下，中国政府对解决产能过剩已经提出了全面、有力的解决思路，其中十分重要的就是，结合中国发展战略、外交大局和企业走出去的总体思路，积极拓展经济对外发展空间，让产能过剩也"走出去"，把挑战变成机遇，推动全球贸易和投资的良性循环。同时让中国的发展"红利"惠及广大发展中国家，走共同富裕、共同发展的道路。

这条道路要走得好、走得稳，需要统筹协调、金融配套、技术合作，兼顾多方利益，以构建各国利益和命运共同体，还需要有积极的创新精神，敢于探索，敢于尝试。下面从几个方面来分析在企业走出去过程中来化解产能过剩的可能性和可行性。

首先看中国的周边地区，它对中国的外交和经济发展而言都是战略依托，需要优先考虑。据中金公司报告称，未来若干年东南亚基础设施建设将蓬勃兴起。2011年以来印度尼西亚、泰国等先后公布基建中长期规划，预计2011～2020年东南亚地区基建投资规模将达1.5万亿美元。中国企业在高铁、公路、港口、能源建设等方面有明显优势。中国领导人在访问东盟国家时明确表示，中国政府十分重视与东盟国家的经济合作，实现互联互通，将积极鼓励中国企业走出去并将予以政策和资金上的支持。中国企业与东盟国家开展基础设施建设的合作利在双方。对中国和中国企业来讲，短期会得益于基建出口，中期将从基建带动贸易获益，长期收益来自东盟国家经济起飞后消费能力的释放。东盟国家的经济发展自然将在互利基础上得到巨大的推动力量。

其次就钢铁产业而言，全球钢铁产业发展很不均衡，东南亚、中亚、非洲等地钢铁的市场空间依然巨大。中国企业可以根据中国领导人提出的建设丝绸之路经济带和海上丝绸之路的重要战略构想，抓住中非合作、中国东盟自贸区升级等发展机遇，加强与中亚、东南亚和非洲各国的沟通与合作，以基础设施建设为切入点，采取援建、合资、建立境外加工和分销中心等有效模式，推动钢铁产业走向世界。

再举化工产业磷肥的例子。各国资源禀赋、经济发展阶段、生产力发展水平不同，一国的过剩在其他地区看就不是过剩。2009年中国年产磷肥1386万吨，确实可能多了些，但是越南、菲律宾等东南亚国家却缺乏磷矿资源，中国的出口成本又有优势，一下子互利互补性就显现出来了。不管是出口还是别的就近加工，这方面的过剩能力很可能就被轻而易举地消化了。这样的例子不仅限于磷肥。

又看船舶行业，全球需求现在大约是 8 亿吨，而中国的造船生产能力有 12 亿吨，是过剩了。怎么办呢？根据《"十二五"后三年船舶工业行动计划》，中国将支持有条件的造船企业开展海外并购。这就给企业指明了向外发展的方向，不是简单的压缩产能，而是可以通过收购、并购、合资等方式走出去，着眼长远，充分利用国际资源，把国内资金与海外技术相结合，趁势做大、做强，打造全产业链的跨国造船企业。

现在把眼光投向非洲。非洲大陆是 21 世纪世界经济发展的沃土和希望。非洲很多国家过去五年经济增长率平均达到 5%，很吸引眼球，预计今后五年仍将以这一速度发展，大批新的消费群体正在非洲各国形成。不少国家已经开始大量投资非洲。除了中国在基础设施建设方面的优势，中国的消费品质优价廉，尤其是在电子、纺织、建材等行业有很强的竞争力，又有中非合作基金等政府的配套支持，加上中国和非洲长期的友好合作，中国企业在非洲投资、合资的机会比比皆是。非洲的投资环境近年来已有很大改善，除自然禀赋优越以外，政策和法制等都在健全、完善。

最后看金融配套措施。最近，中国银监会要求银行在绿色信贷、支持扩大有效需求、支持企业走出去、支持企业兼并重组、加大退出保全力度、实施好差别化监管政策六大方面推进化解产能过剩。在支持企业走出去方面，银监会要求银行通过积极发展内保外贷、外汇及人民币贷款、贸易融资、国际保理等综合金融服务，支持企业对外承包工程，扩大对外投资合作，带动国内技术、装备、产品、标准和服务的出口，以有序地向境外转移过剩产能。

可见是"万事俱备、只欠东风"了！这个东风就是要企业（国企、民企机会平等）迅速行动起来，深入研究国内、国外两方面的情况，"量身定制"自己的走出去方案，还可联手共进，组成"联合舰队"，争取尽早取得对中国、对投资国互利共赢的结果。

Resolving China's Industrial Over-capacity and Her Go-out Strategy

The recent Third Plenum of the Communist Party of China has outlined the strategy and road-map for comprehensive and deepening reforms to meet pressing challenges. One such challenge is to resolve China's industrial over-capacity and successfully implement the "go-out" strategy for Chinese enterprises. The answer is to combine the two elements to create a new thrust in the metamorphosis of China's economic development.

The direct cause of the industrial over-capacity is that China's economy is undergoing fundamental readjustments versus the global economy. With ensuing knock-on effects of the global financial and economic crises manifesting in the economic stagnation of advanced nations coupled with slow-down in China's domestic demand, China's industrial over-capacity accumulated over the past several decades has been brought into sharp relief.

This phase of over-capacity will be long and painful to overcome. Many factors are at work such as peaking of demand for traditional heavy industrial goods, decreasing returns for industrial and infrastructural investments, deficiency in industrial policies and vicious regional competitions.

China's over-capacity is mainly demonstrated in traditional manufacturing sector that is both energy-intensive and highly polluting. Take 2012 for example, China's production-to-capacity ratios in iron-and-steel, cement, aluminum, flatpane glass and ship-building are respectively 72% , 73. 7% , 71. 9% , 73. 1% and 75%. This has resulted in steep profit-slide, accumulation of debt and near bank-ruptcy for many companies. If left unchecked, it could lead to piling-up of bad loans for banks, deteriorating eco-system and total bankruptcy of whole sectors of industries that in turn will impact the transformation of economic growth models and improvement of people's livelihood and even destabilize the society as a whole.

The Chinese government, guided by the principle laid out at the Third ple-num, has put forward guidelines for its resolution. The most important is to turn the challenge into opportunity by "moving out" this over-capacity on the basis of China's developmental strategy, her foreign policy and "go-out" plan for enterpri-ses. In so doing China will contribute to greater global trade and investment so as to share her developmental dividends with other developing nations for common prosperity.

To make it a success, China needs to take a coordinated, innovative and co-operative approach to produce synergy of common interests for the countries con-cerned. The following are some suggestions for this endeavor.

1. China's neighborhood. According to a China Financial Corporation report, the next few years will witness booming infrastructure construction in South-East A-sia with Indonesia, Thailand and others having publicized their mid-to-long-term plans. The total investment is projected at 1. 5 trillion US $ between 2011 and 2020. Chinese companies enjoy advantages in high-speed railway, highway, ports construction and energy production. Moreover China attaches importance to its eco-nomic connectivity with ASEAN and has promised policy and financial support to Chinese companies. It will benefit both ASEAN and China if this strategy is suc-cessfully implemented. In short term benefits will be derived from infrastructure construction. Median term benefits will accrue from expanded opportunities of trade. Long term dividends will be reaped from greater economic growth based on sound infrastructure in ASEAN countries.

2. Iron and steel. The imbalance in global capacity distribution exists in juxta-position with huge market potentials in South-East Asia, Central Asia and Africa. Chinese companies must seize the opportunities opened by the declared policy of

China to build "new silk road on the sea" and "economic belt of the silk road" by joining the China-Africa Cooperation Initiative and Upgrading China-ASEAN FTA with the provision of assistance, setting up joint ventures, processing and distribution zones. Iron and steel is indispensible in infrastructure building.

3. Chemical industry with phosphate fertilizer for instance. One country's over-capacity can be another's necessity based on different natural endowments and levels of economic development. In 2009, China produced 13.86m tons of phosphate fertilizer. That may be too much for domestic consumption. Meanwhile Vietnam and the Philippines are insufficient in their supply of phosphate. No one will miss the whole picture where China and its neighbors are mutually complimentary in the supply and demand of phosphate fertilizer. The over-capacity can be absorbed at one stroke that benefits all.

4. Ship-building. The current global demand is 800m tonnages while China has 1.2b production capacity. No doubt there is some over-capacity. "Post-'12th-Five-Year-Plan' Three-year Action Plan for Ship-building Industry" says that China supports qualified companies for overseas merge and acquisitions. It shows the way out for Chinese ship-builders to engage in overseas M&A, joint venture and direct purchase so as to become giant companies that span both up-stream and down-stream in ship-building.

5. African Continent. It is the most promising continent for world economic growth in the 21st century. Many African countries scored economic growth around 5% in the last 5 years and this trend is expected to continue. Such stellar performance has attracted the global attention and investments. Large chunks of African population have emerged as middle-income consumption groups. China, in addition to her advantage in infrastructure construction, is strong in producing consumer goods such as electronics, textiles and others. Her position is reinforced by the government's offer of financial support provided in China-Africa Cooperation Fund as well as her long years of friendly relations with Africa. It is also notable that Africa has been improving its policy and legal environment over the years.

6. Finally the measures by China's financial sector to smooth the orderly transfer of over-capacity overseas. The China Bank Supervisory Commission has issued

directives for Chinese banks to assist in addressing over-capacity by following measure: expand green credit, support efficient expansion of demand, support "go-out" strategy, support overseas M&A, implement differentiated supervisory policy etc. In concrete terms banks are asked to give out-going companies domestic insurance and overseas credit, more credit both in RMB and foreign exchanges, trade finance and international insurance as appropriate, thus also facilitating export of Chinese equipments, products and services together with Chinese standards.

Now is the time for Chinese enterprises both state-owned and private to act without delay. It is highly desirable for them to closely study the investment environment abroad and favorable domestic policies so that the right plans can be made to fit themselves. It is also conceivable to join hands in "going out" for better results. A better "win-win" future awaits us!

世界能源格局变化和中国面临的选择

国际媒体最近报道较多两件事值得我们密切关注。一是世界能源格局的变化，石油的需求和供应将发生历史性的转折；二是中国环境的恶化及中国政府强大的应对之策。

人类利用石油大概始于6000年以前的中东地区，人们用这种黑色的液体涂在船上防水，但石油真正的开采始于1859年美国宾夕法尼亚州的油井。此后，石油被广泛用于各行各业，但2/3用于驱动汽车、飞机和舰船。据国际能源署预测，现在全球每天消耗原油8900万桶，到2030年将达1.04亿桶/天。最新报告显示，全球石油消费量占能源总消耗量的33%，煤炭占30%，天然气占24%，核电和水电各占5%~6%，其他可再生能源为1.6%。

因此，人们普遍担心的问题是，石油资源何时将枯竭？能源危机这把达摩克斯之剑天天悬在我们的头上。最近有不少专家分析指出，石油消耗的"峰值"将终于来临。而且这一"峰值"的说法并非空穴来风，因为它不是以石油供应为依据，也就是说与石油可能的枯竭关系不大，而是从全球对石油的需求来分析，认为世界石油总需求将在数年内趋于平稳，且可能会下降。主要原因有两个：一，水平井和分段压裂等新技术革命带来的页岩气广泛开采和利用；二，汽车工业尤其是发动机技术的更新换代，包括电动汽车和油气混合汽车的使用，每年将节约2.5%的能源。这两项将使全球石油需求在今后若干年内稳定在每天9200万桶左右。

中国政府在今后5年将投入2750亿美元用于改进全国的空气质量。这一大手笔立刻引起全世界的高度关注。《经济学家》杂志称之为："即使用中国的标准来衡量也是一笔巨额资金！"同时，西方媒体关于中国环境恶化的报道也是铺天盖地，不少还引用中国社会科学院等权威部门发布的数据。譬如，中国经济发展每年要消耗全球 40%～45% 的煤、铜、钢铁、镍、铝、锌等矿产资源。自 1990 年至今，中国的二氧化碳排放量从每年 20 亿吨增加到 90 亿吨，占全球排放量的近 30%。由此带来的环境污染触目惊心：全国 10% 的农田被化学原料和重金属污染；全国近一半城市供水不适合人饮用。

这两方面的报道没有内在的联系，然而能源安全和环境改善关乎我们每个人的生存和生活质量，也是中国建设生态文明社会的关键性要素，中国政府高度重视，老百姓十分关心。那么，我们可以从这些报道和趋势中得到什么样的有益启示呢？

首先，从地缘政治的角度看，中国对石油进口的依存度逐年提高，早已超过 55%，而且对中东地区的石油进口比例很大。目前埃及局势急剧动荡，濒临内战边缘。叙利亚内乱已持续两年多，未见消停迹象。西亚北非地区短期内政治经济形势难以恢复稳定。这一局势的发展不仅对中国外交是个考验，对中国石油的长期、可靠供应更是一个大的难题。与此相比较，美国从中东进口石油却在不断减少。更值得关注的是，自 1821 年钻探出第一口页岩气井以来，经过漫长、艰难的积累和技术攻关过程，其终于在 2005 年开始大规模商业开采。2011 年，美国的页岩气产量达 1820 亿立方米。21 世纪美国的页岩气革命，不仅满足了美国国内大幅增长的天然气消费需求，极大推进了美国的能源独立，更改变了世界天然气市场格局，将从根本上扭转全球能源供给关系。能源供应的逐步自立使美国在中东的战略缓冲和回旋空间增加，美国经济复苏的动力大大加强。这样的战略趋势值得我们深思。

从全球经济的视角来观察，能源格局的变化将深刻影响各国制造业的发展和全球贸易格局的演变。美国能源结构的改变，特别是页岩气的广泛应用，降低了能源价格，已经拯救了美国的化工等行业，加上中国等发展中国家劳动力成本的提高，将使美国的制造业，尤其是高端制造业，进一步占据竞争优势。可以肯定，美国制造业的回流今后几年将大为加速，而中国对美的机械、化工等出口将会面临更大的压力。如果美国决定加大对欧洲和日本等国家的能源出口，将打压世界能源，尤其是天然气的价格，全球制造业布局以及制成品进出口格局将会面临更深远的调整。我们必须未雨绸缪，早做准备。

　　中国整治环境污染、走生态文明的科学发展道路深得人心。这也是转变经济发展方式的题中应有之义。需要坚定不移、持之以恒、咬定青山不放松的决心和毅力。中国政府减少能耗的努力已经初见成效：过去五年，中国国民生产总值单元能耗已减少大约20%；其间二氧化碳排放量只有国民生产总值增速的50%；中国在可再生能源方面的投资已超过任何其他国家，规划中核能的发展也是全球第一。中国要发展，世界也需要中国的发展。我们的发展将更加科学、更加可持续。对此，中国人民充满信心。

中俄战略协作与互动牵动
全球格局的演变

中国和俄罗斯是全球性大国，同属金砖国家，又是联合国安全理事会常任理事国，两国的战略协作关系及其在全球性问题上密切的配合、互动将对全球力量对比和世界格局的演变产生重大影响。

俄罗斯亚欧一体化与中国的西进战略

中俄战略协作关系从地缘政治、经济角度看，首先体现在欧亚大陆的紧密连接。2013 年 9 月，习近平主席访问哈萨克斯坦时提出建设"丝绸之路经济带"，凸显中国西进战略的重要性及其与俄罗斯亚欧一体化的重合和默契。

"丝绸之路经济带"横贯欧亚大陆，是由铁路、公路、航空、海运、管道、通信光缆等基础设施互联互通的多层面、现代化经济大通道。这条世界上最长、最具发展潜力的经济大走廊东连亚太经济圈，西系欧洲经济圈，穿越亚欧 18 个国家，总面积约 5000 万平方公里，覆盖人口约 30 亿，区域内能源、矿产、旅游、文化和农业资源丰厚，市场规模和潜力独一无二。俄罗斯地处欧亚大陆腹地，是中国推动"一带一路"建设的重要伙伴，欧亚大陆的经济发展潜力尚未充分挖掘，中俄贸易投资合作发展空间很大。

具体而言，俄是中国石油和天然气供应国。"一带一路"将带动中俄在原油、天然气、输油管道、合资炼油厂、交通等资源能源和基础设施建设领域的大项目合作，实现两国产业优势互补，推动区域经济合作。

中国正在建设中巴铁路以连接印度洋与沿线各国，建设中巴伊铁路直达地中海，建设中俄英高铁大动脉纵贯亚欧大陆。习近平主席并就建设丝绸之路经济带的政治主张明确指出，中国要与中亚各国做好朋友、好邻居、好伙伴，但不干涉对方国家内政，不谋求地区事务主导权，不经营势力范围。中方"一带一路"旨在各国平等参与、互利互惠，与欧亚国家推动区域政治、经济一体化方向一致，互补性很强。

中国支持俄罗斯倡导的亚欧一体化计划，认为这与中国倡议的"一带一路"异曲同工，双方可以借此加强、拓展政治、经济、军事、资源领域的全面、深入合作。

在刚刚过去的索契冬奥会期间，习近平主席向普京总统表示，欢迎俄罗斯参与丝绸之路经济带和海上丝绸之路建设，使之成为两国全面战略协作伙伴关系发展的新平台。

普京表示，俄积极响应中国倡议，愿将俄跨欧亚铁路与"一带一路"对接，以创造更大效益。普京此前表示，俄罗斯将始终不渝地推进欧亚一体化。俄白哈三国统一经济空间已经启动。成立关税同盟和统一经济空间将为形成欧亚联盟奠定基础。

中俄合作有利于地区稳定，应对强权政治之挑战

中俄领导人经常见面，战略磋商与沟通频繁，加深了相互信任，有助于推动两国在全球层面的合作，引领世界多极化的发展。2013 年 12 月普京发表国情咨文后，俄外交部长拉夫罗夫就主动与中国外长沟通。最近在西方国家元首集体"缺席"的情况下，习近平主席新春伊始就参加索契冬奥会开幕式，与就职后出访首站选择俄罗斯相呼应，展示双方信任，表明中俄关系已进入全方位良性互动的新阶段。这对推进中俄战略协作伙伴关系，建立更加公平、公正的国际秩序，有力推动多极化进程，打破强权政治以及一些国家企图对中俄实施战略围堵有重要意义。

中俄都倡导建立多极世界，外交和战略目标一致。中国多次强调永不称霸，主张世界上的事情由各国协商解决，坚决反对强权政治，希望多种文明相互学习借鉴、兼容并蓄，反对用一种文明去诋毁另种一文明，各国

人民有权选择自己的发展道路和社会制度。

普京在国情咨文中阐明，俄不寻求获得超级强国的称号，不图谋他人的利益，也不强制别国接受俄保护，但俄将捍卫国际法，敦促尊重国家主权、独立和人民独特性。

大国合作的核心是相互信任。作为安理会常任理事国，中俄近年来在利比亚、叙利亚、伊朗等重大国际和地区问题上密切合作，捍卫《联合国宪章》的宗旨和原则以及国际法基本准则，维护国际和地区和平与安全。两国在安理会投票立场基本趋同。

中俄在国际事务中全面合作给世界多极化增添了动力和正能量。两国最近为参与销毁叙利亚化武联合护航行动密切合作，乃拓展国际战略协作的创新之举，也是两国军队除军事演习外首次在现实危机中一起履行使命。在索契，习近平主席和普京总统分别与两国参加叙化武海运联合护航的中俄军舰舰长视频通话，这一安排彰显两国的合作深度。

多年来，中俄不仅是全球利益共同体，并在核心利益上相互支持，上海合作组织就是突出的例子。1996 年 4 月，中俄与哈萨克斯坦、吉尔吉斯斯坦、塔吉克斯坦三国元首在上海举行会晤，建立上海合作组织前身——"上海五国"会晤机制。2001 年 6 月，乌兹别克斯坦加入，上海合作组织正式成立。此后，中俄在上合组织框架内的合作不断拓展。

俄方多次重申，台湾和西藏是中国不可分割的一部分，俄涉台、涉藏问题的原则立场不会改变，支持两岸关系和平发展和中国和平统一大业。中方表示支持俄方维护高加索地区的和平与稳定。双方在维护两国主权和领土完整问题上相互支持对两国关系和战略互信十分重要。20 世纪 90 年代中期以来，中俄军事技术合作发展迅速，中国已成为俄军事装备出口的最大客户，年均销售额达 20 亿美元。去年 3 月中俄签署重大军售框架协议，决定合作建造 4 搜"拉达"级 AIP 潜艇。中国向俄采购 24 架苏 35 战机。双方军事合作不断深化，也体现出两国高度的政治和军事互信。

中俄经济互补性强惠及两国人民

中俄密切的政治关系为两国经济和贸易发展奠定了扎实基础。中俄致力于加强全面战略协作伙伴关系，两国经贸合作空间扩大。目前中俄年贸易额已达 870 亿美元，并按计划向 1000 亿美元迈进，加上日趋活跃的边境贸易，已经给两国人民带来实实在在的利益。中国连续 4 年成为俄罗斯最大贸易伙伴，俄一直是中国排名前 10 位的贸易伙伴。

中俄除了在"一带一路"上合作前景广阔，在俄远东地区与中俄边境地区的经济融合与合作也潜力巨大。俄总理梅德韦杰夫提出，要借鉴中国经验成立远东经济特区，将大型公司搬迁到远东，拉近与中国合作伙伴的距离。据俄专家研究，中国有近 400 个开发区，产值占全国 GDP 的 20%，出口占 60%，吸引外国直接投资占 46%。俄罗斯远东经济区则是俄最大的经济区，包括萨哈共和国、犹太自治州、楚科奇自治区、科里亚克自治区、滨海边疆区等，资源十分丰富，有石煤、褐煤、石油、天然气、锡、石墨、铁、锰矿和森林资源及毛皮。俄政府将参照中国模式，制定远东地区跨越式发展规划，很可能会有数百个经济发展区应运而生。

作为世界主要石油消费国和生产国，中俄原油合作互补性强。当前俄欧洲市场需求萎缩，而中国对石油等传统能源仍有巨大需求。俄将在目前中俄原油管道（东线）1500 万吨/年输油量的基础上逐年向中国增供原油，到 2018 年达 3000 万吨/年，俄还承诺在中俄合资天津炼油厂建成投运后，每年向其供应 910 万吨原油。2008 年中俄建立副总理级能源谈判机制，两国原油管道 2011 年 1 月投入运营，标志着中国东北方向原油进口战略要道贯通。俄方 20 年内将由该管道对华供油 3 亿吨。中国近八成石油进口需通过马六甲海峡，海上运输风险大，而陆上管道运输有利于石油供应的稳定性，也进一步拉动中俄能源的贸易需求。

在电力领域，中俄 75 万千瓦 500 千伏直流背靠背输电工程 2012 年底开工建设，双方签署 25 年长期合同。2012 年俄通过 500 千瓦输电线向中国输电 26 亿千瓦时，2013 年输电量将达 36 亿千瓦时，极大缓解中国东北的用电紧张。在煤炭领域，2012 年中国从俄进口优质煤炭近 2000 万吨，双方还有煤炭资源一体化开发、煤制油等一系列合作。中俄如顺利地结合各自产业比较优势，衔接上下游产业链，将大大提高中俄贸易额。

中俄领导人就两国经贸发展有共识，即促进双边贸易额 2015 年前达到 1000 亿美元、2020 年前达到 2000 亿美元。普京总统最近在会晤习近平主席时表示，俄对实现 2015 年双边贸易额达到 1000 亿美元充满信心。

中俄战略协作关系的深化既是对中国倡导的建立新型大国关系的实践，

也是双方对新国际秩序的贡献，同时说明：中俄关系经得起任何考验，不会因为其他国家或其他因素而动摇两国合作的根基；中俄战略协作伙伴关系全面、深入，不仅在政治、经济、安全领域发展快，在人文、体育等方面的软实力合作也日益充满活力；中俄与其他新兴国家代表新的国际力量和不同于西方的话语体系，共同推动多极化发展。

中国设立防空识别区与东亚安全

　　11月23日，中国政府发布了关于设立东海防空识别区的声明，并公布了相关地理坐标和识别的规则。中国空军随后进行了首次巡逻。中国方面这项正常的保障国家主权安全的防御性措施却引起日本、美国等国的强烈反应，他们指责中国这样做"破坏地区稳定、没有必要"等，大有山雨欲来风满楼之势。

　　温故而知新。让我们先了解一下这件事情的历史背景。设立防空识别区始于二战后冷战初期，迄今全世界已有20多个国家和地区采取这一做法。防空识别区实质上是基于国防需要而建立的预警防空区域，为的是在不明航空器进入一国领空前，对航空器的性质做出准确无误的判断，以争取处理问题的时间，这样做既有利于保证国家的领空安全，又可避免因误判引发不必要的军事冲突。现有国际法理论上对各国设立防空识别区并无一定之规，既没有明确规定，也未明令禁止。然而将防空预警范围适当延伸至领空以外的区域，在外国航空器进入时采取识别、预警等防御性措施显然符合关于国家主权不可侵犯和各国有权保卫其领空不受侵犯等国际法原则。防空识别区最早是20世纪50年代初期由美国和加拿大创建的，发展到现在的规模，应该被称为一种已被广泛接受或认可的国际实践。

　　在东海设立防空识别区对中国来说是十分必要的。首先东海方向是中国的战略空中通道，航线密集，航路情况十分复杂。目前超低空、超高速、超远程、隐身化的巡航导弹、航空器，包括无人机等，已经不是什么新闻，而是可能对各国沿海防空安全构成实实在在威胁的东西。再则，打开中国地图就可以清楚地看到，东南沿海地区是中国经济高度发达、人口密集的地区。无论从国民经济的重要性还是保障国家和人民安全的层面出发，中国的海防空安全都早已呼唤东海防空识别区的建立。目前的问题是，一些国家把这件事情想歪了，"以小人之心度君子之腹"，把正当、正常的预警、防御措施看成是"破坏性"举动。在这方面日本和美国叫得最起劲。人们不禁要问，若果真如此，那么美国和日本很早就已设立的防空识别区一直延伸到中国的家门口，莫不成就是为了对付中国，想对中国动什么坏心思？

东亚作为全球经济增长的火车头，其安全自然大家都十分关心。那么东亚安全状况究竟如何？现在一说起危机和可能发生的军事冲突，人们就会想到东亚，提及中日之间的争议和矛盾，提到美国的"亚洲再平衡战略"。看来需要做些分析和讨论，看看问题究竟在哪儿，而解决问题的出路又在哪里？

首先是中日关系，它涉及全球第二、第三大经济体，中日又是亚洲大国和近邻，相互关系如何不仅对两国人民，而且对亚太乃至世界都十分重要。这几十年来中国实行改革开放，走和平发展的中国特色社会主义道路，各方面发展迅速，经济总量已超过日本，中日在全球化进程中的经济相互依赖性日益增强。中国领导人最近提到建设亚太命运共同体自然也包括日本。然而，近两年因日本方面在钓鱼岛问题上挑衅，两国政治关系冷却下来。受此影响，中日双边贸易迅速下降，2012年中日贸易额3294.5亿美元，同比下降3.9%，日本在与中国的贸易关系中退居第五位。2013年前10个月，中日贸易2559.8亿美元，同比再次下降7%。东亚地区的和平也受到"政治风寒"的冲击，不稳定和不确定性增大，引起人们的担忧。历史和现实深刻地昭示我们，东亚乃至亚洲要实现长期稳定与繁荣，离不开中国和日本良好的双边关系。换言之，中日关系的未来将决定东亚和亚洲的前景是美好的、积极向前的，还是"零和游戏"、停滞不前，甚至走向冲突。中国正在走和平发展的道路，而且作为国家的战略抉择将坚定不移地走下去，但是东亚地区的稳定与繁荣需要各方都走和平发展的道路，光靠中国一家的努力是不够的。"独木难支"，和衷才能共济，这话千真万确。在近两千年的历史长河中，中国的国力和军力一直强于日本，但却从未侵略、殖民过日本，相反自1868年日本明治维新以后近百年中，日本国力和军力一强就侵略和奴役亚洲国家包括中国。历史的教训是深刻、惨痛的。

再看美国的因素。美国自二战结束后其实根本就没有离开过亚洲，始终是东亚地区经济、政治和军事的主要因素。两岸问题久拖不决、朝鲜半岛持久分割、近期中日矛盾激化都与美国有千丝万缕的关系，美国的影子无处不在。所谓美国"重返亚洲"只是个伪命题，应该说是美国"更加重视亚洲"，尤其是东亚。美国一些精英们认为，进入21世纪以来美国全球战略错位，在伊拉克、阿富汗陷入"泥潭"太深，对亚洲重视不够，现在要对亚洲尤其是东亚加大投入，更多参与，因为东亚是全球发展的前沿和火车头，攸关美国重大的经济、政治、军事利益。美国军事实力超群，自然手中有啥就吆喝啥。于是美国以军事同盟、安全协作开道，巩固和加强与盟友尤其是与日本的紧密关系，拉拢一些东盟国家，试图在军事上建立多个"同心圆"架构。美国在中国设立东海防空识别区问题上的言行也进一步说明其军事上在亚洲拉帮结派的真实目的。美国经济上在亚太重新"划山头"、立规则，积极推进跨太平洋经济战略伙伴关系谈判（TPP），作为经济主要抓手和"利器"。这样两手并举，重拳出击，以巩固对地区的主导权。

　　中国有句古话，"勿以善小而不为，勿以恶小而为之"。这对处理东亚安全问题很有借鉴作用。中美都希望维护亚洲和东亚的安全和经济繁荣，双方的现实共同利益大于方方面面的分歧。如何处理好各种分歧、有效管控危机，相向而行，做大共同利益的"蛋糕"，对中美都具有重要的现实和战略意义。中日之间目前的矛盾和问题是现实存在的，也是日本方面挑起的。唯有正视现实和历史，以两国人民的根本利益为重，通过有效沟通、谈判，逐步降低紧张局势，为改善两国关系创造条件。

对外援助是外交战略的重要抓手

最近，美国在华盛顿召开与非洲国家领导人的峰会，承诺向非洲投资330亿美元，支持非洲的基础设施建设等。奥巴马在讲话中强调，美国增加对非洲合作并非只为非洲的资源，而是希望帮助非洲的发展。同时有报道说，中美有可能就非洲的基础设施建设进行合作。大国对外援助再次成为各国热议的问题。

对外援助是各国外交战略的重要组成部分，服务和服从于国家总体利益。同时，对外援助也是全球治理特别是作为联合国千年发展目标主要指标世界减贫的重要内容，大国对此都十分重视。

1970年，联合国大会通过决议，呼吁发达国家将其国民收入总值的0.7%用于对外援助。迄今仅有英国、挪威、瑞典、卢森堡和丹麦五国达到这一目标。

对外援助作为国家的战略性支出，在发展和巩固中国和发展中国家友谊、帮助他们发展经济和促进民生、推动双边经贸关系、维护中国国家安全和发展利益等方面发挥了不可或缺的作用。据最新统计，2010年至2012年，中国对外援助金额为893.4亿元。新中国成立以来，累计对外援助金额为3456.3亿元。

新中国成立后，不管是在国内困难时期还是经济发展较快的时候，中国坚持不懈地向发展中国家提供无私援助，始终不渝地为受援国着想，不附带任何政治条件。

从20世纪50年代开始，中国就开始对外援助。据经合组织统计，50年代初到60年代初，中国共向21个国家提供了约14.5亿美元援助，接受援助最多的是越南、朝鲜、柬埔寨、埃及和阿尔及利亚。1964 年，周恩来总理访问加纳时提出了著名的以"平等互利，尊重受援国的主权，绝不附带任何条件"为核心的对外援助"八项原则"。不附加任何条件从此成为中国的援外特色。闻名世界的坦赞铁路就是历史的见证。

对于中国的"无条件"援助，西方国家一直耿耿于怀，说什么的都有，"资助独裁政权"、"无视受援国的人权纪录"，这些年则指责中国在非洲"推行新殖民主义"。2006 年，时任世界银行行长沃尔福威茨公开批评中国在向非洲提供贷款时忽视当地的人权和环境状况。同年，英国外交大臣访非时将中国外援与英国的殖民行为相提并论。这完全是睁着眼睛说瞎话。连美国学者都认为，中国对外援助的"历史厚度和经验广度不亚于任何一种成熟的西方援助"。

事实胜于雄辩。中国对外援助最重要的贡献是减少贫困和自身发展道路的成功。中国在减少贫困上身体力行。按世界银行每天 1.25 美元标准，过去 30 多年来中国减少了 6 亿贫困人口，占全球减贫的 70% 以上。中国减贫的思想和实践为广大发展中国家减少和摆脱贫困提供了思路和路径。

不少发展中国家独立以后，真正的需求是希望通过中国的援助，能够成功借鉴中国的发展模式和经验，实现经济的独立和可持续发展。中国的经验究竟有哪些？主要就是：坚持改革开放；促进区域均衡发展；扶贫"授人以渔"；着眼于保障民生。中国对外援助中已经融入了自身发展成功的经验。中国商务部近年每年培训发展中国家官员 2 万多人次，培训主要内容包括国家经济发展战略、消除贫困战略以及农业农村发展规划等。同时中国始终强调，中国模式不能照搬照抄，要结合本国国情，制定适合自己的发展和减贫道路。

中国外交秉持"达则兼济天下"的共赢理念，希望中国的发展成果能惠及其他发展中国家人民，大家守望相助，促进南南合作。这充分体现了中国与广大发展中国家相互扶持、同舟共济的兄弟情谊。

中国对外援助不附带任何政治条件，不干涉受援国内政，充分尊重文明多样性和发展模式多样化，尊重受援国自主选择发展道路和发展模式的权利，缘于"道并行而不悖，物并育而不害"的中华文化思想传统和 50 年代确立的和平共处五项原则，也与中国长期遭受西方主导的国际体系排挤、欺负的痛苦经历有关。

从中国自身发展经验出发，民生始终是中国外援的重点，最不发达国家和其他低收入国家始终是重点国家。2010年至2012年，中国对外援助近50%投入受援国减贫、教育、卫生、体育文化等民生领域；超过61%的援助资金投向最不发达国家和其他低收入国家，支持当地经济社会发展。到2011年底，70%的中国投资集中在农业、制造业、金融服务业，矿业开采类仅占30%。这些事实充分表明，西方国家说中国搞"新殖民主义"就是抹黑、诋毁中国。

"合则强，孤则弱"。发展中国家相互帮助、共同发展的共识在全球化不断发展的今天日益深入人心。中国不会忘记，1972年是广大亚非拉国家一起发声，帮助中国恢复了在联合国的合法席位。中国也不会忘记，在过去联合国人权委员会里，每年都是发展中国家与中国站在一起，击败西方针对中国的所谓"人权提案"。新中国成立后，中国一直接受国际社会援助。这些援助不仅补充了中国经济建设所需的资金，更给中国带来了先进的设备、技术、管理经验和理念，促进了中国经济和技术的发展。

发展中国家始终是中国外交战略的根本，是中国外交的基础，也是中国对外援助的主要对象。这一点无论中国发展到什么水平，都不会改变。

国际发展援助的历史背景是，发达国家都有对发展中国家殖民的历史。殖民结束以后，发达国家有义务帮助原殖民地国家恢复经济、改善民生。但是西方国家往往在援助中附加各种政治条件。

举例看，1995年欧盟与非洲、加勒比和太平洋地区国家签署第四个《洛美协定》新议定书，把援助同受援国"人权与民主"挂钩。美国对外援助多数给了盟国，对发展中国家的援助常常与受援国的人权及安全问题挂钩，援助经费有时直接安排观察或协助受援国选举的费用，对干涉受援国内政毫不掩饰。

西方国际政治学者摩根索说："对外援助和外交、军事、宣传等政策并没有什么区别，它们都是国家'军械库'里的武器装备。"这一概况真是入木三分。美国对外援助就是如此。

二战后美国通过"马歇尔计划"实现欧洲复兴。冷战结束后，美国削减对外援助。90年代，美国援助总量下降甚至激起发展中国家的强烈反应，有人发起"Just 1%"活动，揭露美国国际援助只占联邦预算1%还不到。

最初日本将政府对外援助作为对亚洲国家进行战后赔偿、修复关系的途径，较少附加政治条件。现在日本已打破外援"不能用于军事用途"的限制，使其进一步成为政治、军事战略的筹码。

欧盟是全球发展援助项目的最大出资方，全球约一半发展援助项目由欧盟及其成员提供。但是西方的援助往往以新自由主义思想为指引，强迫受援国接受西方"华盛顿模式"的经济政策。以80年代为例，西方不少援外工程和项目因此荒废，给受援国带来沉重债务负担，使许多非洲、拉美国家陷入长期贫困。赞比亚经济学家莫约指出："西方对非援助在1970年到1998年间达到顶峰，同期非洲贫困率从11%上升至难以置信的66%。"西方"对民主制的痴迷"十分有害，根本无视亚非拉国家的现实，造成的危害至今难以彻底消除。

中国国家主席习近平去年3月访问非洲时提出"真""实""亲""诚"的合作理念，并表示中方已经并将继续同非洲国家一道，采取切实措施，妥善解决中非经贸合作中存在的问题，使非洲国家从合作中更多受益。截至2012年，中国对非直接投资存量近200亿美元。2010年至2012年，中国对外援助约144亿美元中的51.8%用在非洲。

与此同时，随着中国全球大国地位的提升，中国外援正在成为整个多边发展援助的组成部分，为积极参与解决贫困与发展、环境保护、气候变化和可持续发展等问题的全球治理作出重要贡献。

国际援助体系多元化带来整个国际发展合作的多极化，发达国家主导的"南北"发展援助模式不再。南南合作成为国际援助的主要内容。联合国开发署署长克拉克指出，"南方国家因为经验接近从而使得南南合作天然具备更能解决发展问题的优势"。

以中国支持与东盟多层次区域合作为例。中国多渠道提供资金，支持东盟在区域合作中发挥主导作用。2010年至2012年，中国连续宣布援助举措，重点援建一大批工农业生产和基础设施项目，助推东盟国家经济发展。2010年以来，中国加大实施"中国—东盟粮食综合生产能力提升行动计划"，与东盟共同建设农作物优良品种试验站20个，示范推广面积达100万公顷；在东盟新建3个农业技术示范中心，派出300名农业专家和技术人员；在周边国家建设跨境动植物疫病防控监测站，建立动植物疫病联防联控体系。

中国还帮助东盟加强能力建设，三年来为东盟国家培训官员和技术人

员 5000 余名，涉及商务会展、金融财税、传统医药和传染病防治、新能源、
农业等领域。

相信随着中国的不断发展壮大，中国的对外援助规模将日益扩大，方
式更加灵活多样。中国对国际社会的贡献将越来越大。

African Prosperity and China' Aid and Investment

African continent, with its fast growth of last decade, is the future wonderland for prosperity that will benefit foreign investments and entrepreneurs. Strangely lots of rumours have been circulating lately that target China as "a villain" who plunders Africa for energy resources. What a big lie! The real story about China and Africa is one with long-lasting friendship of mutual benefit and support.

"A friend in need is a friend indeed"

The friendly relationship between Africa and China goes back several decades. The signature project of Chinese aid "the Tanzania-Zambia Railroad" still symbolizes the strong tie that bonds China and Africa closely. Every Chinese till this day remembers vividly the jovial scene of many African diplomats dancing in the General Assembly Hall in early 1970s when GA Resolution 2758 was adopted that readmitted China into the United Nations.

Today that tie is even stronger with the political relationship being upgraded to one of strategic partnership, as unambiguously articulated in 2006 by then Ethiopian Premier Meles Zenawi: "China upholds the principle of sovereign equality and non-interference in each other's internal affairs that constitutes the foundation upon which Africa and China has established partnership of mutual trust". For half a century, China has offered full and unswerving support to Africa in its fight against colonialism and apartheid as well as for national independence. Africa, being an important group in the UN system, has steadily stood behind China in her efforts to safeguard her interests in various fields. The mutual support that is so typical of China's relations with Africa and so pervasive in China's diplomacy that, as Chinese Ambassador to the United Nations in Geneva between 2010 and 2012, I always turned to African colleagues for help whenever there is a need, in particular on human rights issues at Human Rights Council.

"Mutuality is the hallmark in China's economic relationship with Africa"

Africa has become one of the pillars in China's pursuit of sustainable economic development while China is the biggest trading partner and one of the key investors in Africa. Since 1990s, China-African economic cooperation has witnessed a turning point that morphed from one of mainly economic assistance to a complex model of cooperation in trade, investment, finance and technology. The annual bilateral trade in 2012 topped 200 billion USD and China's investment reached 21.23 billion USD the same year while African investments from Sovereign Funds of South Africa, Nigeria, Gabon, Angola and others to China today surpassed 10 billion USD. It is estimated that China's investment will reach 50 billion USD by 2015. More than 2000 Chinese companies have invested in over 50 African countries in finance, aerospace, manufacturing, logistics and real estate in addition to the traditional sectors like agriculture, mining and infrastructure construction.

True that Africa is one of the key suppliers of energy resources to China and China's investment in African energy resources is on the rise. China now imports over one third of petroleum from Africa with Angola being the biggest exporter. On the other hand, two things need be emphasized: 1, China's imports of oil from Africa is much less than those by the US and Europe respectively; 2, China is doing its utmost to help build up manufacturing capacity in Africa, knowing very well that lack of manufacturing capacity is the key obstacle to sound economic development in Africa.

"Chinese are no neo-colonialists"

"China has never engaged in any colonialist activities in Africa. The relation-ship between Africa and China is by no means a colonialist one," said President Zuma of South Africa at China 's People University during one of his visits in the last few years. As China-African cooperation becomes closer, more reports ap-peared in western media supposedly exposing China's misdeeds in Africa such as China's aid feeds corruption, Chinese companies violated African people's human rights; Chinese investments propped up dictators etc. These allegations can't be farther from truth and they are totally groundless.

It certainly merits some reflection on China's aid to and investment in Africa.

The first thing that rattles western countries is the principle of China to pro-vide aid to Africa with no political strains attached. This is a clear demonstration of China's long-held policy of non-interference in other countries' internal affairs. Necessary consultation with recipient country will be conducted before any decision on aid is made to make sure that aid program is in line with economic development strategy of that country.

American professor Brautigam who wrote the book "The Dragon's Gift" said that the way China's aid and investment is done actually inhibits corruption in re-cipient countries because the funds are directly transferred to the companies con-cerned instead going into government coffers as is the practise of World Bank-fi-nanced projects and others.

Take Angola for example, China needs petroleum and Angola needs infra-structure. Bilateral cooperation program has been designed exactly to address these needs with China importing Angolan oil while helping Angola build necessary infra-structure like roads, housings, schools and hospitals with funds from both proceeds from oil sales and long-term low interest loans from Chinese banks. Really a dove-tale program that benefits both countries!

Another example is Zimbabwe whose economy has been ruined recently by embargoes and isolation by western countries for obvious political reasons. Meanwhile China has all along given assistance to Zimbabwe which proves a great help for that countries. I had first-hand experience because I served for a few years as a young diplomat in Zimbabwe in late 1980s.

Secondly, both State-owned-enterprises and private companies that invest in Africa take their social responsibility seriously, contrary to what are reported in western media. The most prominent contribution they make is the provision of jobs for local people. In Sudan for instance, a Chinese company contracted to help build Malowi Dam and that project alone employed over 16,000 local workers. Another project of refinery involved 1,100 local employees with half of them in training while the other half working.

Thirdly, China's aid and investment is very much tailored to economic development strategy of African countries. The above-mentioned Angolan example is self-explanatory. Sudan used to be an oil-importing country and now with China's help, has become an oil-exporter with both up-stream and down-stream capacity in exploration, extraction and refinery. Another example is Niger, as one of the least-developed-countries, whose economy had been in poor shape for a long time even if it has abundant reserves of uranium ore. Why? Because the uranium mines are in the hands of a French company that artificially keeps the price at a low level. With Chinese companies in, the situation now has changed in favour of Niger whereby not only uranium ores are fetching a better price, but also Niger is building up its infrastructure at a quickened pace.

The most important difference between China's aid and investment activities in Africa and colonialism is the latter were forced upon the African countries while what China is engaged in now is based on the needs of Africa and the principle of equality both sovereign and business-wise. The Counsel-general of Nigeria in Hongkong once said that the reason they want to do business with China is that they can sit down and talk about business with Chinese counterparts on an equal footing. That was not possible in colonial days. Two years ago, there was a book entitled "Dead Aid" by Zambian author Mm. Dambisa Moyo who talked about the western aid to Africa, saying that roughly one trillion USD aid from western countries provided to Africa in the last half century has brought more harm than good to the African continent.

History is a mirror as well as a teacher. This mirror reflects China in the right historical and realistic perspective. This teacher undoubtedly teaches us to view China's aid and investment activities in Africa honestly without any colonialist bias.

五　论美国政治、经济与中美关系

美国的"世界警察"还想当多久？

　　围绕在叙利亚出现的使用化学武器问题，美国奥巴马总统一直举棋不定，已于 8 月 31 日就美国是否采取有限军事打击行动一事寻求美国国会的批准，实际上推迟了这一军事行动。9 月 4 日，美国参议院外交关系委员会通过决议，授权美国对叙利亚动武，但提出时限并禁止地面部队参战。参议院下星期将就这一决议进行全体投票，做出决定。近日来国际舆论议论纷纷，一是怀疑奥巴马政府的信誉，因为一年多以前奥本人曾说过，如果叙利亚政府使用化学武器，那就"越过了红线"，美国不会坐视不理。二是美国的战略收缩和外交孤立主义倾向在发展，不少人怀疑美国的"世界警察"还能当多久？

　　美国在中东地区历来卷入很深，有着极其重要的地缘政治和能源资源因素。近年来国际形势发生了巨大而深刻的变化，加上美国经济遭受 2008 年国际金融、经济危机的严重打击尚在缓慢复苏，美国的对外战略正作出相应的收缩与调整，已完成从伊拉克撤军，并着手撤离阿富汗，开始将战略重心和资源投向亚洲，美国实行亚太"再平衡"政策的声音不绝于耳。

　　然而，无论从历史还是现实出发，美国都不会，也不可能放弃中东。同时值得注意的是，美国能源独立战略已经初见成效，国内石油和页岩气开采大大增加，北美、拉美和非洲对美原油供应在美国石油进口中的比例已远远超过中东地区。这给美国在中东事务的处理中增加了战略和外交上的回旋空间。这是我们观察美国中东战略和政策必须考虑的大背景。

　　从历史视野观察，美国建国以来，其外交思想和对外战略一直随着国内政治斗争和国际局势变化，在孤立主义和对外干预两者之间"摇摆"。第二次世界大战结束以后，美国推动建立了以美国为主导的国际政治、经济体系，从此美国对世界负有"特殊责任"、是"世界警察"的思想就在美国的"精英"中扎下了根。从国际金融、经济和贸易的"布雷顿森林体系"，到二战后援助欧洲的"马歇尔计划"，扶持日本在亚洲的发展，无不体现了这一思想。最近，奥巴马总统在就军事打击叙利亚发表讲话时，一开口就是"我们美国"如何如何，其潜意识中美国对维护1945年建立起来的国际秩序有着特殊责任的思想十分明显。

美国在军事打击利比亚行动中让英国、法国打头阵，在是否对叙利亚采取军事行动上犹豫不决、小心翼翼，确实反映了美国国内就美对外军事干预问题存在重大分歧，而且争论不断。最近美国民调显示，不少美国人对美国卷入叙利亚冲突有很大疑虑，担心美国再次陷入"伊拉克陷阱"。他们对美国在伊拉克战争中花费一万多亿美元，数千美军丧命至今心有余悸。而且，联合国安理会目前就叙利亚问题的讨论陷入僵局，美国无法获得安理会对叙利亚采取军事行动的授权，加上最近英国下院否决了卡梅伦首相对叙动武的提议，更使美国老百姓疑虑重重。这也反映在美国参议院外委会4日的决议中，虽然同意动武，但限制明显。华盛顿的外交决策者以"世界警察"自居的思想与普通美国民众对美军事卷入国外冲突的抵触和怀疑之间的巨大认知"鸿沟"，可以说是奥巴马政府决定将有限军事打击叙利亚的计划提交美国国会审议批准的根本原因。

其实，美国以人道主义为由对外进行军事干预也是自20世纪90年代才开始形成势头的。突出的例子是当时美国应对卢旺达的种族清洗迟缓引起的反弹。后来在东、中欧的波黑和科索沃问题上，一直到近来在利比亚的军事行动，美国和西方国家在"人道干预"上的立场逐渐清晰，行动趋于频繁，或通过联合国安理会，或绕开安理会，直接由北约国家出兵进行军事干预。进入21世纪以后，打击恐怖主义以及担忧恐怖主义势力掌握大规模杀伤性武器，更进一步加深了"人道干预"在美外交战略中的分量。

得道多助，失道寡助。各国都坚决反对任何人使用化学武器这种已被国际社会禁止的大规模杀伤性武器，都希望坚定地捍卫《禁止化学武器公约》的权威性和有效性。这一点中国和许多国家一样，态度鲜明，毫不含糊。我们坚持认为，解决叙利亚问题的唯一有效途径是通过政治谈判实现国内和解，寻求国家的长治久安。

　　当今世界要求和平与发展是世界大势，是国际社会的主流思想。中国、俄罗斯以及许多发展中国家对"人道主义干预"的概念本身就有不同看法，对美国和一些西方国家打着"人道干预"的旗号为自己的地缘政治、地缘经济服务，更是旗帜鲜明地表示反对。西方社会内部的不同声音如今也此起彼伏，英国议会否决政府在叙利亚的军事行动，表明连英国也不想再次充当美国"世界警察的副手"。美国对自己在叙利亚的军事干预应三思而行，对继续充当"世界警察"也要做深刻的反思。

美国亚太再平衡战略的经济抓手

美国"转向"亚洲及其亚太再平衡战略的推出，表明亚太地区已经取代欧洲成为美国全球战略的中心。虽然近来随着美国与欧盟就跨大西洋贸易投资伙伴关系（TIPP）谈判的加快，欧洲国家呼唤美国"重新转向"大西洋彼岸的欧洲，但是战略格局的变化和美国全球战略的调整是大势所趋。

对美国亚太再平衡战略在军事层面的意义已经有过充分的讨论，而且是人们关注的重点，但许多人往往忽视了这一战略的经济意义和实施再平衡战略的经济抓手，那就是美国近年来力推的跨太平洋战略经济伙伴关系（TPP）。

TPP 是美国于 2008 年在新加坡、新西兰、智利和文莱四国"更紧密经济伙伴协定谈判"的基础上提出，并邀请澳大利亚、秘鲁和越南参加，自此开始主导 TPP 谈判。TPP 之后又吸收马来西亚、加拿大、墨西哥和日本，一共 12 个国家，经济总量占全球的 40%，贸易总量占 1/3。TPP 被称作是"21 世纪贸易协定"，对劳动条件、政府采购、国有企业、知识产权和环境保护均提出很高要求。用专家的话来说，以前自贸区谈判谈的是边界开放问题，现在是讨论边界内的问题，涉及一国"营商模式"等主权范围内的许多议题。尽管目前 TPP 成员对知识产权、国有企业和农产品等仍有很大分歧，如马来西亚和越南在国有企业，日本在农产品上都有较大困难（日本大米进口关税逾 700%），但美国将 TPP 作为其整合亚太的重要一环推动力度极大，谈判有可能在 2014 年和 2015 年内完成。即使从美国国内政治考虑，美国也要在 2014 年 11 月国会中期选举前结束谈判。同时中国已经表示将力争在 2015 年完成"地区全面经济伙伴关系协定（RCEP）"谈判，据说这对美国也是压力。

美国全力推进 TPP 谈判的时间差不多与其转向亚洲、提出亚太再平衡战略同步，可以看出其深层次的战略考量。如果说当年冷战期间美苏竞争主要在军事和意识形态领域，那么，如今中美之间的竞争和合作并存的复杂关系则更多体现在经济领域。事实上当时美苏两大阵营之间经济上基本没有来往。而今天中美经济互补性、依存度都很强，已经形成"你中有我、我中有你"的局面。两国 2012 年贸易额已逾 5000 亿美元。从亚太范畴看，亚太经合组织成员经济总量占世界的 54%，全球贸易额的 44%，世界人口的 40%，拥有 27 亿消费者。尤其是中国所在的东亚地区已是全球经济最有活力、前景最为看好的地区。

美国提出并力推 TPP，将中国排挤在外，更多凸显了美国与中国竞争的一面。有位美国前白宫官员这么说，美国"亚太再平衡"战略从一开始其核心就是经济。理由是，如美国对亚太地区的投入不能转化为看得见、摸得着的经济利益，带来更多的出口、经济增长和就业，美国老百姓就难以支持政府在亚太的军事部署。还有美高官更是直白地说，TPP 是美国亚太"经济再平衡的核心"。换言之，美国推动 TPP 能否成功，将决定美"亚太再平衡"战略的可持续性。

2008 年对全球经济是历史性的年份，对美国也是从经济多边主义走向利益、区域联盟的转折点。有报道称，美国认为，以世界贸易组织（WTO）为代表的多边机制给发展中国家带来快速发展机遇，包括中国在内的新兴经济体在现有体系内的发展已经对美国经济形成强大的挑战。美国要重新制定全球贸易和投资领域的"游戏规则"，来规范发展中国家的竞争，提高发展中国家的竞争成本和"门槛"。而美国同步积极推进的 TPP 和 TIPP 谈判正是其中关键的步骤。

在平等、互利的基础上努力推进亚太地区的经济和贸易投资合作，把亚太的"蛋糕"做得更大符合区域各国人民的长远和现实利益。美国推进排他性的区域贸易安排来替代全球贸易体系，是自我利益至上的做法，解决不了全球化过程中出现的"失衡"现象，也无助于美国经济的稳定复苏，只会增加、激化现有矛盾，破坏全球贸易和投资体系的完善和建设，损害世界贸易组织的信誉，彻底葬送多哈回合谈判。

中国政府已明确表示，中国对包括 TPP 在内的任何有利于亚太地区经济融合、共同繁荣的合作倡议都持开放态度。同时，中国正在积极推进由东亚峰会 16 个成员组成的 RCEP 谈判，旨在通过削减关税及非关税壁垒，建立涵盖全球近一半人口、GDP 和贸易额均占世界 30% 的统一市场。而且，因为参与 RCEP 谈判的大多是发展中国家，其结果会更多考虑发展中国家的实际情况和全球发展因素。中国还将继续全力支持世界贸易组织的多哈回合谈判，积极参与和支持包容性、开放性的全球和地区贸易和投资体系，反对损害全球经济的贸易和投资保护主义。

中国和美国在亚太有着巨大的共同利益，无论在亚太建立何种自由贸易的安排，中美合作都是取得成功不可或缺的关键因素。任何排挤对方的做法只会损及双方的利益，也无助于建立相互信任。中美两国需要加强沟通与协调，共同构建更具平衡性和合理化的全球贸易体系，创造经济全球化继续发展的良好环境。

美国外交战略收缩与亚洲再平衡

美国外交战略历史上总在"扩张"和"收缩"之间摇摆。最近前白宫官员写了本书，题目是 *Maximalist*，讲的就是从杜鲁门到奥巴马总统在外交上的表现，结论是美国反思小布什全球反恐战争美国投入巨大、损失惨重的教训，奥巴马总统上台后奉行战略"收缩"，实施"靠后指挥"，从伊拉克和阿富汗两场战争中逐步脱身，对卷入新老冲突小心翼翼，唯恐避之不及。

近期对美国政府外交战略"收缩"的批评不绝于耳，主要指责奥巴马总统一味"收缩"，放弃美国的全球领导地位，无论在对俄关系还是美中关系上，不仅一事无成，还在走回头路。究竟如何评估美国现政府的外交政策，这于中国外交战略又有何影响，值得我们深入思考。不妨从乌克兰危机、中东乱局和"亚洲再平衡"这三个方面作些分析和解剖。

一　乌克兰危机的得与失

乌克兰危机完全是西方利用"颜色革命"等手段长期挤压俄罗斯战略空间造成的，是美欧与俄罗斯长期矛盾积累的爆发。据透露，美国和欧盟国家在德国统一时曾就北约不进行东扩承诺过苏联。不管这种说法是否真实，过去20年来，北约和欧盟东扩步伐确实一刻也没有放松。

1999年，捷克、匈牙利、波兰加入北约；2004年，七个原苏联集团成员跟进；2009年，阿尔巴尼亚和克罗地亚加入北约；同时六个原苏联共和国与北约签订"和平伙伴计划"，朝成员国方向迈出关键一步。乌克兰寻求与欧盟签署联系协定是"压垮骆驼的最后一根稻草",因为东扩已经直抵俄罗斯家门口,并威胁黑海舰队的去留。

马航飞机失事使原本就复杂的局面变得更加扑朔迷离。7月29日,美国和欧盟由此宣布对俄罗斯实施新的制裁,矛头对准俄部分能源企业和金融机构。新制裁与原有措施叠加虽非致命,但将给俄经济带来较大打击。预计欧盟制裁给俄造成的损失2014年为230亿欧元,明年高达750亿欧元,分别占俄罗斯GDP的1.5%和4.8%。俄经济中进口商品占GDP比重为15%,而且俄国防工业30%、航空航天工业65%～70%、制药业80%的配件或原材料依靠进口。

俄罗斯虽然经济会遭受困难,政治上会遭到西方谴责,但俄民族性格刚烈,普京总统人气旺盛,绝不会对美国和西方的制裁忍声吞气。但是普京最近在访问克里米亚时的表态依然留有余地。其实在全球化时代西方根本做不到经济上对俄的"全面封锁",地缘政治上也不愿把俄完全"逼入墙角",重燃冷战之火。

与此同时,乌克兰内乱愈演愈烈,俄军在俄乌边境屯兵数万,希望保护乌克兰境内人道主义运输畅通,俄运送人道主义物资的车队已经进入乌克兰境内。乌克兰政府则极力反对,担心俄军事干预。北约正在调兵遣将,加强在靠近俄罗斯的波罗的海国家和波兰等中东欧国家的军事部署。不管是做姿态还是动真格,这种军事对抗的做法令人想到冷战似乎再次露出狰狞的面孔。

《经济学人》杂志近期撰文评论乌克兰危机时有段话一言中的,说(西方制裁)"终结了西方与俄罗斯长达25年希望建立伙伴关系的努力"。冷战结束以后,俄罗斯与欧洲的关系不断改善,经济尤其是能源合作日益加深。北约因为失去了冷战对手而处于"漂移"和下滑状态,欧洲国家军费开支逐年下降,2008年金融危机后更是如此。

对此,美国有两大忧虑,一是担心欧洲在全球战略上与美国渐行渐远,西方盟友阵营趋于松散;二是普京上台后振兴俄罗斯有方,美担心俄东山再起。乌克兰危机无疑给了美国"一箭双雕"的绝佳机会,既巩固了美欧联盟,又遏制、削弱了俄罗斯,为美战略重心继续转移巩固了欧洲大后方。

二　"阿拉伯之冬"乱云飞渡仍从容

中东"阿拉伯之春"历时三年已成"阿拉伯之冬",地区许多国家乱象纷呈,人民水深火热,民不聊生。

美国在中东地区的战略目标是确保中东主导权和战略平衡,保证以色列存在,维持该地区亲美政权的统治。奥巴马上台以来推行以战略收缩为特征的新中东政策,为美战略重心向亚洲东移扫清障碍。

中东局势近年大起大落,一定程度上打乱了美战略步骤,美国不得不调整策略,在继续推进收缩战略的同时适度"重返"中东。但是"一朝遭蛇咬,百年怕井绳",美国不再派兵直接卷入冲突("Boots-On-The-Ground"),而是有选择的"提供武器、进行空袭",以应付国内外舆论的压力。

美国脱身中东的战略步骤依然如故,在各种乱象面前表现得相当"从容":

——继承小布什衣钵继续推行价值观外交,从伊拉克撤军同时利用"阿拉伯之春"积极推广美国价值观和民主模式。

——巩固温和派海湾国家政权,构建海湾安全联盟。沙特、巴林、卡塔尔等是美盟友和全球原油主要供应地,关乎世界经济命脉。稳定海湾盟友政权、确保其安全是美中东战略的重要一环。

——军事手段与外交和对外援助紧密结合,推行"奥版新干涉主义"。美国目前在中东的手法更加灵活巧妙:强调多边解决和阿拉伯国家参与;采用无人机和特种部队打击敌人,最近空袭伊拉克反政府武装就是佐证。低成本、有限度卷入是奥巴马新干涉主义的主要特点。

——对伊朗打压谈判两手并用。一面加强制裁,一面与伊朗达成分步解决核问题的初步方案。伊朗是美国中东战略的关键,伊核问题上美国拖不起。美以部分放松对伊石油和金融制裁换取伊朗放弃核武器计划,对伊新政策成效初见。

——加沙重燃战火使巴以冲突重返美外交议程,但美国确保以色列安全和抽身中东的既定政策目标没有改变。巴以冲突复杂难解,最近加沙地区武装冲突加剧,巴以和平更加遥遥无期。

三　美"亚洲再平衡"矢志不移

美国芝加哥大学政治学教授米尔斯海默《大国政治的悲剧》一书2014年再版，米大教授增加了如何应对中国崛起一节，其"进攻性现实主义思想"字里行间无处不在。读过此书的人一定明白，美国"亚洲再平衡"的思想基础来自何方。

从国际关系学现实主义理论的角度看世界，无序状态是常态。正是这种无政府状态的存在，各国争夺地区霸权也就成了常态。新兴大国因力量变强具有改变现状的"修正主义"冲动。最后大国之间因为争夺霸权发生冲突和战争被认为是不可避免的。这些就是米氏理论的核心。在全球化迅速发展的今天，这些理论显然已经脱离现实，需要改变，国际关系理论也需要作重大调整。

然而，"进攻性现实主义"理论在美国有很大市场，深刻影响着美国对外战略的调整。大家看到，美2009年宣布"转向亚洲"（Pivot to Asia），2011年公布"亚太再平衡"战略，并据此采取了一系列针对中国的行动。这不仅造成中美关系再度紧张，还打破了地区战略均衡，因为美国的插手加剧了中国与部分邻国的主权和海洋权益争端，给中国周边安全环境增添了新的复杂因素。

美国"亚洲再平衡"战略将主要军事资源调集到西太平洋地区，军事上增强与盟友的联系，经济上力推跨太平洋经济战略伙伴关系协定（TPP），地缘政治上借助日、越、菲等给中国制造战略麻烦。美国已打破多年来坚持的相对中立的"战略模糊"，选边站队，提出"拉偏架"的所谓"南海冻结现状"方案，在海洋权益的争端中支持这些国家。

试想这么多年以来，在南海是越南和其他国家在不断改变现状，越南已经打了1000多口油井，不少是在与中国有争议的海域。那么为什么过去美国就一声不吭呢？现在中国在自己的海域内打口井，修个灯塔，美国就跳出来说是改变现状呢？美国虽没有直接和中国对抗，但其"再平衡战略"矛头所指无不针对中国，这再明显不过了。

美国对外战略的调整和重心转移还将继续，步子将加快。中美确实存在不同战略取向，地缘政治上也有分歧和不同看法。然而，中美建交35年的历史证明，在全球化时代中美两国利益深度融合、相互依赖，成为利益共同体和合作伙伴。两国如何相处，是合作还是对抗，不仅对两国人民，而且对地区和平与繁荣，对应对全球挑战都至关重要。

"合则两利、斗则俱伤"。21世纪中美作为上升大国和守成霸权应如何相处以避免历史悲剧的重演，是对两国的严峻考验。为此，习近平主席2013年倡议中美构建"不冲突、不对抗、相互尊重、合作共赢"的新型大国关系，并表示太平洋足以容纳中美两国的发展。这是中国新一代领导人既着眼于双边关系、更具全球视野的战略构想。相信两国有足够的智慧和力量，携手走出一条新世纪的大国和平相处之道。

美国的"离岸平衡"与"亚太再平衡"

最近，奥巴马总统在公开讲话中表示要对中国采取"强硬"态度。美国在中日钓鱼岛问题上支持日本，在南海问题上纵容越南、菲律宾与中国对抗，并提出针对中国的所谓"冻结现状"的方案。不久前美国还与澳大利亚签署新的《驻军地位协定》，为美军在澳达尔文市驻扎海军陆战队和美海军使用澳港口提供了法律依据。这些举措是美国积极推进"亚太再平衡"战略的延续，更反映出美国"进攻性现实主义"对外战略思想关于美国在全球地缘政治扮演"离岸平衡者"的核心理念。

什么是"离岸平衡"呢？哪些国家扮演过"离岸平衡者"的角色呢？历史上只有英国和美国，英国自然已是"明日黄花"，不必再提。美国仍然是积极的"离岸平衡者"或称作"离岸平衡手"。美国对海外干预有两种模式，一是全面布局，充当世界警察；二是"离岸平衡"，有选择的直接或间接干预。在美国经历伊拉克、阿富汗两场战争后，老百姓大多数不再支持美全面卷入世界各地的冲突。"离岸平衡"随之流行起来。从干预性质看，两者一样，只是后者手法更为巧妙。

"离岸平衡者"（offshore balancer）是"进攻性现实主义"（offensive realism）代表人物米尔斯海默教授提出的地缘政治概念。在他的成名作《大国政治的悲剧》一书中，米氏根据中美地理特点、地缘政治现实以及美对华战略判断，得出美需要遏制中国崛起并充当"离岸平衡者"的结论。

"离岸平衡"在二战之后逐步成为美国家安全战略的核心思想。从字面上看，"离岸平衡"是指美需要保持欧亚大陆各大力量之间的平衡，避免该板块上出现能挑战美国全球霸权的"竞争者"，以确保美本土安全以及美在全球的领导地位。而美"亚太再平衡"战略则是其从"离岸平衡"思想出发，根据亚太形势变化，特别是中国发展壮大的现实，提出的"亚太离岸平衡新版本"。

美是地缘政治搞平衡的老手，深明其道。美"亚太版离岸平衡"与传统意义上的"离岸平衡"是有区别的，也较通常的"离岸平衡"更加复杂、更多层次。毋庸置疑，美国在亚太地区实施"离岸平衡"战略已经破坏了亚太的力量均势，给中国周边安全环境增加了更多的不确定性，也对中美关系的走向产生了"逆推力"。

近年来，美国从阻止竞争对手在全球不同地方崛起挑战美霸权的总体目标出发，将中国视为正在东亚崛起的竞争对手，开始改变对华的"战略模糊"政策，实施以迟滞中国发展为主要目标的"亚太再平衡"战略。

从全球和历史视野来观察美国"离岸平衡"战略的运作，可以对美国"亚太再平衡"有更清晰的了解。

一是"隔岸观火"，把自身安全建立在别国相互争斗、牵制的基础之上。许多地区的动荡、战乱背后都有美国的"离岸推手"。最为突出的是中东地区。在两伊战争中，美国支持伊拉克打击伊朗，伊拉克在萨达姆统治下坐大，美又找种种理由对伊拉克发动战争，推翻了萨达姆。如今面对伊拉克的混乱局面，除了空袭"伊斯兰国组织"武装，压伊拉克总理马里基下台，基本撒手不管。

在亚洲，美国对付阿富汗也是如此。苏联占领阿富汗期间，美国武装支持塔利班与苏军作战。"9·11"之后，塔利班成了基地组织的庇护伞，美打击目标就转向塔利班。美对巴基斯坦同样作为"棋子"来用。在重点对付塔利班时，美向巴基斯坦提供大量援助，希望巴基斯坦在阿、巴边境地区助美扫荡塔利班势力。一旦确定美军要撤离阿富汗，美对巴就若即若离，无视巴安全，也无意帮助巴基斯坦稳定局势，发展经济。

二是"枪打出头鸟"，谁冒头威胁美霸主地位就打谁，盟友也不例外。20世纪七八十年代，日本经济发展势头迅猛，直逼美国，美国内"恐日"情绪弥漫。于是当时在美国主导下西方国家签署了《广场协议》，压日元迅速升值，日本很快陷入经济低迷的十年，至今仍未恢复。

俄罗斯在普京执政后挣脱"新自由主义药方"的泥沼，发展动力增强，外交上话语权增多。美对俄战略"平衡"的冲动强烈，加速欧盟和北约东扩，步步紧逼，直抵俄家门口的乌克兰，希望将俄罗斯压制在欧洲的顶端。

美国对待欧盟也毫不客气。走向一体化的欧盟和日益走强的欧元，在美国眼里一样踩了"进攻性现实主义"的"红线"。2008年金融危机爆发时，欧盟国家银行持有美国五花八门的金融衍生品近一半，立即陷入债务危机无法自拔。美联储还装好人，给欧洲国家提供美元流动性，将欧盟紧紧地绑在美元体系内。

2014年的乌克兰危机更是天赐良机，美国拉欧盟联合制裁俄罗斯，不仅加强了北约的力量，还使俄欧关系复趋紧张。

三是集中力量应对中国的快速发展和壮大。美国"进攻性现实主义"在亚太的现实对象是中国。美调整对外战略，推行"亚太再平衡"，战略重心转移到亚洲，目的就是要防范和牵制中国的崛起，以维护美国在亚太特别是东亚的主导地位。

中国经过几十年的艰苦奋斗和改革开放，发展势头不可阻挡，中国成为全球强国将是21世纪人类历史最重要的里程碑。对此，美国一方面是直接下注"对冲"，在西太平洋增兵添将，集中美国60%以上的军事资源，重兵压城，以双重岛链封锁中国。美国与澳大利亚军事合作升级就是出于此目的。另一方面是鼓噪"中国威胁论"，诱引亚洲邻国对中国崛起的忧虑，并公开支持日本、越南和菲律宾，激化他们与中国的海洋权益争端，挑唆周边国家与中国的分歧和矛盾，将区域和历史遗留问题国际化。

美国以为这样做可收"一石多鸟"之效。一来借此更深介入亚洲国家矛盾，从中渔利。二来激化中国与周边国家矛盾，使中国处于孤立和被群起而攻之的劣境。三来一旦中国被激怒，又客观上帮助美国牵着其他亚洲国家的鼻子走。亚洲四分五裂绝对有利于美国的"战略平衡"。

美国不愧为世界霸权，运用"离岸平衡"术已达到炉火纯青的地步。从上述分析可以清晰地知道：美国全球战略就是维护其全球独霸的地位和利益，而要实现这一目标，美国需要控制欧亚大陆及其战略支点欧洲、亚洲和中东。

"分而治之"、"不战而屈人之兵"乃是真正高手所为。掌控战略支点的绝招，就是使用各种手段使欧洲、亚洲和中东内部处于分裂状态，相互牵制、厮杀，形不成竞争的合力。这样美国才能高枕无忧，稳坐钓鱼台。美国最担心的是失去对全球的掌控，退回美洲，成为区域性大国。"进攻性现实主义"思想时时刻刻提醒美国，要未雨绸缪，坚决守住老大的位置。从这个意义讲，美国整个民族的忧患意识历来十分强烈。

然而，21世纪毕竟不是19世纪和20世纪。由于核武器"确保相互摧毁"战略的存在，大国之间的热战很难打起来。而在全球化迅猛发展的今天，各国相互依存日益加深，中美2013年贸易额已超5000亿美元，冷战的代价也太大。因此，美国在亚洲扮演"离岸平衡者"往往采取两手策略，既要从中渔利，又要防止危机失控，确保按美设计的"路线图"精准发力，有序地推进"亚太再平衡"。

我们了解美国的"离岸平衡"战略目的是知己知彼，寻求破解之道，扩大中美利益融合，加强"战略再确认"，建设新型大国关系，以避免陷入守成大国与新兴大国的冲突。

美国的两手策略有以下两点值得关注。

首先是在对华合作与遏制中"掌握平衡"。在奥巴马放狠话的同时，美方对建设"中美新型大国关系"总体持积极态度，愿意"求同存异"。中美最近一轮战略和经济对话中，双方在政治、经济、军事、非传统安全等领域达成众多成果，如确认推动双边投资协定（BIT）早日达成、共同推进气候变化国际谈判等。这些正是中美新型大国关系得以具体落实的体现。

再则，在中美关系和与同盟关系之间"把握平衡"。美国"亚太再平衡"战略涉及中、美和第三国的复杂互动，其中最难处理的是东海、南海问题。对于中日关系，美虽不断重申对盟国日本的支持，但也注意尺度，并就日二战历史问题对日表达"失望"，适当加以约束。在南海问题上，美对华施压已成新常态，但也注意避免过分刺激中国，更多将菲、越等推向前台。

随着中国的发展壮大、美国国内现实主义思想占据主流，"合作与竞争并存"会成为现阶段中美关系的主要特征，在军事安全等问题上竞争可能更突出，也会激烈。这对两国都是新的挑战。

美国将作为亚太主要力量长期存在。而中国的发展壮大将继续势如破竹。这就需要中美在地缘政治的互动中不断磨合，管控好可能发生的冲撞和危机，真正做到求同存异、增进了解，实现互利共赢，这也是建设中美新型大国关系的要义。

美方提议的"战略再保证"与建设新型大国关系有相通之处。双方可以深入探讨，提出合适的路径和建议，稳步推进。军事安全领域可能是双方需要关注的重点。中国军事现代化是中国国家现代化的有机组成部分，也是中国利益延伸的实际需要。美国将维持其全球军事绝对优势看作美霸权的支柱，尤其在西太平洋地区。双方要寻求和平共处的空间，给对方留出回旋余地。在其他领域同样需要遵循"不对抗、不冲突"的原则，积极寻找利益的汇合点，扩大合作空间。特别重要的是，双方需要在全球治理方面加强合作，共同应对全球性挑战，努力建设更加公平、公正、合理的国际秩序。

"离岸平衡"思想实际上与时代发展已经不合拍了。21世纪需要新思维和新的国际关系理论，习近平主席提出的中美建设新型大国关系就是中国对新的国际关系理论顶层设计的重大贡献。

"离岸平衡"那一套可以说是冷战思维的延续，自以为聪明，想通过玩弄别人坐收"渔翁之利"，在全球化时代已经很难行得通。近十几年美国全球扩张的战略特别是伊拉克和阿富汗战争使美国"人财两空"，奥巴马政府的"战略收缩"就是对进攻性现实主义思想和新保守主义的反思，希望美国能够从中汲取教训，真正负起大国的责任。

新世纪中美关系发展对世界格局的影响

中美关系是 21 世纪全球最重要的双边关系，它的走向不仅涉及两个大国的根本利益，也将决定新世纪世界前进的方向，影响世界格局的演变。

2014 年是中美建立外交关系 35 周年。从 20 世纪 70 年代面对共同的战略威胁，到中国改革开放后双方经济相互依存日益加深，从"非敌非友"的战略模糊到如今两国领导人承诺共同构建新型大国关系，回顾中美这几十年走过的风风雨雨，展望地缘政治和地缘经济发生的历史性变化、新技术日新月异带来第三次工业革命浪潮下的两国乃至世界的未来，21 世纪中美如何携手推进世界和平与繁荣，两国责任重大，有必要抚今追昔，作些深入的思考。

从合作伙伴到构建新型大国关系

2009 年年底奥巴马总统上任后首次访华，两国元首在会谈后发表了《中美联合声明》，强调双方尊重各自的核心利益，在双边关系和应对重大国际问题中愿成为"合作伙伴"，实现互利共赢。两国关系开局良好。

随后几年里全球地缘政治、经济出现许多重大变化和不确定因素，美国"亚洲再平衡"战略在政治、经济、军事诸方面引发中美疑虑加深，战略互信削弱。两国关系处于"漂移"（Drifting）状态。虽然中美关系起起伏伏是常态，但是其重要性决定了长期"漂移不定"既不符合两国人民的根本利益，也易造成地区和世界格局的混乱，是不可持续的。

2013 年 6 月习近平主席与奥巴马总统在加州成功举行历史性会晤，达成构建中美新型大国关系这一具有战略性、建设性和开创性的重要共识，为中美关系的未来指明了方向。

中美两国的体量和影响国际事务的能力表明，两国关系已经远远超出了双边范畴。因此中美构建新型大国关系成功与否不仅涉及两国人民的长远利益，还关乎国际秩序演变和世界新格局的形成，甚至可以说将对新世纪世界的和平与繁荣起决定性作用。

构建新型大国关系是历史的需要

今天，作为最大发展中国家的中国已经站在世界的聚光灯下，屹立于世界民族之林，与各国日益成为利益交融的命运共同体。不管中国如何发展壮大，中国始终坚持走和平发展的道路，坚定维护世界和平与稳定，促进全球发展与繁荣。中国的发展将献给世界更多精彩，更多绚丽。

中国积极参与国际事务和热点问题的解决，是联合国安理会五个常任理事国中派出维和部队最多的国家，共参加 24 项维和行动，派出官兵逾 1 万名。中国除继续在亚丁湾执行打击海盗的海军护航任务以外，最近并决定派海军军舰参加叙利亚化学武器海运护航。

中国经济的快速发展使中国成为全球经济增长的新引擎，连续几年对世界经济增长的贡献率超过 20%，对亚洲经济增长逾 50%。中国对外贸易刚刚突破 4 万亿美元，超过美国成为全球第一大贸易国。

中美关系的发展、两国构建新型大国关系必须放在这样的历史视野和全球背景下来审视。

过去 10 年中国在"多强"中脱颖而出的态势也许能让我们从多个角度来观察问题。2008 年始于美国进而席卷全球的金融危机不仅是金融危机，也是新自由主义资本主义的体系危机和制度危机。从 20 世纪 90 年代起盛极一时的"华盛顿共识"急速坠落和与中国改革开放紧紧相连的"北京共识"日益受欢迎，历史与现实的反差凸显出各国对自身和世界经济发展模式的思考和反思。

这里不是想说中国如何了不起，而是希望美国能客观地而不要带着意识形态的"有色眼镜",来看待中国所选择的中国特色社会主义道路和发展方式,从而为构建新型大国关系奠定一个符合实际的思想基础。

如今中美关系的复杂性还在于两国又是守成大国同新兴大国之间的关系,一定程度上具有世界格局演变进程中"权力转移"的含义。也就是说中国的话语权在增加,国际和地区事务一定会有中国的声音。当然这种转移的过程是很漫长的,并不是一条直线,美国将在很长时间内继续保持超级大国的地位。但是这显然增加了处理双边关系、构建新型大国关系的复杂性。

有研究显示,人类历史上大概有 15 次新兴大国的崛起,其中 11 次与守成大国发生对抗和战争。2014 年是一次大战 100 周年,关于战争与和平的议论不绝于耳。历史是一面镜子。中美必须打破历史上大国冲突的传统逻辑,避免大国博弈对抗的悲剧,这既是对两国人民和国际社会负责,更是对历史和将来负责。目前亚洲有个别国家正在利用中美关系这一独特的历史阶段特点做文章,谋私利,企图挑拨、诱迫中美重蹈历史覆辙。我们决不能上当。因此,构建新型大国关系在当前历史阶段显得尤为必要和格外重要。

新型大国关系的内涵和有效途径

习近平主席强调,中美要构建"不冲突、不对抗、相互尊重、合作共赢"的新型大国关系,其基础是增进相互信任、扩大共同利益。

中国要全面深化改革、实现现代化的宏伟目标,需要长期和平的国际大环境,而中国的发展壮大同时也是维护、保障世界和平的坚定力量。中国有信心用自己的行动和世界一起实践"永不称霸"的庄严承诺。

不冲突、不对抗既是构建中美新型大国关系的前提,也是中国发展的唯一选择。如今世界今非昔比,中美之间、各国之间都是日趋紧密的利益共同体,"你中有我、我中有你"的利益格局已成为国际经济关系的常态。从全球范围看,无论是反恐还是维护网络安全、核不扩散、气候变化、中东和平与非洲发展,都需要中美两国的积极参与和紧密合作。

中美面对金融危机的惊涛骇浪携手合作,与二十国集团其他成员"同舟共济",采取积极、坚决的财政和货币政策,顺利避免全球经济的崩溃。2009 年,面对哥本哈根气候大会矛盾激烈、陷入混乱的困境,中美坚持不放弃，最后以智慧和勇气推动达成《哥本哈根协议》，为后来全球应对气候变化合作打下了基础。

这样的事例俯拾皆是，充分证明对抗将是双输、多输，冲突没有出路。中美不冲突、不对抗顺应全球化潮流，也是世界各国对中美两国的殷切期待和强烈希望。中美合作乃两国之幸，世界之幸。唯有如此才能改变对中美关系的负面预期，为两国逐步建立战略互信提供基础，构建对中美长期友好合作前景的强大信心。

要做到不冲突、不对抗，关键是相互尊重，特别是尊重对方的核心利益。这是构建中美新型大国关系的基本原则。现今全球化、多极化趋势方兴未艾，世界多样，丰富灿烂。中美政治社会制度不同，历史文化背景各异。民主的核心是尊重人民的选择。"己所不欲，勿施于人"。中美只有相互尊重对方人民选择的制度与道路，相互尊重彼此的核心利益与关切，才能求同存异，聚同化异，实现两国的长期和谐相处，为世界的长治久安作出贡献。

要做到不冲突、不对抗，更需要合作共赢，为中美构建新型大国关系输入强大的正能量。中美双边各领域有着广泛合作需求和巨大合作潜力。新能源和信息技术飞跃发展已经带动第三次工业革命。中美在页岩气、清洁能源开发等领域的合作前景看好，随着中美投资协定谈判的推进，如果美国在高技术产品出口方面放弃对中国的歧视政策，两国相互投资势头将更加强劲。

中美经贸关系给两国发展带来巨大红利，更是中美关系历经风雨、始终破浪前行的"压舱石"和"定海神针"。中美贸易额近5000亿美元，相互投资逾800亿美元。有报告预测，10年后中美将互为最大贸易伙伴，美对华出口将达4500多亿美元，为美创造250多万个就业机会，赴美中国游客将从2012年的150万上升到1000万。中美合作共赢不仅有利于两国人民，还将造福世界各国。

中美关系发展"态度决定思路"

中美生活在一个错综复杂、不确定因素日益增多的世界。中美关系要顺利、健康地向前发展，需要双方有正确的态度，保持战略和政治定力，克服偏见和矛盾，持之以恒地共同推进。

这个态度首先指战略互信、相互包容。如果相互缺乏起码的信任，互相猜忌，那其他都是空谈，再好的声明、协议和对话机制也不管用，最后不仅可能一事无成，还会对立、对抗，甚至发生冲突，损害双方的根本利益。

盖洛普和《中国日报》2012 年 4 月的联合民调显示，在接受调查的美国人中，61% 的成年人和 63% 的意见领袖认为，中国在世界上不断增强的影响力对美国是件坏事，60% 的意见领袖认为中国军力发展对美国是威胁，76% 的人认为缺少信任是中美关系进一步发展的主要障碍。这样的民调虽有可能以偏概全，但却也反映出两国之间确实存在互信欠缺的问题。

两个大国特别是新兴大国与守成大国之间，难免会有这样那样的利益不一致或者利益冲突，关键是两国如何在分歧中和睦相处、扩大共同利益和共识，实现互惠共赢。这就需要一定程度的战略互信。

美国著名的中国问题专家费正清说过，我们同中国的关系需要我们这方面有越来越多的理解。美前财政部长保尔森也说，美国的每项重要经济、政治和安全目标以及全球问题的解决都离不开中国的参与。美国官员理解了中国人的看法、视角和远见，就能更有效地处理相关重大关切问题。

中方反复强调，中国将坚定不移地走和平发展的道路，从来没有想要挑战甚至取代美国地位的战略意图。中国真心实意地希望各国共同维护和平，实现繁荣发展。美方也反复表示无意遏制中国，乐见中国强大。这是双方正确的战略取向。只要言行一致，战略互信的大厦就能一砖一瓦地平地而起，安护中美新型大国关系的稳步成长。

这个态度要求我们脚踏实地，促进务实合作，使新型大国关系的利益纽带更加坚固。以投资和服务贸易为核心的"市场准入"已成为全球关注的重点。中美正以准入前国民待遇和负面清单为基础积极推进双边投资协定实质性谈判，这体现了中国政府推进改革开放、深化两国经贸合作的决心。中美在新能源、城镇化、环境保护、生物技术、基础设施建设等领域合作潜力巨大。中方将继续采取措施解决美方对市场准入、知识产权保护等的关切，同时希望美方放宽对华高技术产品出口，公平对待中资企业赴美投资。

这个态度要求两国积极开展人文交流，扩大民间来往，使新型大国关系的民意基础更加坚实。"国之交在于民相亲"。民意决定两国关系走向，中美新型大国关系能否得到两国广大民众的理解和支持是成败的关键。要积极鼓励和扩大两国民众在家庭、社区、学校、民间团体等基层层面的往来，以增进、深化了解和友好。文化交流和交融有助于实现相互包容与融合，消除误解和偏见。希望扩大交流能推动中美友好合作成为主流声音和社会基础。

这个态度更要求中美共同负起责任，在国际地区热点及全球性问题上紧密合作，使新型大国关系惠及世界各国。世界格局的变化今后一段时间将主要反映在全球治理体系和机制的改革上。金融危机深刻暴露了现有全球治理体系的缺陷和不足。二十国集团峰会机制替代八国集团成为全球经济治理的主要平台，新兴市场国家在国际金融、经济机构中的发言权逐步扩大，都充分说明改革全球治理体系的紧迫性和必要性。

中美在维护国际和地区局势稳定、促进可持续发展等方面利益汇合，有着共同的责任和义务，理应携手努力。亚太地区是中美两国利益交汇最集中的地区。一个是中国的安身立命之所，一个是美国的战略攸关之地，两国能否实现良性互动、合作共处，对地区形势和中美关系发展都至关重要。尤其是目前因为日本政府右倾化日益严重，一再挑战二战后建立起来的国际秩序，东亚紧张局势升级，更加令人担忧，也更需要中美的合作。

国际社会对中美两国在全球的合作是有期待的。中国愿与美国在全球治理中展开全面合作，承担与自身国力及国情相适应的责任，为国际社会提供更多公共产品。这不是"两国共治"，实际上两国也治不了世界，而是互助互补，"一加一大于二"。中美在任何领域都可以合作，虽然两国立场未必事事完全一致，但这并不影响两国的沟通、对话与合作，只会加深战略互信，促进两国新型大国关系的长足发展。

基辛格在其新作《论中国》中提出"共同演变"（co-evolution）的概念，明确表示中美不应是"零和关系"，强调两国要依靠紧密的（共生）联系，尽可能扩大合作，减少对立，在相互适应、促进合作中追求本国国内必需目标，实现共同演变、共同发展。

习近平主席指出，中美作为政治制度、历史文化背景、经济发展水平不同的两个大国，构建新型大国关系，既要有"不到长城非好汉"的决心和信心，也要有"摸着石头过河"的耐心和智慧。他还在与奥巴马总统会晤时表示，太平洋足够大，能容纳中美两国的共同发展。

温故而知新。历史和现实都告诉我们，只要我们按照领导人指引的方向，坚定地推进中美新型大国关系的全面发展，中美就能够为人类的进步和发展作出应有的贡献。

"中美世纪"之争谁是赢家？

最近有几则消息令人关注。一是美国盖洛普 2 月 20 日公布民调结果显示，53% 的美国人对中国持负面或非常负面的看法，20% 的人认为如今美国的头号敌人是中国。二是奥巴马不顾中方强烈反对于 2 月 21 日在白宫第三次见达赖。三是最近美国出了本书，题目叫"世纪之争"，讲中美两国在 21 世纪的竞争，提出中美是否在进行"新冷战"的问题。中美都是世界大国，中美关系的发展不仅关乎两国人民的利益，也将决定 21 世纪世界的前途。负面消息越多，越需要冷静、理性、客观的思考。

处理守成大国与新兴大国的关系不易

中美关系是 21 世纪全球最重要的双边关系。这点没人会否认。中美是世界第一和第二大经济体，又都是安理会常任理事国，而且还是新兴大国与守成大国的关系。两国历史、制度、文化不同，难免会有看法和利益不一致或者利益相冲突的地方，关键是两国如何判断对方的战略意图、在合作中努力扩大共同利益，在分歧中和睦相处，实现互利共赢。这就需要一定的战略互信，相互心里要托底。

2014 年是中美建交 35 周年。从 20 世纪 70 年代面对共同的战略威胁相互打开国门，到中国改革开放后两国经济依存加深，从"非敌非友'的战略模糊到两国领导人承诺共同构建新型大国关系，回顾中美关系几十年的风风雨雨，有一点十分清楚，那就是和则两利，斗则俱伤。《世纪之争》作者迪亚说，"自毛泽东主席会见尼克松总统以来，亚洲经历了几十年前所未有的和平与繁荣"。此语切中了中美相处的根本之道。

过去中国经济体量小，军事力量也不强，中美矛盾不太突出。2008 年中国主办北京奥运会，之后在二十国集团应对国际金融危机中发挥主要作用，经济总量一跃成世界第二，中国在双边和国际事务中的话语权不断增加。于是，守成大国与新兴大国矛盾和猜忌的一面就凸显出来，两国能否和平相处、和平竞争的问题在进入 21 世纪后也成为国际政治的重要话题。其实世界的发展不会是一条直线，美国还将长期保持超级大国的地位。但是地区和全球力量对比的变化显然增加了处理中美关系、构建新型大国关系的复杂性。

历史上看，每当有新兴大国崛起，与守成大国的冲突 2/3 以上都是通过战争解决。目前美国国内和国际上对中美可能发生冲突的言论不绝于耳，亚洲个别国家还利用中美关系独特的历史阶段企图诱使中美重蹈历史覆辙，东亚局势紧张显然有可能将中美拖入冲突。中美在 21 世纪如何相处已成为地缘政治的焦点。

中华文化和中国漫长的历史都告诉人们，中国没有"国强必霸"的基因。中美需要相处有道，用实际行动来打破历史上大国冲突的传统逻辑，避免悲剧重演，此道就是构建新型大国关系，以确保两国长期和平相处、和平合作与竞争。这既是对两国人民和国际社会负责，更是对历史和将来负责。

如何构建相处有道的新型大国关系

2013 年 6 月，习近平主席与奥巴马总统举行"不打领带"的历史性会晤，就构建中美"不冲突、不对抗、相互尊重、合作共赢"的新型大国关系达成重要共识。

2014 年 2 月 20 日，中美交流基金会和美国进步研究中心发表联合报告，就中美构建新型大国关系提出 18 条具体建议，其中包括中美开展深层次的海洋和军事合作，为制定解决争议、避免危机的新规则奠定基础，以及将美中分别推动的"跨太平洋战略经济伙伴协定"与"亚太地区全面经济伙伴关系协议"合二为一等。

中美是日趋紧密的利益和命运共同体，"你中有我、我中有你"的利益格局成为两国政治、经济关系的常态。就地缘政治和地缘经济而言，无论是反恐，还是维护网络安全，无论是处理核不扩散、气候变化，还是建立中东和平、促进非洲发展，都需要中美积极参与和紧密合作。

构建中美新型大国关系的关键是尊重对方的核心利益。中美政治社会制度不同，历史文化背景各异。"己所不悦，勿施于人"。只有尊重各自选择的制度与道路，尊重彼此的核心利益，才能聚同化异，实现长期和谐相处、和平竞争。

构建中美新型大国关系的基础是寻求共同利益，合作共赢。中美经济互补性强，在各领域合作需求广泛、潜力巨大，在页岩油气、清洁能源开发等领域合作前景看好。随着中美投资协定谈判的推进，如果美国在对华高技术产品出口方面态度积极，两国相互投资势头将更加强劲。

两国经贸关系给人民带来巨大红利，是中美关系的"压舱石"。中美贸易额逾 5000 亿美元，相互投资达 800 亿美元。10 年后美对华出口将达 4500 多亿美元，为美创造 250 多万个就业机会，赴美中国游客将达 1000 万。

战争与和平的选择

迪亚在《世纪之争》中称，"中美在太平洋的军事竞争新时代将是 21 世纪决定性的地缘政治之争"，认为中国海军实力快速提升，突破"第一岛链"已成事实，美国正在失去对太平洋"一统天下"的军事优势，五角大楼已经拟定针对中国的所谓"海空一体战"计划，即一旦发生冲突，美军将先发制人，深入中国腹地，摧毁中国的路基导弹和指挥系统。当然，迪亚认为此举很危险，可能使两个有核国家战争升级。

美国全球战略的核心是不允许任何国家在一个地区做大，从而损害美国的全球霸权地位。近年来全球地缘政治、经济出现许多重大变化，其中最重要的是以中国为代表的"金砖国家"等一批发展中国家的快速兴起，目前主要发展中国家的国内生产总值在全球经济中的占比已经超过发达国家组成的七国集团。

美国"亚洲再平衡"战略就是在这一背景下出台，不管美国作何表态加以掩饰，其平衡的对象显然是冲着中国来的。"再平衡"主要表现在地缘政治和地缘经济两方面，政治和军事上加强与盟友的联系，构筑网格型联盟，经济上力推"跨太平洋战略经济伙伴关系协定"谈判，重塑地区和国际经济贸易规则。这些做法在政治、经济、军事诸方面已经引发中美疑虑加深，战略互信削弱，中美关系再次处于"漂移"状态，而且还刺激日本等国铤而走险，不断加强军备，在海洋权益等方面挑起事端。近来日本安倍政府一再挑战二战后建立的国际秩序，安倍在年初达沃斯年会上居然将中国与一战前的德国相提并论。东亚紧张局势不断升级，令人担忧。

亚太地区是中美利益交汇、碰撞最集中的地区，对中国是安身立命之所，对美国是战略攸关之地，两国能否实现良性互动、和平共处，对地区局势和中美关系发展至关重要。

中美两国的体量和影响国际事务的能力表明，两国关系已经远远超出双边范畴。对两个拥有核武器的大国来讲，战争不可能成为选项。这并非是谁害怕战争，而是战争将严重损害两国人民和国际社会的根本利益。人类历史上已经有过两次世界大战，给人类社会和文明带来巨大创伤。战争不是选项并非表示战争不会发生。

当前重要的是，两国要汲取两次世界大战的教训，特别警惕东亚局势的演变，加强各个层面的磋商与沟通，防止出现意外，被某些国家或特发事件拖入冲突。中美如何处理东亚问题关乎战争与和平，关系到国际秩序演变和世界新格局的形成，需要智慧和担当，万万不可掉以轻心。

国际社会对中美和平相处、积极合作是有期待的，这也是两国的历史责任。中国愿与美国在各个领域包括全球治理展开全面合作，承担相应的责任，共同为国际社会提供更多公共产品。这与"两国共治"毫无关系，这个世界属于各国，有事情需要大家商量着办，由一国、两国或者几个国家说了算的时代已经成为历史。中美加强合作是互助互补，"一加一大于二"。虽然两国立场未必事事一致，但这不影响两国在双边和地区以及全球层面的沟通、对话与合作，只会加深战略互信，促进两国新型大国关系的长足发展。"世纪之争"应该是和平的竞争与合作，两国完全可以双赢！

中美政治制度和发展道路
究竟有何不同?

　　中国和美国是世界第一和第二大经济体,而两国政治制度和发展道路大相径庭。两国经济在全球化进程中互补性强,市场相互开放,相互依存度日渐深入。中国持续30多年的高速发展以不争的事实创造了人类发展的奇迹,而美国在金融危机后复苏缓慢、实力相对下降,使这些年两国政治制度和发展模式的优劣之争不绝于耳,关于两国互动将深刻影响未来全球治理的声音也此起彼伏。

　　中国经济之所以有奇迹般的发展,吸收世界经济发展先进理念,选择适合中国实际的发展道路是关键,而中国独特的、随时代进步不断微调的政治制度是基础和保障。

　　中国的改革开放没有追随西方新自由主义和市场原教旨主义,盲目进行"结构调整"和"休克疗法"等教条主义的"改革",而是实行符合中国国情的社会主义市场经济体制,将政府"看得见的手"与市场"看不见的手"紧密融合,不断纠正出现的偏差和问题,实行两者"动态平衡",走出一条中国自己的发展道路,创造了"中国模式"。

　　这段时间中国经济年均增速达10%,成为全球第二大经济体,人均GDP从几百美元增加到7000美元,对减少世界贫困人口的贡献率超过70%,近5年对全球经济增长的贡献率逾20%,并且作为东亚发展的"领头雁"带动了中国周边地区的共同发展和繁荣。在今后建设新海上丝绸之路和丝绸之路经济带的进程中,中国还将与周边邻国共享发展红利,创造亚洲的经济发展奇迹。

而以美国为首的西方国家为国际垄断资本利益服务推行新自由主义，主张全盘私有化以及金融、贸易和投资自由化，弱化广大发展中国家的经济主权，在全球范围造成失业高企不下、贫富两极分化、社会政治动荡，给许多国家带来灾难性后果。据国际劳工组织统计，世界失业人口从 2007 年的 1.9 亿如今增加到 2.4 亿左右。统计显示，从 1979 年到 2012 年，美国劳动生产率提升了 74.5%，但工资仅增长 5%，贫富差距明显拉大。

中国的发展道路与中国的政治制度密切相关。"北京共识"与"华盛顿共识"之争，孰优孰劣，已有公论。

中国政治制度的优势在于：

1. 中国共产党遵循中国政治传统，代表中国绝大多数人利益，并为中国老百姓所接受。美国皮尤中心和"亚洲动态"近来的民调均显示，中国政府在民众中支持率超过 75%。

2. 中国共产党继承传统，建立了选贤任能的干部制度，在执政理念和工作能力上鼓励良性竞争，高度重视实干，强调共识。

3. 决策实行民主集中制，突出协商和协调。由习近平总书记担任组长的三中全会文件起草小组在半年时间内，向全国征集超过 2500 条建议，最终采纳近一半。

4. 中国发展模式是在中国政治制度下独创的。中国宏观调控手段远远超出凯恩斯经济学范畴的财政和货币政策。社会主义市场经济模式给了中国政府更大的宏观调控能力。

5. 得民心、顺民意。中国政治哲学理念中，民意就是公众舆论，民心则是人心向背。孟子曰，"得其心，斯得民矣"。中国的政治制度和改革开放的发展模式使老百姓受益，得到人民的广泛支持。

美国的政治制度则明显出了问题，而且问题还不小。主要表现在三个方面：

1. 贫富差距拉大，美国资本主义经济制度是富人剥削穷人的政治制度，注定会出现贫富分化，马克思《资本论》深刻分析了资本主义本质，上百年资本主义发展史也充分证明了这一点。美国贫困人口 2000 年为 3160 万，2009 年达 4240 万。

国际货币基金组织研究显示：占美国人口 10% 的最富有群体收入占国

民总收入比例从 1980 年的 30% 增长到 2012 年的 48%。而占总人口 0.1% 的顶级富翁的财富占有率从 2.6% 增长至 10.4%。据美国专家估计，近年经济复苏所得收益的 95% 流向仅占人口 1% 的超级富翁。

近几十年来，美国贫富分化更加严重，中产阶层不断减少。这与美国从 20 世纪 80 年代起实施"新自由主义"经济制度有密切关系。"新自由主义"过分强调市场作用，在推动经济发展中注重效率，忽视公平。

贫富不均已经成为严重的政治问题。皮尤研究中心近期民调显示：65% 的受访者认为过去十年中贫富差距拉大，CNN 民调反映：有近 70% 的美国人认为政府应采取更有力措施缩小贫富差距；60% 的美国人认为应提高富人税收以减少贫困。

2. 美国选举制度的虚伪和内在不平等。表面上一人一票无法掩盖政治话语权不平等。美国学者认为，无论从竞选捐款者还是投票者角度分析，美国富人政治代表性远远超过其人数比例，更不用说他们可以通过游说组织、媒体等途径对政治体系施加强大影响力。

美国富裕阶层和普通百姓在许多政策立场上泾渭分明。老百姓广泛支持减少不平等和提升中产阶层经济机会的政策，如提高最低工资标准和失业保险金，但富人反对这样做。

3. 两党斗争使美国政治出现"极化"，任何问题都按党派划线，而并非出自国家和人民的利益考虑。

美国政治制度是两党轮流执政，其初衷是实现政策互补，但现在已经演变成两党纷争，尤其涉及重大议题，两党出自党派利益总是无法达成一致。联邦政府管理结构也因此在意识形态上出现两极分化。美国的制衡制度当初的设计目的是为了防止出现过于强大的行政部门，到后来就演变成了国会中一家或者一党否决制。

同时，司法和立法部门在美国政府中影响力过大，损及行政部门的执行力。美国人历来不相信政府，久而久之就出现立法部门解决行政问题的尴尬局面。这种处理行政问题的办法成本极高、效率低下。

举一典型例子，美国总统奥巴马和民主党推行医保改革，该法案在国会通过时，党派划线走到极致，居然没有一名共和党议员投赞成票。这种制度说得好听一点是决策机制过于松懈，太过民主，说得实在一些，就是党派利益高于人民利益，政府无法实行真正的惠民政策。《纽约时报》专栏作家弗里德曼曾说过，美国也需要"改革开放"，改变政府无能为力的局面。

美国联邦和地方政府也出现两极分化、相互对立，致使联邦政府许多政策无法在各州推行。由于两党长期处于对立状态，美国50个州中有40个完全按照党派划分，只有10个州处于中立。美国总统选举实际上只是对这10个州的争夺。这种联邦和地方两极分化的现象导致利益集团现象长期化、固定化，政府政策和执行能力被"绑架"，社会缺乏活力和生机。加利福尼亚州因此经济已经破产，入不敷出，长期靠借债度日。

4. 利益集团和游说团体的影响力无出其右，不断增加，扭曲民主进程，也削弱了政府有效执政的能力。美国首都华盛顿K街公关公司、游说公司云集，被称为美国真正的政治权力所在地，有数以千计的说客，平均每位国会议员超过20名。金钱获得美国历史上前所未有的政治影响力。美国政府的每项决定、美国国会的每项议案，背后都有这些公司的影子，都有金钱的推手。

美国国会议员的选举、美国总统选举的花费逐年增加，金钱政治已经成为美式民主的常态。近来美国最高法院关于竞选资金的裁决，更是助推金钱政治"水涨船高"。据《华尔街日报》7月3日报道，过去20年里，克林顿和希拉里夫妇总共募集资金20亿至30亿美元，其中来自美国公司占13亿到20亿美元，高盛公司独占花魁，捐款近500万美元。而且该报还预测，如果希拉里决定参加2016年美国总统竞选，如此雄厚的资金实力将起重要的作用。2012年美国总统选举花费20亿美元，《华尔街日报》估计2016年选举将远远超过这一数字。

过去30年，美国和西方国家一直在全球推销自己的制度模式，主要就是市场原教旨主义和民主原教旨主义，但效果越来越差。市场原教旨主义和"华盛顿模式"的失败从2008年世界金融危机和许多发展中国家的痛苦经历中已有充分的佐证。民主原教旨主义从中东地区，特别是最近伊拉克的乱象中更是可见一斑。

今后全球治理究竟应该走什么样的道路，是各国必须认真思考的严肃问题，因为它涉及世界的未来，涉及21世纪各国的命运。当前全球治理面临严峻挑战，也面临巨大的历史机遇，二十国集团作为全球经济治理的主要平台，有责任有义务直面这些重大问题，并提出可行的原则和"路线图"。金砖五国峰会召开在即，据了解五国将讨论如何合作改善全球治理，包括采取建立金砖五国开发银行等建设性举措。各方对此有较大期待。

中美刚刚举行了第六轮战略和经济对话和第五轮人文交流高层磋商，两国在双边关系和全球治理方面增加了共识，减少了分歧。作为世界第一和第二大经济体，又同为联合国安理会常任理事国，中美有责任加强协商和合作，为建立更加公平、公正、合理的全球治理机制和体系作出应有的贡献。

美国全球战略调整带来的挑战

2014 年初在瑞士达沃斯年会上，各国精英们谈得最多的是，美国经济的稳定复苏与美国全球战略的收缩。美国作为"唯一的超级大国"，随着经济复苏势头企稳，其全球战略会继续沿着收缩、再布局的方向调整还是随之逆转？

众所周知，美国全球战略的反思和调整是随时随处可见的常态，最新一轮始于 2008 年金融危机和随后奥巴马总统以"我能！"的改革姿态进入白宫。这轮调整的主要背景如下。

一，美国经济、金融霸权地位受到金融危机的冲击，以 20 国集团和金砖国家等新兴国家集体崛起为标志，世界格局和全球力量对比正在发生历史性变化。

二，从更大历史跨度看，21 世纪初，纽约世贸大厦轰然倒塌、美国本土首次遭受国际恐怖主义袭击，美国国土安全堪忧。接踵而来的阿富汗和伊拉克战争更使美国与伊斯兰国家和文明的冲突加剧，美国不得不就全球战略优先次序做出调整。中国和俄罗斯仍是美国的主要战略竞争对手，但国际恐怖主义的现实威胁迫使美国面对直接的敌人。

三，在经济全球化势头迅猛发展的时代，美国加紧推进创新和技术革命，并实施以大规模开采国内页岩油气为标志的能源独立战略，为提高其全球竞争力、领跑新工业革命奠定基础。美能源自给自足已指日可待，不仅全球经济竞争力大为提高，而且扩大了美国在中东的地缘政治回旋余地。

战略重心东移以应对新兴大国的崛起

美国全球战略调整既是动态的，也是相对的，主要是在保持原有欧洲与中东战略优势的同时将战略重心东移，以应对新兴大国的崛起。

首先，美国由于经济持续低迷和伊拉克、阿富汗战争受挫等因素对外政策回归"孤立主义"态势，总体上对卷入国外冲突疑虑重重，十分谨慎，美国老百姓更不支持。不久前皮尤研究中心民调显示，52％的美国人认为："美国在国际上应该顾自己，让其他国家管好各自的事。"只有38％的人对此持不同看法。看来奥巴马政府在叙利亚使用武力十分小心，并为空中打击叙利亚寻求国会批准并非虚晃一枪。克林顿时期的国务卿奥尔布赖特经常挂在嘴上的豪言壮语——"在国际事务中美国是不可或缺的"已失去市场。

其次，美国从伊拉克撤军后又将从阿富汗撤出，其抽身中东、战略重心转移的意图明显。尽管克里国务卿三天两头跑中东搞穿梭外交，但中东地区尤其是埃及和叙利亚的混乱局面有增无减。美国中东政策思路随着全球战略调整而转变，开始从全面介入转向有选择的参与。美在伊朗核问题上抓住机遇"转弯子"，奥巴马与鲁哈尼首次通话，美通过六国机制就伊核问题与伊朗谈判达成六个月初步协议；在叙利亚问题上，与俄罗斯通过叙化武问题取得突破，增加了回旋空间。

再则，美力量分配向东转移，重点加大对亚洲的投入，积极全面推进"亚洲再平衡"战略，中国作为"战略竞争对手"在美全球战略中分量加重。美国加强在西太平洋的军事力量，逾60％的战略武器已部署到位。

同时，美国全面推进全球治理体系调整，推动"去全球化"，以跨太平洋经济战略伙伴关系（TPP）和跨大西洋贸易和投资伙伴关系（TTIP）为切入点，重新塑造全球经济规则，排挤中国和其他主要发展中国家，维护世界经济、金融美主导地位，巩固美元货币体系。美计划在2014年完成上述"超级自贸区"谈判。最近中国对外贸易逾四万亿美元，超过美国成为第一贸易大国，人民币在全球贸易融资中超欧元成为第二大交易货币对美国和其他西方国家刺激不小。

还有，美国拉紧与欧盟的政治、经济和军事联系，在乌克兰加入欧盟等问题上与俄争夺激烈，继续挤压俄战略空间。这也是从西面策应其"亚洲再平衡"的战略布局，应对中国"西进"战略，防止中俄抱团。最近在慕尼黑安全论坛上，美俄外长和欧盟外交事务专员及北约负责人拉斯莫森就乌克兰问题唇枪舌剑，交锋激烈，可见一斑。克里直接抨击俄"寡头做法践踏"乌克兰民主进程，而拉夫洛夫则针锋相对批评西方支持乌反对派搞乱乌政局。

"权力真空谁来填补？"

美国全球战略调整将影响主要大国的对外战略和互动。西方舆论称，目前世界呈现"碎片化"态势，美国全球战略收缩已导致不少地方出现"权力真空"，"中国龙"正在填补真空，如东亚、中东和非洲；美国"新孤立主义"倾向使战后国际秩序受到侵蚀，国际体系因地缘政治、经济"无序发展"而分崩离析，世界出现"无人领导"、"各人自扫门前雪"的无政府状态；担心"美国治下"的全球政治和经济体系脱离西方轨道，尤其是亚洲。现在亚洲贸易的一半以上是亚洲国家之间的贸易，而且更多使用人民币进行结算；新兴国家在全球经济中的分量提升预示国际体系正经历"根本性变革"。再过 20 年，除金砖国家外，墨西哥、印度尼西亚、土耳其、越南等一大批发展中国家将集体崛起，由此到 2020 年全球将新增 10 亿中产阶级。这样的世界美国还能领导吗？

其实，这是个伪命题。美国唯一超级大国的地位并未改变。虽然受到2008 年史无前例的金融和经济危机的双重打击，美国经济依然"鹤立鸡群"，大致占全球国内生产总值的 23%，而且在发达经济体中复苏势头最为强劲，失业率已降至 7% 左右。美联储经过三轮货币宽松，在其资产负债表高达 4 万亿美元后，已经开始退出量化宽松，每月减少购买 100 亿美元的债券，在 2014 年底结束宽松政策已成定局。受美联储政策影响冲击最严重的是一批新兴市场国家，如土耳其、南非、阿根廷、印度尼西亚等。2014 年一月最后一周，新兴市场股市大跌，从中撤出的资金高达 120 亿美元。美元国际储备货币地位也难以撼动，美元是大宗商品的定价货币，占各国货币储备逾 60%，全球贸易结算的 60% 至 70%。中国 3.7 万多亿美元的 1/3 强买了美国国债。美国军事力量更是遥遥领先于世界各国，是唯一有全球军事投放能力的大国，光航母编队就有 11 个，每年军费支出超过其后 20 国之和。

至于美国中东政策调整，那就是调整而已，从全面、直接参与逐步向有选择、直接加间接参与过渡。这一方面反映美国国力相对下降，需要考虑干预的"成本"，同时说明美国"巧妙外交"、"灵活外交"渐趋成熟，还表明美国减少中东石油依赖赋予其更大的战略回旋空间。如果因此得出结论，美国彻底"逃离中东"，或是美国已无力干预中东事务，那是非常幼稚的。中东不是美国全球战略调整的"权力真空"，而是各种因素叠加、美国在某些问题上"退居二线"的结果。

美国在亚洲特别是东亚的态势凸显美国战略调整的到位。美国东亚战略空间扩大了，而不是缩小了。美国与亚太盟友关系比以前大为加强。"东锚"日本、"西锚"澳大利亚，加上菲律宾、新加坡、越南以及印度等，美国的军事网络编制得比以前更加紧密。前面提过的 TPP 谈判是美国地缘经济十分重要的战略布局，既谋势，又图实利，不失为厉害的先手棋。

中美建立新型大国关系是根本之道

美国全球战略调整对中国意味着什么？中国又该如何应对？这需要我们认真思考。中国的发展壮大是历史大趋势。中美关系是全球最重要的双边关系，将影响 21 世纪世界格局的演变。2014 年是中美建交 35 周年。从 20 世纪 70 年代面对共同战略威胁，到中国改革开放后双方经济相互依存加深，从"非敌非友"的战略模糊到两国领导人承诺共同构建新型大国关系，中美几十年走过的风风雨雨表明，携手合作，共同推进世界和平与繁荣是两国的历史责任。

2013 年习近平主席与奥巴马总统达成构建中美新型大国关系的重要共识，既为中美关系未来绘就了蓝图，也为中国应对美战略调整指明了方向。

中美关系的复杂性还在于守成大国同新兴大国的关系。这增加了处理双边关系、构建新型大国关系的难度。中美首先要从战略上处理好这一矛盾。中美必须打破历史上大国冲突的传统逻辑。亚洲有个别国家正在利用中美关系这一历史特点做文章，企图挑拨、诱使中美重蹈历史覆辙。两国绝对不能上当。

我们生活在一个错综复杂、不确定因素日益增多的世界。中美之间任何战略调整与适应必须建立在战略互信、相互包容的基础之上。盖洛普和《中国日报》2012 年的联合民调显示，在接受调查的美国人中，61% 的成年人和 63% 的意见领袖认为，中国不断增强的影响力对美国是坏事，60% 的意见领袖认为中国军力发展对美是威胁，76% 的人认为缺少信任是中美关系发展的主要障碍。这样的民调虽可能以偏概全，但反映出两国确实存在互信问题。

中国已明确表示将坚定不移地走和平发展道路，从未有挑战甚至取代美国的战略意图。中国真心实意希望各国共同维护和平，实现繁荣发展。美方也反复表示无意遏制中国，乐见中国强大。这是双方正确的战略取向和合作基础。中美构建"不冲突、不对抗、相互尊重、合作共赢"的新型大国关系，就是要增进相互信任，扩大共同利益。中美是紧密的利益和命运共同体，"你中有我、我中有你"的利益格局已成为常态。同时无论是反恐还是维护网络安全、核不扩散、气候变化、中东和平与非洲发展，都需要中美积极参与和紧密合作。

其次，中美经贸关系给两国发展带来巨大红利，是中美关系历经风雨、始终破浪前行的"压舱石"。中美年贸易额超过 5000 亿美元，相互投资逾 800 亿美元。有报告预测，10 年后中美将互为最大贸易伙伴，美对华出口将达 4500 多亿美元，为美创造 250 多万个就业机会，赴美中国游客将从 2012 年的 150 万上升到 1000 万。

中美应脚踏实地，促进务实合作，使新型大国关系的利益纽带更加坚固。中美正以准入前国民待遇和负面清单为基础积极推进双边投资协定实质性谈判，这体现了中国政府推进改革开放、深化两国经贸合作的决心。中美在新能源、城镇化、环境保护、生物技术、基础设施建设等领域合作潜力巨大。中方将继续采取措施解决美方市场准入、知识产权保护等关切，同时希望美方放宽对华高技术产品出口，公平对待中资企业赴美投资。只有这样两国的经济合作才能在全球化势头迅猛发展的背景下顺利前进，为两国在全球其他领域的合作打下基础。

再则，两国要积极开展人文交流，扩大民间来往，使新型大国关系民意基础更坚实。"国之交在于民相亲。"要鼓励和扩大两国民众在家庭、社区、学校、民间团体等层面的往来，以增进了解和友好。文化交流有助于实现相互包容与融合，消除误解和偏见，推动中美友好合作成为主流声音。

两国更要共同负起责任，在国际地区热点及全球治理改革中紧密合作，使新型大国关系惠及世界各国。金融危机深刻暴露了现有全球治理体系的缺陷和不足。二十国集团峰会机制替代八国集团成为全球经济治理的主要平台，新兴国家在国际金融、经济体系中的话语权逐步扩大，都充分说明改革全球治理体系的紧迫性和必要性。只有中美合作，改革才能向前挂进。

而且国际社会对中美两国在全球合作是有期待的。不管美国全球战略如何调整，两国都需要在全球治理中展开全面合作，承担相应的责任，为国际社会提供更多公共产品。这不是"两国共治"，而是"一加一大于二"。

最后，中美在维护国际和地区局势稳定方面利益汇合点众多，亚太是中美利益交汇最集中的地区。对中国是安身立命之所，对美国也是战略攸关之地。两国实现良性互动、和平共处，对地区局势和中美关系发展至关重要。尤其目前日本政府右倾化日益严重，一再挑战现有国际秩序，东亚紧张局势升级，更需要中美合作。

基辛格在《论中国》中明确表示，中美不应是"零和关系"，强调两国要依靠紧密的（共生）联系，尽可能扩大合作，减少对立，在相互适应、促进合作中追求本国国内目标，实现共同发展。

美国全球战略调整还没有结束，希望通过各方共同努力，全球和地区的和平与发展能因此受益，而不是受损。

中美战略互动需把握大方向

中美战略与经济对话（SED）2014 年年中在北京举行，在亚洲局势瞬息万变、东亚安全形势持续恶化的背景下，中美战略互动格外引人注目。

美国 2009 年宣布"转向亚洲"（Pivot to Asia），2011 年公布"亚洲再平衡"战略，并据此采取了一系列行动。这不仅造成中美关系再度紧张，还打破了地区战略均衡，加剧了中国与部分邻国的主权和海洋权益争端。日本近日宣布解禁集体自卫权，安倍即将访问澳大利亚兜售建立针对中国的"菱形"围堵，越南宣称就海洋争端做好战争准备，菲律宾早就在蠢蠢欲动。"山雨欲来风满楼"，这些都给中国的周边安全环境增添了新的复杂和不确定因素。

在上述情况下，中美如何利用战略与经济对话这样重要的平台，进行战略互动，并深入思考 21 世纪中美作为上升和守成大国的相处之道，以避免历史悲剧重演，是对中美两国的严峻考验。

一，认清两国的历史重任，把握中美关系大方向至关重要。战略是管方向的。21 世纪中美关系如何处理，是对抗还是合作，是相互尊重还是互相猜忌，是协力应对全球挑战还是"分道扬镳"、互相拆台，是双方必须首先面对的问题，无法回避。考虑到两国的体量和全球影响力，中美关系的未来也将是 21 世纪世界的未来。

中美战略与经济对话建立的初衷就是基于上述考虑。面对全球金融危机和全球性挑战层出不穷的现实，中美意识到两国了解各自战略意图、协调对重大问题的立场，不仅是两国关系稳定健康发展的需要，更是双方深入参与全球治理，合作应对能源安全、粮食安全、气候变化、打击恐怖主义等全球挑战的基础。

　　然而近几年形势发展不如人意。中美关系矛盾和摩擦不断，而且随着力量消长变化，两国战略误判的可能性增大。为此，中国国家主席习近平2013年6月在与奥巴马总统的加州会晤中正式倡议，中美努力共同构建"不冲突、不对抗、相互尊重、合作共赢"的新型大国关系。这一战略构想不仅着眼于双边关系的发展，更具全球视野，希望中美两国走出一条21世纪的大国和平相处之道，以造福两国人民和整个人类社会。对此，美国也做了积极回应。应该说，中美关系发展的大方向两国元首已经确定，关键在于落实和行动。

　　二，"亚洲再平衡"战略和"新型大国关系"存在战略取向的矛盾，需要美方三思而后行。从根本上说，这两种战略的提出凸显中美两国战略思路的差异。战略思路出了错，就有可能作出误判，采取的政策也会固化错误战略，使两国渐行渐远。

　　"亚洲再平衡"战略固化冷战思维，出发点是对抗与遏制；"新型大国关系"希望化解矛盾，和平竞争，和平共处，寻求合作共赢。

　　中美存在不同的战略利益取向，政策重点也有分歧，但中美建交35年来，双方始终有个共识：中美在全球化背景下，两国利益深度融合、相互依赖，已结成利益共同体和合作伙伴。

　　2009年底奥巴马总统访华时发表的《中美联合声明》就体现了这一思路。中美共识远大于分歧。冷战思维说到底是文化、思想上的惯性思维，见不得别人发展比自己好。为维持优势，用军事、经济等手段打压对方是本能的冲动。

　　美国"亚太再平衡"战略将主要军事资源调集到中国周边和西太平洋地区，军事上增强与盟友的联系，经济上力推"跨太平洋经济战略伙伴关系协定"（TPP），外交上借助日、越、菲等构筑对中国的"篱笆式"围困。虽没有直接和中国对抗，但再平衡战略动作的指向都与中国有关。

　　"新型大国关系"则提倡不冲突、不对抗，合作共赢。这不是怕事，而是希望通过协商、协调谈判解决问题，至少可以缓解矛盾，并通过利益融合结成利益共同体，为地区各国走和平发展道路创造条件。

　　中美作为全球大国，需要培养和鼓励自我克制、相互理解的战略思维，为增进双方互信，构建新型大国关系提供必不可少的战略文化氛围和思维方式。出现利益和认知分歧时，双方要以换位思考方式来理解对方立场，以谨慎和建设性态度处理分歧，特别是涉及各自核心利益的重大关切，更应"三思而后行"，不能只追求自身利益最大化。

三，中美逐步培育互信对改善双边关系十分重要，要为此制定机制，创造条件。"千里之行始于脚下"，首先要学会管控危机。

美前副国务卿斯坦伯格曾提出中美平行采取"战略再保证"措施，来逐步培育互信。其观点得到不少中美学者赞同。

这种互信不仅包含增加信心、信任和信赖多重内涵，更强调行动的累积。所谓累积就是双方不断"平行"，而不是相互为前提采取实际行动，来显示愿意走互信和合作的道路。譬如中美在中东、能源、气候变化等领域的合作前景就十分宽广。中美都是能源消费大国，也是排放大国。美国在开采页岩油气方面走在世界前列，如果中美就此加强合作，全球能源格局将向稳定、环境友好的方向发展。

中美有分歧，甚至有重大分歧是常态，管控分歧和危机、培育互信也应该成为常态化行动。

要学会"把分歧装进箱子"，有效管控，以免影响大局。要开展持续有效的"战略再保证"互动，来培育正能量，抵消分歧带来的消极影响。核心是双方确保尊重对方的"底线"或者核心利益，采取措施让对方放心自己的战略意图，追求一家利益最大化不可取。你的利益最大化了，别人的利益呢？你追求绝对安全，别人的安全就不考虑了？

四，中美建立新型大国关系，增加战略互信，并据此采取相应行动，还可以向国际社会作战略宣示。

中国将坚持和平发展道路；美国欢迎中国发展和壮大，也愿意和平竞争；双方无意建立在世界和亚太分割势力范围的G2，而将在重大问题上加强磋商与合作，努力推动形成均衡、合理、公正的国际和地区格局；构建有助于共同安全，而非"零和安全"、排他安全的地区军事安全架构；致力加强双边分歧管控，强化危机管理能力。

仅仅做战略宣示是不够的。要以实际行动来说明中美建立新型大国关系、相互尊重核心利益是真的，不是放空炮。尤其涉及中国海洋权益争端时，美国不要"鼓励"少数国家借机闹事，给地区国家带来"选边站队"的艰难抉择，造成地区安全局势的混乱。双方要确保各国有一定的"舒适度"，堵塞一些国家闹事的空间。

日本、越南、菲律宾都想从中美争吵中"渔利"，认为美国亚洲再平衡战略给他们带来"千载难逢"的机会。日本希望借美国之力，改变现状，推翻二战后确立的国际秩序。美国千万不要错配自己的短期和长期利益。这些事短期看似乎符合美国对付中国的目标，但最后一定会损害美国的根本利益。还有美国竭力推动的 TPP 只有 12 国，在制定新的贸易投资规则时排挤地区最大经济体中国，到头来只会拆区域合作的台。

今天的亚洲不是冷战时期的亚洲，更不是一战或二战之前的亚洲。越来越多的地区国家希望得到中美在亚洲的合作红利，那就是通过建立公正、公平、合情、合理的安全、经济合作框架促进亚洲各国的稳定与繁荣。

中国主张在国际事务中大小国家一律平等，大国不能欺负小国，但小国也不能兴风作浪，欺负大国。

中美各领域利益深度融合，中国尊重美国在亚洲的传统影响和现实利益，从未想过要把美国从亚洲排挤出去。美方同样应尊重中国的利益与关切，为维护亚太和平稳定发挥积极和建设性作用。

五，中美战略互动要有利于全球和区域治理机制的改革与完善，有助于实现"21 世纪是亚太世纪"的多赢目标。

中国领导人 2013 年在倡导建立新型大国关系的基础上，又提出与亚太国家共同建设"海上丝绸之路"和"丝绸之路经济带"的战略构想。目的就是为地区和平与发展、建设新的区域治理机制与体系做顶层设计。

中国提出建立亚洲基础设施银行是其中一项措施，将对亚洲国家共同发展、共享中国发展红利作出贡献。

有人炒作中美建立新型大国关系是搞 G2。这不是"杞人忧天"，就是别有用心。全球治理需要各国参与和支持，二十集团（G20）为什么近年来能有不俗的表现，中国为什么坚定支持 G20 发挥全球治理主要平台作用，就是因为 G20 代表性广泛，发达国家和发展中国家力量基本平衡。主要经济体也都包括在内。G2 既不现实，也做不到。中国早就明确表示不赞成。这并不表明中美合作不重要，恰恰相反，中美合作对于解决地区和全球性挑战至关重要。

亚洲的特殊性、开放性、多样性和复杂性决定了亚洲事务哪一家说了也不算。一两个大国或大国集团不可能解决亚洲的问题，亚洲治理需要

"亚洲精神"，那就是地区国家团结合作，开放包容，和平相处，共同创造"亚洲奇迹"。

这些年全球化快速发展、各国经济相互依存加深，世界变小了。2008年金融危机爆发后，种种迹象表明，现有国际秩序出了问题。如何建设更加公平、公正的国际政治、经济秩序，建立大家都认可的全球治理机制和体系，是国际社会面临的共同挑战。要从全球和区域治理的高度来认识中国"建设新型大国关系"倡议的现实和历史意义。中美两国在重建国际秩序中是关键，要起引领、带头作用。

建设新型大国关系是中国继"韬光养晦"政策和"和平崛起"或"和平发展"政策后提出的重要理论概念。三者的核心是一致的：中国要做新型大国，在实现自身和平崛起中，打破"大国争霸"逻辑，维持世界和平。当然，能否建设"新型大国关系"中国一家说了不算，还取决于美国和其他大国。"新型大国关系"必须在大国的战略互动中逐步建立。

中美国际秩序之争

最近，国际货币基金组织预测，如果按"购买力评价"统计，中国的国内生产总值（GDP）可能于年内超过美国。这种说法有多大可信度且不说，但西方国家对中国的热议升温，"中国威胁论"再度甚嚣尘上。

一些西方人士断言，西方国家自 20 世纪 90 年代以来对中国的"建设性接触"，并未使中国走上"公开、民主"的道路，西方在现有国际秩序内"和平演变"中国的幻想破灭，中美关于国际秩序之争将成为 21 世纪地缘政治的首要纷争，美国必须坚决捍卫它和盟友在二战结束后建立的国际秩序。这些人认为，转折点是 2008 年全球金融危机及随后国际格局的演变。主要观点包括：①中国拒绝西方民主和人权概念，视美国为竞争者和潜在敌手；②中国外交政策完全从自身利益考虑，罔顾美国主导的国际机制、标准和责任；③中国认为美国制度失败、债台高筑、政府失灵，中国将替代美国成为世界霸权；④中国实力和军力同时上升，将寻求更多权力，从而引发冲突；⑤中俄走近并采取"咄咄逼人"的战略，包括在处理乌克兰危机中的表现。

美国人给自己开出的药方是，为应对中国的崛起，美国必须有以下长期战略：以能源独立为基础的强大、不断增长的经济；富有活力和有效的民主体系；有盟友支持的耐心的外交；出现危机时有能力与中国抗衡的军事力量。

历史上国际秩序之争往往发生在守成大国和新兴大国力量不断接近之际，而且大多以战争形式解决。那么中美怎么办？两国有没有足够的智慧和勇气走出一条 21 世纪的大国和平竞争、和平相处之道？这对中美两国是严峻的历史考验，其结果将直接影响世界的和平、发展与稳定。

中美建交 35 年来，两国关系历经波折，从共同应对战略敌手，到全球化浪潮中经济互补共同发展，从潜在竞争对手，到应对全球挑战、参与全球治理的合作伙伴，35 载风和雨，合则两利斗俱伤。当前，中美再次面临历史的考验，砝码更大，责任更重。

习近平主席提出中美共同构建新型大国关系，为破解两国历史难题指明了方向，双方也有初步的共识。11 月中旬中国主办 APEC 峰会期间，习主席将与奥巴马总统再次见面，就如何构建中美新型大国关系进行商谈。目前两国政府官员、专家学者围绕新型大国关系的沟通与讨论正逐步深入，许多理论问题有待厘清，"骨架上要有肉"，这一关系才能成型，最后能否实现将有赖于中美在众多领域合作伙伴关系的建设和实践。

中美关系中新型大国关系的一些要素早已存在，主要体现在中美两国为维护世界和平与安全、促进全球经济发展与繁荣、改革全球治理机制、解决全球性挑战已经结成共同利益体。这是中美作为两个大国的根本利益所在。当然，毋庸置疑，中美政治制度、历史背景、文化传统、意识形态不同，有矛盾，有猜忌，甚至有冲突，也是正常的，毫不奇怪。世界多极化、经济全球化、文明多元化是历史的大趋势、大潮流，"长江后浪推前浪"，这不以人的意志为转移。

在国际格局深刻调整的历史背景下构建中美新型大国关系，说来容易做来难，需要调整各自的对外战略，需要缜密的战略谋划与正确理论的指导。尤其要清楚认识以下几点。

一、中美关系究竟如何定位？构建"新型大国关系"与建设"合作伙伴关系"以及其他说法有何关联？

回顾近几年中美关系定位的轨迹，不难看出双方都有纠结。定位决定思路，思路引导战略和方针政策。美方长期以来奉行"战略模糊"，将中国放在"非敌非友"的框子里，对华政策辩论从来没有停止过，其实际政策也因此常常左右摇摆。两国因为缺乏信任，时常将日益增长的经贸往来看成"定海神针"就很能说明问题。

冷战结束后，中美两国一直在寻求中美关系新的定位。这种努力通常是在两国关系发生危机的背景下，双方希望摆脱危机、改善关系的表现。举几个例子，1997 年，中美确认"共同致力于建立面向二十一世纪的建设性战略伙伴关系"，其背景是：1996 年，中美关系因台海危机陷入低谷；
1997 年，中美围绕人权、贸易、军售、香港等问题矛盾再次集中爆发。
2001 年 10 月，中美确认致力于全面推进"建设性合作关系"，这一新定位
的背景是：小布什总统上台后否认上述"战略伙伴关系"，两国关系因人
权、对台军售、"撞机事件"等问题再次"自由落体"式下降。奥巴马总统
2009 年底访华，中美在联合声明中以"积极、合作、全面""应对共同挑战
的伙伴关系"定位两国关系，但随后却因奥巴马会见达赖、对台军售、中
美贸易与汇率争端、伊朗核问题、谷歌事件等两国关系于 2010 年陷入低谷。
在这一背景下，2011 年中美再次对两国关系作出"合作伙伴关系"的新
定位。

　　中国领导人提出构建中美新型大国关系的战略构想是基于新的历史条
件，跳出了两国一些固有矛盾的窠臼，在全球化迅猛发展、全球治理面临
巨大挑战的背景下，寻求大国和平相处之道，不仅着眼于两国的利益，更
有广阔的国际视野。进入 21 世纪以来中国加速发展，经济总量跃居世界第
二，中美关系已成为"新兴大国"与"守成大国"的关系。这是最关键的
新历史条件。中美新型大国关系之"新"就在于此，其出发点就是要"打
破历史上大国对抗冲突的传统逻辑，探索经济全球化时代发展大国关系的
新路径"，就是要打破"崛起国与守成国必然冲突"的历史魔咒。这个历史
考验不可谓不大！

　　二、中美关系事关国际秩序之沿革与重构，中国并非现有国际秩序的
破坏者，而是建设者、参与者、改革者。

　　首先，中国全面参与全球治理势在必行，也是中国从大国向强国迈进
的必然路径。

　　中共十八届三中全会提出实现国家治理能力和体系的现代化，这与中
国全面参与全球治理有内在联系。现在国际国内问题界限已经模糊，如气
候变化、节能减排、产能过剩、转变经济增长方式等，都既是国内改革和
发展的重大问题，也是国际社会共同关注的问题，需要全球合作，需要通
过深入参与全球治理来寻求全球性解决办法。中美作为大国，合作空间和
潜力很大。

　　中国是联合国安理会常任理事国、世界第二大经济体。中国已站在世
界舞台的中心，与世界的关系发生了历史性变化。全球治理对中国的影响

远远超过以往任何历史时期。中国身处全球治理的中心，如不主动参与规则的制定和修改，就会停留在"被治理"的阶段，这显然不符合中国的利益。换个角度看，全球治理离开中国的参与，也将是不完整的，难以真正落实。这几年在应对气候变化的谈判和国际合作方面，中美的交锋与合作使两国对此都有深刻的体会。

再看中美经济失衡问题，这既说明中美关系对全球治理的重要性，也说明中美可以通过共同参与全球治理来加强双边关系，增进互信。

中国制造、美国消费、中国资金回流美国是近二三十年中美经济的主要特征，确实给两国人民都带来了巨大利益，故有中美利益共同体一说。现在两国和全球经济形势发生很大变化，尤其 2008 年危机以后，双方意识到各自都需要逐步转变经济增长方式，寻求新的经济合作模式和增长点。这也是构建中美新型大国关系的经济基础。

目前中美年贸易额已超 5000 亿美元，双向投资存量逾 1000 亿美元。中美正以准入前国民待遇和负面清单为基础进行双边投资协定的谈判，中国建立上海自贸试验区，都是朝这一方向迈出的正确步伐。现在是中国的步子快，美国慢一些，这主要受美国国内政治体制弊端的制约。

最后，中美加强全球治理的协调与合作，既可以引领国际社会的团结协作，推动国际新秩序构建，还可消除其他国家对"G2"的疑虑。

三，中美相处要顺利、平稳，需要避开或搁置双边关系中一些敏感问题，稳步推进战略互信和长期合作，做大合作"蛋糕"。

中国国家利益随着实力增强日益向全球拓展，与美国既得利益发生碰撞的可能性增大，但这同时也使中美共同利益不断增多，推动两国在打击恐怖主义、防止核扩散、打击海盗、维护地区安全、应对气候变化、克服金融危机、应对能源粮食危机全球性问题挑战上加强合作。

目前中国周边出现的紧张局势和矛盾，与美国推行"亚洲再平衡"有密切关联，也是引发近来中美摩擦的主要原因。然而即使在中美摩擦集中、矛盾突出的亚洲，维护地区和平稳定，促进经济繁荣，恰恰是中美的根本利益所在。

习近平主席提出与周边国家共同建设"21 世纪新海上丝绸之路"和"丝绸之路经济带"的战略构想，既有全球治理和区域一体化顶层设计的考虑，也为中美的区域合作提供了新思路。中方完全可以针锋相对，"平衡"

美国的"亚洲再平衡"，之所以没有这样做，正是为了避免落入"你一拳我一脚"的"囚犯陷阱"恶性循环。

中美和周边国家一起做大合作的"蛋糕"，建设命运共同体和利益共同体，不仅互信可以加强，地区紧张局势可以缓解，还可以推动区域一体化和全球治理的深入发展。说到底全球治理和区域一体化是为了各国共同的利益，而不是一个国家或者几个国家的利益。

中美不可能事事看法一致，做事步调一致。中美关系敏感问题短期内也不可能解决。双方对此应有清醒认识。在直面地缘政治分歧的同时，有时搁置争议，把敏感问题放一放可能就是最好的出路。不要老想着用自己那一套标准和要求去改变对方、改造对方，因为世界如此丰富多彩，没有"放之四海而皆准"的政治制度和治国理政之道。

美国现在尤其需要放弃利用日本、菲律宾、澳大利亚乃至印度等国来"平衡"、牵制中国的现实主义"离岸平衡"战略，回到与中国协商、对话的轨道。中国不会损害美国的核心利益，也会尊重美国在亚洲的各种利益和存在，希望美国"投桃报李"，采取同样的做法。中美从战略竞争走向战略对抗是步"死棋"，万万走不得！

目前，中美已建立中美战略与经济对话、中美人文交流高层磋商中美国防部防务磋商等60多个对话机制，涵盖政治、安全、防务、经济、贸易、科技、人文等众多领域。2014年7月中美战略与经济对话取得可喜成果，特别是双方对中美所处国际环境有一定的共识难能可贵。2014年11月中国将主办亚太经合组织峰会（APEC），中美元首将再次聚首，商谈两国关系、区域合作和全球治理问题，相信双方将在增信释疑的基础上，发展求同存异、平等互信的政治关系和深化全面合作、互利双赢的经济关系，为中美构建新型大国关系打下扎实的基石。

中美有必要向世界表明，两国构建新型大国关系并非理想主义的美好愿景，而是21世纪现实可行的战略选择，理应成为两国外交战略的"新常态"。

四，国际秩序不仅仅是中美两国的事，更是世界各国的事，因此国际关系民主化、全球治理民主化十分重要，中美要带好这个头。

构建新型大国关系的提出自然有特指中美关系的含义。然而，世界上称得上大国的何止中美两家，构建新型大国关系光靠中美是不够的，也难以取得真正的成效，必须包括所有大国以及欧盟等区域组织。从有利于构建中美新型大国关系，有利于推进国际关系民主化的角度看，只有这样做才能达到目的。

中共十八大报告就大国关系的表述是："我们将改善和发展同发达国家关系，拓宽合作领域，妥善处理分歧，推动建立长期稳定健康发展的新型大国关系。"2013 年习近平主席访俄演讲中呼吁，"各国应该共同推动建立以合作共赢为核心的新型国际关系"。中国领导人把构建新型大国关系着眼点从中美扩展至所有大国，无疑是推动构建新型大国关系的正确路径选择。

中美因其综合国力及在全球政治经济中的体量和地位，确实是国际关系中最重要的双边关系。同时，大国利益相互交融，关系相互影响，错综复杂，可以说任何大国关系都有全球影响。中国否定"G2"设想，是因为在世界经济全球化、政治多极化迅速发展的历史条件下，由一两个国家或国家集团说了算的做法，根本上违背国际关系民主化的历史潮流，也无助于中美新型大国关系的构建。

自 20 世纪 90 年代以来，中俄建立了新型大国关系，表现为两国坚持在平等、互利、互惠、双赢、互相尊重、互不干涉内政的基础上发展关系，特别是都坚持不把自己的主张和信念强加于人。中俄关系的影响也超越了双边范畴，为各大国构建新型关系提供了经验和"样板"。

为维护亚太和平稳定与繁荣
发展添砖加瓦

日前有消息称，韩国对是否加入美国推动的东亚反导系统十分纠结。评论称，韩国进退两难，如参与美国的反导系统会得罪中国，如拒绝则会损害美韩军事同盟。还有消息称，在中方表示可以考虑加入"跨太平洋战略经济合作伙伴关系"（TPP）后，美国负责亚太经济合作组织的高级官员近日表示，美国欢迎中国在 TPP 谈判结束后加入这一安排。这两则消息表面看来互相没有联系，但从中可以窥见亚太战略环境的一些变化，其中最重要的是中美两国的相互认知和相互关系。

习近平主席从中美两国的长远利益出发，近来提出在和平发展、互利共赢的基础上建设新型大国关系的倡议。两国领导人在几次会晤中予以确认。中美政治制度、人文历史、意识形态不同，但是两国经济相互依存日益加深，两国人民之间的交往和了解不断深化，总体关系继续保持稳定。现在每天有近一万人飞越太平洋。中国在美留学生达 20 万，有 7 万美国人在中国留学、生活。中美两国年贸易额已超过 5000 亿美元，两国相互投资也在与日俱增。中国还是美国国债的最大购买者，约 1.27 万亿美元，占美国债总额的 8%。然而，双方相互信任依然存在"赤字"，尤其在亚太地区需要加强磋商，增进了解，减少疑虑，以构建互利合作的战略框架，维护亚太的和平与稳定。

习近平主席最近在周边外交工作座谈会上强调指出，无论从地理方位、自然环境还是相互关系看，周边对我国都具有极为重要的战略意义。审视我国的周边形势，周边环境发生了很大变化，我国同周边国家的关系发生了很大变化。我国周边外交的战略目标是，努力使周边国家同我国的政治关系更加友好、经济纽带更加牢固、安全合作更加深化、人文联系更加紧密。中国最高层给出的信号十分明确，中国将继续坚定不移地走和平发展的道路，继续坚持互利共赢的外交政策，尤其希望通过加强各方面的合作使周边环境保持和平稳定，实现共同繁荣发展。

然而，上面提到的东亚反导系统确实令人担忧。它是以美国在东亚的军事基地为核心，以美国盟友日本、韩国等为依托的导弹防御系统，目前已经初步形成规模。日本同意在京都附近部署该系统的 X 波段雷达。美国压韩国在其南部部署同样的雷达，韩国已原则上首肯。目前对在东亚部署反导系统的公开理由是，需要应对朝鲜可能拥有的核武器和远程运载火箭。这样的说法仔细分析起来比较勉强。有军事常识的都知道，导弹防御系统是战略平衡的重要组成部分，其部署与否、在哪里部署将对地区乃至全球的战略均势与平衡产生影响。东亚反导系统一旦运行，中国的核威慑力量将会受到影响。如何应对这样的挑战，对中国的外交、军事战略都是严峻的考验。如果把东亚反导系统放在美国的亚洲"再平衡"战略框架里看，人们会有更多疑问。

2012 年，美国国防部曾发表《维持美国全球领导地位》的报告，其中强调，中国崛起成为区域大国，对美国经济和安全产生潜在的影响。美国应确保有进入这一地区及自由行动的能力，以履行同盟条约的义务及保障国际法的实施。这份报告对美国的亚洲"再平衡"战略作了诠释。实际上美军已经把主要的战略力量投入到西太平洋地区。对此，2014 年上半年美国防部长哈格尔在新加坡香格里拉对话会上作过公开的宣布。还需要关注的是较少被人提起的美军"空海一体战"概念。它是美军为应对当前和未来的"反介入/区域拒止"挑战而发展的一种新型联合作战概念。其思想起源于冷战结束之初，作为作战概念则一直到 2009 年才得以成型。2011 年底，美国国防部正式成立了 空海一体战办公室。这一概念的实施主要在西太平洋地区，事实上美国已经与日本、韩国、澳大利亚等地区盟国讨论并演练了这样的作战模式。

中国有 2.2 万公里陆地边界，1.8 万公里海岸线。陆上邻国 14 个，海上与 8 国隔海相望。中国长期以来实践睦邻友好、互利合作的政策。中国周边环境的关键在西太平洋地区，亚太各国的和平与稳定主要也取决于这一地区。目前每年有 10 多万艘各国船只在该区域航行，中国、日本石油进口的 60% 都需要经过这一国际航道。亚太各国都有责任为这一地区的和平与稳定添砖加瓦。

再从经济和贸易、投资角度来看美国正在推动的 TPP 谈判。亚太经合组织成员经济总量占世界的 54%，全球贸易额的 44%，世界人口的 40%，拥有 27 亿消费者。特别是东亚地区已成为全球经济最有活力、前景最为看好的地区。在平等、互利的基础上努力推进亚太地区的经济和贸易投资合作，把亚太的"蛋糕"做得更大符合区域各国人民的长远和现实利益。最近习近平主席和李克强总理分别访问东南亚，提出亚太新战略，积极推动建立中国与东盟等周边国家的经济、金融和基础设施的互联互通，打造东盟和中国自贸区的升级版。双方还在筹建亚洲基础设施投资银行。中国与东盟贸易 2012 年超过 4000 亿美元，远高于美国与东盟的 1780 亿美元。

美国、日本、澳大利亚和部分东盟国家等 12 国参与的跨太平洋经济战略伙伴关系（TPP）谈判，重点涉及资本开放、国有企业、劳工标准、自由贸易、知识产权保护等。与此同时，美国正与欧盟国家谈判跨大西洋贸易和投资伙伴关系（TIPP），内容十分相似。然而这两大自贸区谈判的共同点却是，都将中国排挤在外。这是疏忽还是有意为之？答案大家心知肚明。连美国一些国会议员都在报刊发表文章，呼吁美国政府接受中国参与谈判。但美国代表最近的表态很有意思，如果没有听错的话，说是在结束谈判后欢迎中国参加。看来美国心里对此也有纠结。中国无论从经济总量还是全球贸易额来说，都是全球经济大国，把中国排除在亚太重要的自贸区安排谈判之外，道理上说不过去。现在吸收中国进去谈判，中国自然会在谈判中捍卫和争取自己的利益。这也是谈判各方正在做的，但大方向是建立于亚太各国长远发展有利的区域经济环境。其实美国不必纠结也不必担心。亚太是命运共同体，中美更是命运共同体。追求互利共赢的地区自贸区安排，反对各种形式的贸易和投资保护主义，从而推动世界贸易组织的多哈回合谈判符合两国的长远利益。

目前在全球经济缓慢复苏、各国相互依存不断加深的情况下，亚太特别是东亚已成为世界经济不可或缺的增长引擎。亚太的发展将对全球经济的发展产生重要的推动力。中国一直坚定支持世界贸易组织多哈回合谈判，积极提倡、参与区域和其他自贸区安排的谈判。亚太之大、太平洋之广阔，足以容得下区域各国共同发展，共同繁荣，希望各方以更加开放的胸襟、更加积极的态度支持、促进地区合作。希望亚太国家能放眼世界、着眼长远，为在亚太地区建立新型大国关系、增进互信创造更多的有利条件。在如今全球化迅速发展的形势下，各国相互依存日益加深，"一荣俱荣，一损俱损"。在亚太这条大船上，大家的劲只能往一个方向使，同心同德、同舟共济，方能和平相处，共同发展，实现共赢。

The Trust Deficit

How the U. S. 'pivot' to Asia looks from Beijing.

BY HE YAFEI / MAY 13, 2013

BEIJING—This is a crucial moment for Sino-U. S. relations, as heated debates about the future of this relationship rage in both countries-debates characterized by downright pessimism, with only a sliver of optimism. Here in Beijing, we are asking: Is U. S. President Barack Obama's policy toward China undermining the already flimsy strategic trust between the two countries? Is it possible for China and the United States to build a new type of great-power relationship, one that can help us avoid confrontation and conflict? Can China and the United States work together to play a leadership role in global governance to meet such urgent global challenges as nonproliferation and climate change?

Obama's "pivot" to—or "rebalancing" toward—Asia and the Pacific, in both words and deeds, has aroused a great deal of suspicion in China. These suspicions deepen when the United States gets itself entangled in China's dispute with Japan over the Diaoyu Islands and in the debates over maritime issues in the South China Sea. Should this ill-thought-out policy of rebalancing continue and the security environment worsen, an arms race would be inevitable. China, despite its intention to pursue a strategy of peaceful development, might be forced to revisit some aspects of its policy for the region. That is something China abhors. We understand that a peaceful and prosperous world starts with your neighborhood—just as a stable and good Sino-U. S. relationship also starts in our two countries' neighborhood, the Asia-Pacific region.

From the Chinese perspective, the United States is the only power capable of creating a negative external environment for China. This is why China carefully scrutinizes what the Obama administration does and tries to understand what it will do. But we also understand that it is in China's long-term interest—as well as that of the entire region—to develop and maintain stable, healthy relations with the United States. And we think that there are many common interests that should serve as a basis for a cooperative relationship.

It is clear to all that the world's balance of power is shifting in favor of China and other emerging countries, though the United States maintains its strength in the economic, science-and-technology, military, and cultural fields. However, this "one up, other down" trend that has been accelerating since the 2008 financial crisis has intensified U. S. strategic uncertainty about China. We believe this is why the United States has been increasing its strategic hedging by deploying more and more of its military assets to the Western Pacific and by strengthening its military alliances with Japan, Australia, South Korea, and others in the region.

Clearly, a huge deficit of strategic trust lies at the bottom of all problems between China and the United States. Some scholars have hinted that U. S. -China trust is at its lowest since U. S. President Richard Nixon's historic 1972 visit to China. But history is a mirror. And from a historical perspective China and the United States, despite their differences, have many things in common, and there is no reason for them to distrust each other. Granted, China has achieved spectacular economic growth over the past several decades, which has made its military modernization possible. But isn't this a product of the globalization espoused by the United States? Isn't it a fact that China's growth has contributed hugely to world peace and prosperity?

During World War II, China and the United States were allies, and together with others, they built the international system in which we now interact. A recent example is the joint efforts by China and the United States in tackling the international financial crisis within the framework of the G-20. We cannot claim that this cooperation between the two countries prevented the world economy from collapsing, but it would not be too off the mark to say that without such cooperation, the world today would be a totally different place.

Now, a new type of relationship between China and the United States requires changing the outdated view of a rivalry among great powers for spheres of influence and the inevitability of a confrontation between existing and aspiring powers. This relationship instead calls for dialogue and cooperation to expand common interests and reduce suspicions and vicious competition. China and the United States must try their utmost to avoid strategic quagmire and rivalry during this period of historic convergence and join hands in building a community of nations bent on peaceful development through cooperation and coordination.

The importance of such a relationship cannot be overemphasized, for both China and the United States. It is a road that has never before been traversed. To embark on such a road fully demonstrates that China has a historic vision and worldview and is working with other countries for peace and prosperity. It also demonstrates that China has full confidence in its peaceful development concept and has the moral integrity to maintain healthy, stable relations with other great powers. The United States has nothing to fear or worry about, and everything to gain, from a strong, peace-loving, and prosperous China.

True, there are structural differences between China and the United States with regard to geopolitics, political systems, and ideology. The debate on China in the United States is nonstop. But there is always something missing in this debate. Trust will not just fall from the sky; it needs to be built with real actions by both sides. As Obama enters his second term and China has completed its transition of power, we believe that hope has emerged and momentum is gaining traction.

Former U. S. national security advisor Zbigniew Brzezinski recently noted that the United States has accepted the rise of Chinese power. Chinese President Xi Jinping has noted on many occasions that the China-U. S. relationship is one of the world's most important and vibrant relationships with the greatest potential and that there is enough space in the vast Pacific for both China and the United States.

On many issues, the United States cannot divorce itself from China's helping hand. With regard to the North Korean and Iranian nuclear problems, the Syrian crisis, and other difficult issues, there is a need for China to play an important or even a key role. The United States also needs China's help in tackling global challenges such as counterterrorism, nonproliferation, poverty reduction, climate change, and energy security. Faced with a continuing weak economy, Obama sets his priorities on job creation and economic growth, and here again, China can help. On the other hand, there are still neoconservative voices in the United States claiming that the peaceful rise of China is impossible. They even predict that the United States and China will engage in tense security competition and that as the aspiring power tries to surpass the existing superpower, war between the two is inevitable. These voices should not be dismissed lightly, and the two countries should be on guard against such erroneous thinking.

It is therefore of great urgency and necessity that the Asia-Pacific region become a test field for China and the United States to explore the possibility of building a new type of great-power relationship for the 21st century. The two countries need first of all to have their officials and academics concretize the concept—to put flesh on its bones. There is no room for procrastination. The cost of possible future conflict is simply too high to contemplate.

There need to be new perspectives and new thinking to address both old and new tough issues in China-U. S. relations. China-U. S. relations are well beyond the bilateral, if only for their sheer size. Whatever policy one takes vis-à-vis the other, the implications are multilateral and worldwide, for better or worse.

Consider, for example, climate change and world trade. The global challenge of climate change is a top priority in the cooperation between China and the United States. Clean coal technology and renewable energy are only a few areas where the two countries have been discussing and collaborating in the context of the U. S. - China Strategic and Economic Dialogue. The global market potential for green energy, as U. S. Secretary of State John Kerry has **said**, could be in the range of $ 6 trillion. That is quite positive.

On the other hand, there are troubling signs that cooperation is not what it should be on trade and investment, where cooperation is even more important—bilateral annual trade already exceeds $ 500 billion, and more than 89 percent of

U. S. businesses in China are reaping profits. Unfortunately, with the United States on one front pushing for the Trans-Pacific Partnership—now encompassing 12 countries, including Australia and Japan—and negotiating the Transatlantic Trade and Investment Partnership with the European Union on the other, it cannot but give China the impression that it is intentionally being left out. Or even worse, that it is being isolated in international trade and investment negotiations, not to speak of numerous instances of failure by Chinese companies trying to invest in the United States. Here I tend to agree with former U. S. Rep. David Dreier when he **said** in an April commentary in the *Wall Street Journal* that "China and the U. S. are destined to be the two most important powers of the 21st century," that "the Trans-Pacific Partnership shouldn't be about hedging," and that "it is in the interests of the U. S. that China be part of this partnership."

So how can we improve things? We believe both countries need to rise above our bilateral relationship, that China-U. S. relations probably need to be "de-China-U. S. -ified." Instead, they should focus more on global issues and on making global governance work as the world enters a new era of reform and rejuvenation.

Cyberattacks are a prime example of a problem that should be treated as a global governance issue and not just a bilateral one (despite the recent bilateral exchanges between China and the United States on the contentious subject of who is to blame). The fact is: Cyberattacks take place everywhere every day, and it is a mounting challenge for all countries, including China and the United States. In other words, China and the United States are both victims, and there is no point in accusing each other.

What China and the United States should do is shelve the dispute, defuse the resulting tension, and turn it into an opportunity for collaboration to curb cyberattacks and protect the safety and security of this new common frontier. Bilateral discussions are necessary, and mechanisms should be established immediately for quick, efficient communication and problem-solving, with focuses on fighting cyberspace crimes in commerce, trade, finance, and counterterrorism. There is also an urgent need for the United States to overcome its suspicions and hesitations and join China, Russia, and others to negotiate and formulate an international "code of conduct for information security" in the context of the U. N. International Tele-communication Union.

Xi and Obama have agreed to continue promoting a cooperative China-U. S. partnership in the years to come, with an emphasis on building a new type of great-power relationship between China and the United States. We're all for letting the policy debates continue, but what is needed right now are actionable policies on both sides—a road map to make them happen. The light at the end of the tunnel is visible already.

美国"再工业化"对中国的挑战

中国进入 2014 年后,党的十八届三中全会全面深化改革的宏伟蓝图正在逐步展开。就中国经济改革面临的外部环境而言,挑战和困难将是前所未有的,其中包括美国"再工业化"进程对中国经济特别是制造业发展的影响。

2008 年国际金融危机爆发,美国是发源地也是重灾区。重创在哪里?一是以华尔街为核心的金融业,二是美国称霸百年的制造业。后者还给社会带来严重的失业。制造业为美国提供了 1720 万就业岗位,占私营企业雇员的 1/6。美国制造业产值 1980 年以前占其国内生产总值的比例一直超过 20%,此后虽有所下降,但速度缓慢,2009 年骤跌至 11% 的历史低谷。制造业就业人数占总就业人数的比例也从 21.6% 跌至 8.9%。美国精英们在深刻反省金融危机的深层次原因时,认识到实体经济与金融经济长期失衡确实是催生危机的基础性因素,而且把它作为美国应对新兴市场崛起挑战、保住其制造业国际竞争力乃至美全球军事霸权的重要一环。

美国政府意识到兹事体大,行动起来非常迅速,2009 年至 2012 年先后推出美国制造业复兴战略,包括《美国制造业振兴法案》、"五年出口倍增计划"、"购买国货"、"内保就业促进倡议"等种种方案,紧急启动"再工业化"进程,遏制产业"空心化"。这些努力目前已经初见成效。

首先是产业结构调整走入正轨,制造业触底回升。制造业增值占比 2010 年升至 11.9%。一年就升 0.9%。其次是制造业回流加速。美国大制造商 2/3 在过去两年内将工厂搬回国内或美国周边国家。有调查显示,被调查的 108 家美国全球制造企业中有 33% 计划将生产线搬回美国本土。"再工业化"还引领着美国经济的复苏。2012 年美国 GDP 实际增速 2%，而制造业增长 6.2%，高出 4.2 个百分点，贡献第一。最后是制造业对恢复就业的强劲推动。美国 2012 年以来就业增长 4.3%，失业率已从危机时逾 10% 下降到 7%，其中制造业就增加了 48.9 万就业机会。美国 2013 年 12 月的《制造业活动报告》显示，新订单和就业指数都呈上升趋势。

美国次轮"再工业化"面临诸多机遇，如第三次产业革命的兴起、美国国内页岩气大规模开采后能源成本下降、新兴经济体进入经济调整期劳动力成本上升等。随着美国经济复苏基础趋稳，其"再工业化"步伐会加快，范围和内涵也会扩大和延伸。美国这次"再工业化"并非为中国"量身定制"，但客观上却主要针对中国。这些都对中国经济的调整和发展带来重大挑战。主要表现在以下几个方面。

一，"中国制造"与"美国制造"之争。中国改革开放以来，与其他新兴市场国家经济出现腾飞，出口快速增长，美国的市场份额收缩。2010 年，中国制造业增值占全球总额达 19.8%，首次超过美国的 19.4%，摘下美国世界制造大国的桂冠。而且全球申请专利的头把交椅也被中国拿走。中国的国内生产总值也于当年超过日本，位居世界第二。美国朝野内心焦虑，危机感加深，担心美国实体经济的竞争力下降，导致在大国经济博弈中输给中国这个"后起之秀"与"假想敌"。这些年美国在中国人民币升值、金融业开放、知识产权保护等问题上揪住不放，不断对中国施加压力，真实原因也在于此。

二，美国振兴制造业的另一抓手是在全球展开战略布局，拉拢发达经济体"抱团取暖"，构建超大规模自由贸易区，制定国际经济贸易新规则，目标又是主要针对中国。美国积极推动跨太平洋经济战略伙伴关系（TPP）和跨大西洋贸易与投资伙伴关系的谈判（TTIP），旨在排除、孤立中国，迫使中国在贸易条件上做出更大让步。美国于 2009 年 11 月加入 TPP 谈判，2011 年形成 TPP 协议纲领性文件，已制定出完整的针对中国的经济贸易竞争规则，目前正积极推进谈判各方在 2014 年完成谈判。TTIP 在 2013 年启动后美欧推进力度也很大。无论是 TPP 还是 TIPP，美国始终坚持高标准、严要求，试图以美国、西方主导的自由化与全球化，对国际贸易、投资金融、资本市场、高新技术、新能源、农产品等制定新的国际规范和规则，以重新塑造美国认为已受到新兴市场国家冲击、西方绝对控制权日益下降的全球经济治理体系和相关制度。我们可以设想，如果美国顺利得手，中国将面对全新的美欧日主导的国际经济、贸易和投资秩序，在全球经济竞争中将处于战略守势和两难境地。

三，同时美国政府为保护国内制造业，遏制中国产品竞争力以及中国对美国投资快速增长势头，已采取设立贸易执法部门等多重贸易保护主义措施，加强在关税审查、食品安全、盗版、不公平出口补贴、融资等方面对中国出口美国产品和对美国投资的监督和审查。美国在 2010 年将中国纳入"301 条款"重点观察名单后，又于 2012 年把中国纳入"306 条款"，以对中国实施更严格的监督检查。可以预计，今后美国对来自中国的投资会更加谨慎、严格。华为、中兴、三一重工在美国的遭遇还会一幕幕重演。而且，不管中国取得多大的进步，中国保护知识产权问题都将成为美对华实施贸易保护的重要手段。

回顾近几十年以来发达国家几轮"去工业化"和"再工业化"过程，主要都是通过调整制造业在产业布局中的比重和优先顺序，以优化国内资源配置，加强国际竞争力。美国近两年实施制造业复兴战略，其目的也是如此。但值得关注的是，随着全球经济实力的此消彼长，新兴经济体尤其是中国的快速发展触动了美西方主导的全球经济治理体系的根本。因此美国此轮调整还带有明显的地缘经济的色彩。中国自然而然就成为其主要目标。对此，中国需要冷静观察，高度关注，妥善应对。

第一，中央反复强调发展是第一要务，只有中国不断发展，勇于改革，就没有任何国家可以阻挡我们前进的步伐。一国要实现经济长期、可持续发展，一般需要满足三个条件：劳动力规模和素质、技术进步和突破、充足的资本投入。不管美国"再工业化"进程如何发展，中国在这三个方面都需要持之以恒地做出努力，加大投入。中国的发展和改革都只有进行时，没有完成时！

第二，以网络、新材料、新能源、新生产方式、智能化生产等为表现特征的"第三次工业革命"方兴未艾，正在全球展开。这是历史的大趋势，也是中国制定应对美国乃至西方此轮"再工业化"之策的大背景。制造业既涵盖技术和资本密集型高端产业，也包含劳动力密集型的中低端产业。中国不可过于相信所谓"比较优势"的理论，在继续争取产业升级换代、努力占领产业链高端的同时，绝不能不假思索地大批"腾笼换鸟"，过早放弃中低端生产。中国庞大的人口等国情决定了中国将长期拥有规模巨大、素质相对较低的劳动力群体。因此，必须坚持产业链的高中低全方位发展，遵照发展速度及时进行调整。要及早动手，将部分过剩产能转移到其他发展中国家。

第三，针对能源革命和信息化快速发展，中国必须在技术革命中奋起直追，加大对科研的投入，激励产业创新，加快建立完善适合创新的科技、产业、教育和金融服务体系，始终扭住提高劳动生产率这个"牛鼻子"，占据新工业革命科研和生产的制高点。

第四，经济的竞争说到底是人才的竞争。中国要格外重视教育和培养各类人才，尤其要加强人才成长、人才使用环境的培育和建设。既要留住自己国家的人才，用好这些人才，还需要不断改善中国经济发展和经营的"软环境"，以吸引其他国家尤其是发达国家的人才，在国际人力资源的竞争中处于不败之地。

第五，对美国和西方想排斥中国，重新制定全球经济、贸易投资规则要心中有数，主动迎战。一方面，中国要继续积极推进世界贸易组织在巴厘岛协议的基础上，进一步凝聚各方力量，争取早日就多哈回合达成全面的协议，以维护全球经济治理体系和框架。同时，大力推进区域全面经济合作伙伴关系（RCEP）的谈判，打造中国与东盟自贸区的升级版。努力建设中国领导人提出的"丝绸之路经济带"和"海上丝绸之路"，在中国周边尽快建立互联互通、互利共赢的大自贸格局，筑牢战略依托。对美国极力推动的 TPP 和 TTIP，要将其纳入中国地缘政治和地缘经济的全球、长远视野进行全面深入研究。中国领导人已经明确表示，只要对全球经济发展有利的安排，中国都持开放的态度。这充分展现了大国的风范和气度。不管研究结果如何，早加入谈判总比晚加入要好，只有通过谈判才能争取于己有利的结果，"隔山喊话"无济于事。我们要有充分的道路自信、理论自信、制度自信，中国的长期稳定发展不仅对中国人民有利，也必将造福于世界人民。

从奥巴马访问亚洲看美亚洲战略

最近，奥巴马总统访问亚洲，再次引发对美国"亚洲再平衡"战略、中美日三角关系的激烈争论。有人说奥巴马此访意在加强美与亚洲盟国日本、韩国等的关系；也有人说美国无非想表明，虽然美国近来陷入乌克兰危机，但依然有能力管亚洲的事情；甚至有人危言耸听，说奥巴马此行是"围堵中国"之旅。

美国总统自然不会无缘无故地到亚洲访问，其选择的访问国家、公开和私下讲的话，都会反映美国亚洲战略的"变与不变"。那么究竟奥巴马此访反映出什么问题呢？

第一，奥巴马政府希望巩固美国作为西方国家"盟主"的地位和信誉。近年来奥巴马政府受美国国内"新孤立主义"的影响，外交上奉行"有限卷入"和"适当收缩"政策。美国从阿富汗撤军已成定局，在利比亚、叙利亚、乌克兰和克里米亚等一系列危机中，美国或只动嘴皮不动手，或"靠后指挥"，让西方盟友冲在前头。美国作为西方盟主的地位岌岌可危，可信度大打折扣，美国实力下降、无力继续充当"世界警察"的说法满天飞。与此同时，中美就建设新型大国关系达成原则共识对日本刺激很大。日本对美国未就中国设立东海防空识别区做出强烈反应也心怀不满。

美国视日美安保条约为其亚洲战略乃至全球战略的重要组成，而且随着美国中期选举的临近并着眼于下一届总统选举，民主党政府需要避免被贴上外交"软弱"、"无所作为"的标签。因此，奥巴马访问日本并在钓鱼岛问题上选边站队，不仅仅是着眼于牵制中国，更有着深层次考虑，希望向美国盟友和世界各国发出"美国盟主地位牢固、美国依然可靠"的重要信息。

第二，奥巴马此访虽绕中国而行，其重点恰恰就是中国。中美关系对中美两国都是最重要的双边关系，亚太格局目前的最大变量是中国力量的成长。如果说 21 世纪是亚洲的世纪，那么中美如何相处则是关键。美国对华关系历来有两面性，一直奉行"两面下注"的两手政策和"非敌非友"的战略模糊定位。

美国心里十分清楚，中国是全球性大国，经济和军事实力都在不断上升，与美在全球和双边层面有许多共同利益，中美"合则两利，斗则两伤"。2013 年习近平主席访美，双方就建设新型大国关系达成原则共识，说明美国明晰中美关系的重要性。

同时，美国对华"两面下注"的战略未变，"亚洲再平衡"战略的投棋布子一刻也未停止。美国军事上加强与亚洲盟友日本、韩国、菲律宾、澳大利亚的联系，将主要战略力量部署到西太平洋地区。美国太平洋司令部是美军实力最强的军区，辖区军力超过 33 万官兵、180 艘舰船以及 2000 多架战机。美国在经济上正在重新修订"游戏规则"，极力推动排挤中国的"跨太平洋战略经济伙伴关系"的谈判。这次，奥巴马去日本访问，上述军事和经济合作内容是重点。

美国作为守成大国，面对中国力量的日益壮大，心里犯嘀咕、不放心是正常反应，由于国内新保守主义势力的影响，有遏制中国的冲动也没什么新鲜的。从总体分析，美国对中国力量的成长采取了实用主义的态度，合作与牵制两手并用。美国国内有那么一些人从地缘政治出发总想搞"围堵中国"那一套，而且美国社会对华友好的声音也不强。对此，中国要有清醒认识。但目前看美国主流思想尚没有走向极端。从亚洲和平与发展大局看，"围堵中国"既不可行，也不可取。奥巴马政府的"亚洲再平衡"战略，目的是在亚洲力量均衡的基础上实现美国利益最大化。而与中国对抗显然无助于美国实现这一目标。

第三，美国对日本也是两手并用，既要利用，也不放心。一方面，美国要确保日本作为美国在亚洲的"不沉航母"，在牵制中国方面继续发挥作用，而美国"转向"亚洲与日本安倍政府"转向"右倾和加强军备在时间和空间上不谋而合，高度契合。从这个意义上讲，日美关系正从"土地换保护"（以美国在日本驻军换取美国对日军事保护）向"防务互助"（日本更多承担防务义务）转变。

另一方面美国对日本骨子里想摆脱美国的控制、推翻战后确立的区域安全框架，心里也如明镜一般有所提防，只是希望做到操控随心、收放自如。但是这样玩平衡的做法风险很大，有可能搬起石头砸自己的脚。

安倍在3月的一次公开讲话中说："（战争）已经过去70年，我希望建设一个与当今世界相符、充满活力、新的日本。"安倍政府想突破和平宪法约束的意图昭然若揭。举个例子：日本自20世纪60年代以来，在核问题上一直坚持"三不原则"，即不制造核武器、不拥有核武器、不允许核武器进入日本领土。但近来日本国内有人借中国说事，希望重新评估日本的核政策。最近美国压日本归还武器级钚，表明美国对此并不放心。

第四，美国希望调解日本与韩国的岛屿主权纠纷，巩固其在亚洲的盟友网络。韩国总统朴槿惠自2013年2月上台以来，一直因为日本在慰安妇等问题上的错误表现，拒绝与安倍见面。在2014年3月海牙核安全峰会上，奥巴马总统硬拉日、韩两国首脑见面谈朝鲜问题，双方也是冷脸相对，无话可说。

美国担心其盟友因为历史问题的分歧造成亚洲安全联盟的裂缝，影响美国的战略部署和战略意图的落实，希望通过此访作些调解与安抚，以缓和矛盾，维持盟友的团结。最后结果如何，美国心里也无太大的把握。其实问题很简单，只要日本顽固坚持错误的历史观，日本就无法真正取得亚洲邻国的谅解，日韩之间的矛盾也将长期存在。

第五，亚洲特别是东亚已经成为美国全球战略的重点，美国"亚洲再平衡"战略将继续向前推进。回顾奥巴马总统就任后应对美中关系的路径，从2009年的"G2"（两国共治）到2010年的"转向"亚洲，走的是一条忽左忽右的摇摆道路。美国"转向"亚洲也好，亚洲再平衡也罢，无非都是希冀美国继续保持区域主导地位。因为美国全球战略核心就是要防止任何一国或国家集团挑战美国的区域和全球霸权。美国通常的手段一是"平衡"，二是"围堵"。

近年来，美国面对实力相对下降和中国等新兴大国崛起的大趋势，嘴上说欢迎，心里还是不愿意看到的。东北亚和东南亚是美国"亚洲再平衡"的重点区域。美国现在的做法是利用和插手中国与邻国之间的矛盾，制造"均势"，以达到平衡并从中渔利之目的。

　　这种政策的前景又如何呢？以中国的发展势头，其实日本已经失去与中国竞争的势头，日本目前对华"死硬到底"的对抗政策是没有出路的，也是不可能持久的。如今各国更多讨论的是中国经济总量何时超过美国，是中美在亚洲的合作与竞争。当然，我们头脑是清醒的。中国的综合实力与美国比还有很大差距。但是"两个 G"即全球化（Globalization）和地缘政治（Geopolitics）的事实证明，中美已经形成"你中有我、我中有你"的利益共同体和命运共同体。这是历史使然，是不容忽视的现实。在这样的背景下，美国"亚洲再平衡"战略不可避免地将与中国和平发展的亚太战略产生摩擦，处理不当将损害两国的共同利益。

　　为了促进地区稳定与发展，习近平主席就任后对周边和平与发展予以高度关注，站在区域和全球治理的高度，从两国根本利益出发，提出中美建立"不对抗，不冲突，相互尊重，合作共赢"的新型大国关系的主张，并明确表示太平洋足够大，能容纳中美共同发展。中美利益在亚洲高度重叠交叉，也存在矛盾分歧，亚洲是测试新型大国关系能否成功的关键。亚洲实现和平与繁荣符合亚洲各国利益，也符合美国的利益。中美在新的历史条件下，汇聚共同利益，妥善处理、管控分歧，逐步建立新型大国相处之道，不仅是两国人民的要求，更是 21 世纪全球和平与发展的需要。

How to Keep Hope Alive

The new round of strategic and economic dialogue in Beijing witnessed reaffirmation by Presidents Xi Jinping and Obama of building a new model of big-power-relationship between China and the United States. On economics, hope is rising as the two nations recommitting themselves to completing Bilateral Investment Treaty (BIT) as early as possible. Yet the factors undermining trust and stirring up suspicions still run deep.

Misperceptions about each other's strategic intentions are wide-spread and on ascendance as East Asia's security problems are piling up that worry countries both in and outside of the region. Most prominently it is driven home by the recent policy move of the US from decades-long strategic ambiguity to explicit endorsement of Japan's territorial claims on Diaoyu Islands as well as siding with the Philippine and Vietnam in their maritime disputes with China. A case in point is the sharp remarks by the US Secretary of Defense against China at Shangri-La Dialogue, not to speak of the latest provocative over-flight by US fighter aircraft only 200 meters to a Chinese oil-rig on South China Sea.

"Trust Deficit" is gaining traction with fast-moving negotiations of Trans-Pacific Economic Partnership Agreement (TPP) and Trans-Atlantic Trade and investment Partnership Agreement (TTIP) promoted heavily by the US that specifically exclude China, the 2nd largest economy.

Dark clouds are gathering on the horizon for the future of China-US relations. To be sure, the possibility of direct military confrontation between China and the

US is nil. But it cannot be said for certain that two countries will not be forced into a conflict by a "third party". To keep hope alive and avoid such a pessimistic outcome, China and the US ought to reduce "trust deficit" by engaging in formulating a common strategy and a road-map to match for the coming decade. "There is hope, there are ways." Main elements to be considered, inter alia, should include the following:

Firstly, on strategic level, consolidating the consensus on building the new relationship between big powers with concrete and parallel positive actions by both sides. What President Xi said about the Pacific having enough space for both China and the US to grow epitomizes the nature of this relationship.

For that purpose, two countries need to speed up in-depth discussions both official and private to identify true red lines so as to delineate parameters and establishing ground rules, with particular reference to East Asia security, within which one will not step on the toes of the other, thus providing a level of comfort or strategic space necessary to build up trust.

Secondly there is urgency in establishing mechanisms that can handle or manage possible frictions and conflicts so as to prevent them from escalating into crises that can rock the boat or even capsize it. This should involve both diplomats and military personnel. Real-time direct hot lines ought to be in place as soon as feasible.

Thirdly, the US should desist from taking sides in territorial and maritime disputes between China and her East Asian neighbors and return to the time-tested strategic ambiguity. Moreover it needs to restrain its allies such as Japan not to challenge or try to overthrow the regional order cemented after the tragedy of WWII. History may not be repeated.

China and ASEAN need to double their efforts in formulating the code of conduct for the South China Sea while exercising restraint in the meantime. China will continue her military modernization as required by her legitimate defense needs. Needless to say, China will increase transparency in that respect.

Last but not the least, China and the US should act and consult in partnership to do more in improving global governance and provide public goods together wher-

ever possible. One example could be cross-fertilization of existing FTA negotia-
tions. China needs to be fully involved in negotiations on TPP and TIPP. ASEAN
and China probably should consider the US participation in discussions on Regional
Comprehensive Economic Partnership negotiations.

The G2 concept has been rejected by both sides, but close cooperation and
consultation between two biggest economies is indispensible to tackle such global
issues as climate change, global financial regulations, energy security, food secur-
ity, health problems in Africa and currently raging Middle East crises.

This should be part and parcel of the afore-mentioned new relationship, for
these globally coordinated efforts will enhance tremendously the scope of corrobora-
tion between two countries, thus laying solid foundation brick-by-brick for the edi-
fice of future China-US relations of cooperation.

六 论侨务工作及公共外交

发挥侨务优势，让世界了解
一个真正的中国

——浅谈侨务公共外交

处理好同外部世界的关系，是中华民族伟大复兴征程上需要长期面对的重大课题。经济全球化深入发展，世界多极化加速演进，发展中国家群体性崛起，全球性挑战日益增多，当今的中国，面对着的是比以往任何时候都要复杂的国际局面。同时，随着我国经济实力、国际地位和影响日益提升，以美国为首的西方国家对我嫉妒、疑虑、恐惧的情绪不断加剧，他们肆意诋毁中国发展道路，干扰中国前进步伐，挤压中国战略空间，甚至挑战中国核心利益。"崩溃论"、"责任论"、"扩张论"从未间断，"两面下注"、"价值观联盟"、"重返亚太战略"接踵而至，不管中国取得怎样的发展成就，他们都说成"扭曲体制下的畸形产物"。根据美国百人会 2014 年初的民调报告，2/3 的美国人认为中国对美国构成严重的潜在军事威胁；美国盖洛普咨询公司最近民调显示，在密切关注中国的美国人中，54％对中国持消极看法；最近美国选民民调显示，62％的美国人支持在经济上对华采取强硬立场。这种压倒性的仇视，折射出某些西方人面对中国崛起的扭曲心态，也在影响发展中国家对中国的看法。在这一大背景下，我们必须思考：如何在实现国力强盛、快速发展的同时，把我国始终坚持走和平发展道路的决心传递给世界？如何把中华传统文化中一贯主张的"和为贵"、"和而不同"等理念传递给更多的外国民众并为他们所理解、接受？在这方面，我相信公共外交可以大有作为。通过卓有成效的公共外交，培育一我有利的舆论环境，可以减少西方及我周边国家对我的疑虑和敌意，营造中国和平崛起良好国际环境，让国际社会认可中国五千年积淀的文明和智慧。当然，公共外交的手段和方式很多，新媒体、影视作品、企业形象、NGO等。我今天想谈的，是其中重要的一个组成部分——侨务公共外交。

侨务公共外交就是通过侨务渠道开展的公共外交。所谓侨务渠道，就是通过做侨务工作，影响华侨华人，进而通过华侨华人实施（或实现）公共外交。因此，华侨华人既是侨务公共外交的受体，又是侨务公共外交的主体。侨务公共外交工作在影响华侨华人的同时，又通过华侨华人的媒介作用，向外国政府和民众传达我国的基本国情、价值观念、发展道路、内外政策等信息，以消除误解，达到理解，形成共识，促进合作，从而维护和实现国家的根本利益。

一　我们有六千多万"民间外交官"

中国是侨务资源大国，目前有六千多万海外侨胞，广泛分布在世界各地，具有人数众多、实力雄厚、能量巨大、人脉关系广阔、与中国联系密切的特点，其中不乏商界、政界、学界、文化艺术界的精英。他们既懂中国文化、了解中国国情，又融入当地社会、熟悉住在国的政治和社会环境，是我们开展侨务公共外交工作的重要优势。我们通过广泛、细致、耐心的联谊和引导工作，使广大海外侨胞了解、认同我们的基本国情、价值观念和发展道路，并鼓励、引导和推动他们向住在国民众、媒体和主流社会宣介上述理念，尽最大可能使侨胞住在国主流社会理解和尊重我们的主张。在这方面，我们并不是首创，以色列对美国的院外外交、日本侨民对巴西政治经济的影响、印度在核试验后通过旅美侨民游说国会取消对印制裁等，都是通过本国移民影响住在国主流社会和政府政策的典范。而相对于中国，我们更具有特别的优势。广大海外侨胞与我们同根同源，都是中华民族大家庭的一分子，用周恩来总理的话说是"嫁出去的女儿"，由于血缘和种族的关系，他们中的绝大多数对作为其祖（籍）国的中国和中华文化有着自然的亲近感，对关乎中国和中华形象的事情十分关注，也愿意为此采取积极友好的行动。可以说，他们是我国开展公共外交最自觉、最热心、最积极的群体，是我们广泛分布在世界各地的身段柔软的"民间外交官"。对于这个具有庞大潜力的重要力量，我们没有理由不珍惜，没有理由不充分运用。

二　讲好"中国故事"，以理服人

由于意识形态和冷战思维作祟，我们官方对外的宣传、举办的活动容易受到外国人的质疑、曲解、误读，甚至招致一些别有用心的人的抵制和干扰。中国的外宣曾被批评为不会讲故事，说教的成分太多。这种缺失也部分反映在我们的公共外交领域。究其原因，除了经验的不足，很大程度上还源自于意识形态的不同和文化上的差异。直接要求中国本土教育成长起来的人一下子会按照外国人的习惯讲"中国故事"需要一个过程，但是通过引导广大侨胞，或者通过广大侨胞作为"转化器"来讲好"中国故事"，当会起到"事半功倍"的效果。

习近平主席2014年6月6日在接见华侨华人代表时指出："团结统一的中华民族是海内外中华儿女共同的根，博大精深的中华文化是海内外中华儿女共同的魂，实现中华民族伟大复兴是海内外中华儿女共同的梦。"海外侨胞与住在国民众共同劳动生活，沟通交流顺畅，是向住在国民众宣传、展示中国形象，讲述'中国故事'的民间使者。熟悉住在国民众思维模式、语言习惯和文化背景，用其所认可的"理之矛"，来攻其对中国不了解甚至仇视的"心之盾"，住在国民众的"心扉"自然是更容易被打开，这样讲述的"中国故事"也一定会更容易被接受。海外侨胞是住在国民众的一分子，是邻居，是朋友，甚至是爱人，他们所讲述的"中国故事"不会被认为是意识形态的灌输，而会显得"以理服人"。他们就像中华民族的一张张"名片"，不但可以增进住在国民众对我国和我国民众的亲近感，而且还可以通过种种方式促进住在国主流社会对我政策的理解和态度的改善。尤其是在面对西方的"中国威胁论"、"新殖民主义论"、"中国崩溃论"等陈词滥调时，一些别有用心的国家就台湾问题、西藏问题、人权问题等不断造谣生事，抹黑中国时，在国际话语权至今仍然是西强我弱的情况下，广大海外侨胞可以发挥独特的信息传导作用，向海外传播我国的真实信息、真实想法，解疑释惑。他们通过邻里交谈、社区聚会、报纸上发表文章，电视台参加评论、给当地议员写信等种种当地民众接受的方式，不断地影响着身边的人和主流媒体、主流社会，并且聚少成多，逐渐形成一种强大的意愿表达，有时甚至可以影响主流社会对中国的态度和政策。事实上，近10年来，在支持北京申奥、反独促统、抵制达赖窜访、消减"中国威胁论"影响等方面，华侨华人做了大量工作，从多个方面做主流人士的工作，引导一些政客、议员增进了对中国的了解，改变了对中国的强硬态度。

另外，在开展侨务公共外交、讲好"中国故事"的资源中，现有的500多家海外华文媒体是传播和树立中国国家形象的重要载体。他们的触角可以伸及世界上任何有中国人的地方，是我们讲好"中国故事"的神经末梢，其发散传播的作用不容小觑。国侨办近年来加大了对海外华文媒体的工作，成立了由中国新闻社主导的"世界华文传媒合作联盟"，开展了"世界华文传媒论坛"、"海外华文媒体负责人研习班及地方行"等活动，并通过加强与二、三线有影响力媒体之间的合作，发行《中国新闻周刊》海外版等举措，向海外公众、媒体和主流社会介绍一个客观、真实的中国。

三　广大海外侨胞是中华文明的使者

浩瀚的五千年中华文化，博大精深，源远流长，她如一把闪耀着智慧的火炬，在世界文明的长河中始终熠熠生辉，光彩夺人。文化是公共外交的重要方面，它通过超越意识形态的文明渲染，极大激发了别国民众对中华文明的兴趣和好感，进而增加对中国国情和各项政策的理解和尊重。习近平主席曾指出："博大精深的中华文化是海内外中华儿女共同的'魂'。"由于这沁入骨髓的中华文明被广大海外侨胞本能地薪火相传，使得他们在不经意间成为中华文明的海外使者，在海外侨胞中传承中华文化之"魂"的同时，也吸引着、影响着住在国民众对中华文化的认同。

近10年来，随着中国的国家实力和国际影响力的不断提升，国务院侨办支持和推动海外华社开展了丰富多彩的传播弘扬中华文化的活动，影响逐年扩大，引起了所在国主流社会的重视和参与，成为侨务公共外交的重要活动。如国务院侨办从2009年推出的"文化中国·四海同春"活动，以文化艺术为媒介，以华侨华人与祖（籍）国同根、同族、同脉、同文的深深眷恋之情为依托，把具有中国民族特色和文化内涵的文艺演出推向世界各国，在满足广大海外侨胞春节期间对中华文化需求的同时，也迅速成为各国主流社会近距离接触中华文化的大舞台。法国总理拉法兰、爱尔兰总理恩达·肯尼、哥斯达黎加总统劳拉·钦奇利亚、比利时副首相兼外交大臣雷恩代尔、巴拿马副总统胡安·卡洛斯·巴雷拉、纽约州长库默、纽约市长布隆伯格、美国前国务卿基辛格、美国前劳工部长赵小兰等众多政要均以各种形式参与其中，亲身感受了中华文化的精深魅力。国侨办派出的"文化中国·中华美食"厨艺团访问古巴时，卡斯特罗兄弟同时出席厨艺团的晚宴，在当地外交界传为佳话。这些成果，我们通过正常外交努力难以成功，但以文化为引，侨胞为桥，我们在向海外侨胞、各国民众及主流社会传播了中华文化的同时，也增进了各国政要与我的联系，加强了他们对中华文化和中国的理解和尊重，起到了"润物细无声"的实际效果。

四 侨务公共外交需要各部门共同努力

"主体广泛性"是侨务公共外交的一个很突出的特点。在国内实施侨务公共外交的主体，除了作为官方机构的党委、政府、人大、政协的有关部门，还包括归国华侨联合会、致公党等半官方机构，还有众多涉侨 NGO 组织（如各级侨商会、地域性联谊组织等），以及为侨服务的文化、教育等单位。所以说，在有效地开展侨务公共外交的道路上，我们需要充分整合、带动、利用社会各种资源，大家一起努力，形成目标一致、步调一致的良好局面。

公共外交，近年来逐渐成为外交领域的一股新潮流，成为我国官方外交的重要补充。侨务公共外交，同样也是侨务工作领域的新课题，蕴含了侨务外宣、华文教育、海外联谊、权益保障等很多基础性工作，使命光荣、潜力巨大，对于有效提升我国国际形象、增强我国软实力，具有不可替代的重要作用。邓小平同志早在 1978 年就高瞻远瞩地指出：海外关系是个好东西，可以打开各方面关系，现在不是关系太多而是太少。时隔多年，今天用发展侨务公共外交的视角来体味这句话时，我认为这一针见血地道出了侨务公共外交的精髓。

拓展侨务公共外交的新思路

公共外交近年来已经成为外交领域的新潮流，侨务公共外交也随之提上议事日程。侨务公共外交有两大特点：一是民间性，立足于民间各个层面的广泛交往。二是柔性，它不是建立在经济、军事实力基础上的，而是通过文化交流等柔性的软实力方式进行的。

一　开展侨务公共外交的背景和重要意义

当今世界全球化和多极化发展迅速。世界经济自 2008 年国际金融危机以来，开始缓慢复苏，但深层次结构性问题与危机后遗症叠加，经济增长动力不足，经济全球化正经历深刻调整。根据联合国贸易和发展会议年初报告，2012 年全球外国直接投资约 1.3 万亿美元，同比下降 18%，重回 2009 年经济低谷水平。全球贸易 2012 年仅增长 2%，与 2011 年的 5.2% 相比明显放慢。国际货币基金组织预计 2013 年美国经济增速将从 2012 年的 2.2% 放缓至 1.7%。欧元区债务居高不下，失业严重，2012 年 GDP 下降 0.6%，2014 年第二季度首次增长 0.3%。但依然笼罩在衰退阴影之中。

西方国家的经济困境也影响了新兴市场国家。受美联储年底可能退出量化宽松预期影响，印度、巴西、印尼、南非等国金融市场剧烈波动，资金外流，利率上升，汇率下跌，股市动荡。全球宏观经济政策协调因为经济环境恶化及各国经济、财金政策取向各异而变得更加艰难。

从地缘政治环境看，国际力量对比正在发生历史性的变化，西方国家对国际事务的掌控力下降。世界多极化趋势更加明显。国际事务一家说了算的格局已经结束。全球总体和平局面能够维持，但转型过渡期新旧矛盾交织，西方战略焦虑感增强。美国"转向"亚洲，加大亚太战略投入，刺激与我有领土主权和海洋权益争端的国家挟美自重。亚太地区不稳定、不确定因素增加。

从国际制度环境看，全球治理问题日益紧迫，能源安全、粮食安全、气候变化等挑战层出不穷。现有国际机制更难适应，出现深刻的变化和调整。当代国际经济金融体系是二战以后西方国家在新自由主义思想基础上建立的。新自由主义思想反映西方价值观念，只重视国际经济金融规则的"程序正义"，只相信市场，忽视了不同国家的国情和发展阶段，未能为防止经济失衡、金融动荡提供足够的制度性保障。"华盛顿模式"二十多年来在发展中国家强行推广，劣迹斑斑。中国的改革开放取得巨大成就。"北京共识"没有自我推广但日益受到重视。西方国家对中国发展模式的成功及其对"华盛顿模式"的冲击充满疑惧。现在各国都在探索什么样的制度和模式在全球化时代更具国际竞争力，普遍注重运用文化、外交、国际规则制定等软实力。这种软性的竞争有时比军事和经济竞争更有长远影响。

各国争夺国际话语权、舆论主导权的博弈从来没有停止过。随着互联网和社交新媒体的普及，舆论的力量日益显现。如今的世界是立体交叉的，已经过了《纽约时报》专栏作家弗里德曼所说的"扁平世界"阶段。网络空间这一"新边疆"的竞争和争夺，其残酷程度一点也不亚于军事斗争。

从斯诺登揭露的美国"棱镜"计划可以看出，西方国家在这方面已经远远走在前面。中国必须像重视海洋一样，强化网络空间的主权意识。中国已成为互联网第一大国，拥有世界最大的网民群体与最多的宽带接入数，但中国互联网技术还落在西方后面，尤其是操作系统与核心硬件技术都还掌握在外国厂商手里。中国需要建立自己强大的网军和网络科技队伍，力争在核心技术上有突破，打破西方对网络技术的垄断。

改革开放30多年以来，中国综合国力和国际地位持续提升。今天中国国内生产总值世界第二，已经成为128个国家的最大贸易伙伴，是世界上增长最快的主要出口市场、最被看好的主要投资目的地以及能源资源产品的主要进口国。2012年，中国对亚洲经济增长的贡献率已经超过50%。当然中国国内也存在产能过剩、金融泡沫等结构性问题。中国政府正在积极推进改革，在发展中解决这些问题。

文化上，以儒家文化为主的中国文化在国际上的影响力不断提升，世界兴起"汉语热"。现在各国学习中文人数超过 7000 万，有华文学校 2 万多个。2012 年世界知识产权组织报告指出，继 2010 年超过日本、2011 年超过美国，中国已成为全球第一大发明专利申请国。然而，尽管中国文化的影响在扩大，但几百年来西方文化占主导的现实没有根本改变。

如何让世界顺利接受中国和平发展的理念和现实？侨务公共外交在这方面可以发挥十分重要和独特的作用。公共外交的概念近年才在中国提出，但通过民间外交推动中外友好的公共外交成功案例由来已久。20 世纪中期，中国对日本首先增加两国民间接触和友好往来，在民间积累的成果上，推动日本政府走向两国关系正常化。1971 年，一次偶然事件促成中国主动邀请美国乒乓球队队员访华，"小球转动了大球"，最终促成了 1972 年的尼克松访华和 1979 年中美正式建交。

"国之交在于民相亲"。如今侨务公共外交的概念已经清晰，任务紧迫。以前中国弱小，人家不关注你。现在中国发展了，人家就会关注你的一言一行，也希望通过中国侨民，对中国开展公共外交。因此，侨务公共外交现在比以往任何时候都显得重要。

二　中国开展侨务公共外交的优势

各国都高度重视发挥侨民在公共外交中的作用。以以色列为例，以色列以海外犹太人为依托开展公共外交，在美国尤其成功。海外犹太人旗帜鲜明地反对任何形式的反犹太主义，支持以色列，反复进行"大屠杀"教育并追查纳粹行为。美国每年为以色列提供 30 亿美元的援助，对联合国和安理会任何不利于以色列的决议草案坚持投反对票。

侨务公共外交就是通过侨务渠道开展的公共外交。华侨华人既是侨务公共外交的受体，又是主体。侨务公共外交在影响华侨华人的同时，又通过华侨华人的媒介作用，向外国政府和民众传达和介绍中国基本国情、价值观念、发展道路、内外政策等信息，以消除误解，增进了解，促进合作，从而维护和实现国家的根本利益。

侨务公共外交是侨务工作的一项新课题，蕴含侨务外宣、华文教育、海外联谊、权益保障等许多基础性工作，对于有效提升中国国际形象、增强软实力，具有不可替代的重要作用。

遍布世界各地约 6000 多万华侨华人兼通中外文化，具备融通中外的传播优势。公共外交的重要作用就是沟通不同文明和文化，搭建起不同国家和民众之间交流的桥梁。华侨华人的天然优势，使他们能从博大精深的中华文化中选取易于被居住国民众所接受的内容，选择他们喜闻乐见的方式和途径，同时以"当事人"的角色开展公共外交。这使他们所传播的信息更有说服力和感染力。

积极宣传树立中国的正面形象，对华侨华人和中国能实现"双赢"。华侨华人素来重视血浓于水，具有展示祖（籍）国和乡土正面形象的情结，而祖（籍）国发展壮大又为华侨华人带来新的历史机遇。引导住在国人民和政府认识和了解中国、支持中国的对外友好政策，帮助中国创造良好的外部发展环境，对中国和海外华侨华人来说是一举两得的好事。

随着全球化发展和中国改革开放的深入发展，这一群体呈现以下新特点。

一是新移民和华裔新生代数量增加，分布广泛。改革开放后出去的华侨华人超过 1000 万，加上大量海外出生长大的华裔新生代，海外侨胞总数已由改革开放之初的 3000 多万发展到 6000 多万，分布在 170 多个国家和地区。除东南亚等传统侨胞聚居地外，北美、西欧、大洋洲、拉美和非洲一些国家和地区成为侨胞新的聚居地。华人华侨年龄结构年轻化，传统侨团、华商企业面临更新换代，华裔新生代组织、专业协会和青年侨团不断涌现。同时，中国公民探亲、留学、旅游和劳务短期出境人数不断增加，他们既展示中国新面孔，又因拥有巨大购买力而备受关注。2012 年世界奢侈品协会数据显示，仅当年春节期间中国游客在境外奢侈品消费达 72 亿美元，居全球首位。2013 年在欧洲购物未退税款项就达 8 亿欧元。

二是海外侨胞经济科技实力增强。华侨华人从传统就业领域向贸易、工业制造、房地产、金融及高科技产业拓展。据估计，全球华商总资产已近 4 万亿美元，华人经济成为世界经济的一支重要力量。海外侨胞蕴涵丰富的智力资源，在欧美发达国家集聚着数百万专业人才，涵盖世界大多数高新科技领域。仅美国国家科学院和工程院就有 100 多位华裔院士，硅谷每年涌现的近 5000 家初创企业中，约 1/4 由华侨华人科技人才创办。

三是海外侨胞的政治社会地位和影响力提升。华侨华人谦和、忍让、勤奋和以家庭为重的美德在居住国主流社会中赢得广泛尊重。随着侨胞人数增多、经济科技实力增强以及素质提高，他们融入住在国主流社会的公民意识、参政意识和维权意识增强，逐渐摆脱"只重事业发展不问政事国事"的传统做法，走入社会主流。更多华人加入主流政党，参与选举，进入议会和政府，并通过游说、质询等方式表达诉求。部分华人成为部长、州长、市长、大使和各级议员。当地政要更加重视华人的作用，主动争取华裔族群的支持。

四是海外侨胞对祖（籍）国民族和文化认同增强。随着中国综合国力和国际地位提升，海外侨胞与祖（籍）国联系更加紧密，开展交流合作、共享发展机遇的积极性高涨，推动中外经济、科技、文化交流的意愿强烈，保持民族和文化特性更加自觉。遍布世界的 2 万多所华文学校、2 万多个华人社团、数百家华文媒体以及独具特色的唐人街、中国城、中餐馆和中医诊所等，已成为传播中华文化、丰富各国多元文化的重要载体，也是在海外推广中国语言文化基础最牢、覆盖最广、效果最好的平台。

侨务公共外交也涵盖"游说"。游说是中性的做法，在中国有历史渊源，可以追溯至传说中的三皇五帝时代。到春秋战国时代，游说更是向治国者阐述自己治国方略的普遍方式，游说者被称为纵横家，像苏秦、毛遂、冯谖等都是游说高手。在近现代国际关系中，游说作为合理、合法、合情的公共外交手段被各国广泛运用。

三　开展侨务公共外交应关注的问题

一是各国国情、价值观念和风俗习惯千差万别，侨务公共外交的思路不能千人一面。要找到一条符合中国国情和其他国家国情的侨务公共外交思路，必须知己知彼，深入了解对象国国情，研究对象国的历史、文化、习俗。了解对象国本身远远重于了解双边关系。

二是中国的形象。树立什么样的国家和民族形象是公共外交的首要任务。形象是各种信息的直观综合。形象可亲才能引起进一步接触的兴趣。印度在美国 CNN 电视台 "Incredible India"（难以置信的印度）的宣传广告，展示了一个亚洲神秘国度的形象。新加坡通过其航空公司广告，显示一个多族群和谐相处、社会秩序良好的形象。中国应向对象国传达怎样的形象呢？

这要在充分了解他国国情、价值观念和风俗习惯的基础上研究确定。

三是要做好对象国国会、媒体和智库的工作。通过侨务公共外交去影响那些能够影响对象国社会的人。如美国国会有立法、监督、公众教育、调解冲突等众多权力，这些职责对行政当局构成有力制衡。不少国家就以美国国会为重点开展"院外游说"。现在各国媒体的作用日益增大。无论是举国政治，还是街边花边新闻，都可以深刻影响对象国民众的价值判断。做好媒体工作，对侨务公共外交可以起到放大器的作用。对象国智库尤其是研究中国问题的智库为政府起草政策报告，发表各种各样的研究报告，影响着对象国政府、议会和企业界对中国的看法。要加强与他们的联系。

四是在侨务公共外交中充分运用文化的力量。公共外交的理想结果是通过文化渠道让受众潜移默化地接受价值取向，又感到是自主决定。美国好莱坞电影大片，甚至麦当劳、可口可乐等快餐文化，就对其他国家的年轻人产生较大影响。在侨务公共外交中善用中华文化元素去吸引和影响主流社会，觉得中华文化可亲可爱，富有哲理，从而达到人与人的可亲可爱。

五是要重视中国游客和短期出境人员与当地民众的关系。中国每年有大量游客出境旅游，还有大批留学生、劳务人员，他们是展示中国形象的一张张名片和最直接的窗口。今后5年将有4亿中国人出国。他们的高素质和良好形象、他们与当地民众的关系和睦是侨务公共外交的有机组成部分，十分关键。

六是网络空间应成为侨务公共外交的新领域。随着网络时代的到来，互联网已成为侨务公共外交的重要渠道。我们要多用、巧用新媒体工具，鼓励更多社会力量投身侨务公共外交，邀请更多有国际知名度的华人精英利用社交媒体发声。要拓宽思路，在侨务公共外交上巧用脸谱、推特等国际社交媒体，逐步深化对象国民众对中国的理解与认知，更好地传播中国的政策主张和悠久的中华文化。

七是加强侨务公共外交理论研究，准确认识华侨华人的地位和作用。随着对侨务工作发展规律认识的深化和侨务工作领域的拓展，华侨华人在公共外交层面蕴含的重大能量凸显。当前侨务公共外交研究还停留在对华侨华人开展公共外交的具体案例分析上，缺乏反映当前大调整、大变革、大发展时代的侨务公共外交理论。因此在实践的基础上加强侨务公共外交理论研究，制定侨务公共外交战略十分重要、迫切。

八是认真探索侨务公共外交的机制、途径和方式方法。要注重在侨务文化交流、对外宣传、中华文化传承等领域，融入公共外交的理念和实践，推进侨务公共外交的系统性、规范性建设。支持和引导重要侨团、知名华人、智库专家开展公共外交，客观、真实地讲述"中国故事"，阐释中国特色道路。鼓励海外华文媒体整合力量，创办双语刊物、网站、电视，建立全媒体传播能力，扩大对主流社会的影响。实施精品文化战略，做强做精"文化中国"品牌。支持海外侨胞开展人文交流，主动参与侨胞住在国文化交流活动，将"四海同春"、"名家讲坛"、"中华医学"、"中华美食"等特色文化推向主流社会，展示中华文化和社会主义核心价值观。推动和谐侨社建设，引导侨胞发扬中华民族优秀品德，遵守住在国法律，尊重当地习俗，融入主流社会，树立"守法诚信、举止文明、关爱社会、团结和谐"的族群形象。

九是建立"融通中外"的话语体系。习近平主席提出，要精心做好对外宣传工作，创新对外宣传方式，着力打造融通中外的新概念新范畴新表述，讲好中国故事，传播好中国声音。侨务公共外交要充分考虑中国独特的历史文化背景、话语体系、传播方式，尽快建立融通中外的话语体系，全方位阐述中国的发展，阐释中国的政策、道路和理念。让中国的故事对方听得进去、听得明白。

侨务公共外交是侨务工作者长期的光荣使命。在全体中华儿女为同圆共享中国梦而不懈努力的大背景下，侨务公共外交在中国争取和平稳定国际环境中的作用将更加突出。

从华人维护自身权益看中美
建立相互信任的紧迫性

不久前在美国发生了一件歧视华人事件。10 月 16 日美国广播公司（ABC）主持人基梅尔在主持"儿童圆桌会"的深夜脱口秀节目时，对节目中有孩子说"杀光中国人"表示调侃式的赞同，引发全美华人华侨的集体抗议和强烈愤慨。他们上街集会游行，并联名向白宫请愿，要求调查此事。白宫请愿网站仅 18 天请愿人数就逾 10 万。在美国华人的强大压力下，主持人和美国广播公司都做了公开道歉，并表示将取消这档节目。白宫随后也发表了支持维护华人权益的谈话。

在美国，种族歧视的言行时常发生，有时甚至酿成骚乱和重大流血事件。上述事件可以说并不是最严重的，但对在美华人华侨来说，针对这一事件迅速行动起来，团结一致维护自身的正当权益还不多见。就在美国的近 500 万华人华侨而言，从美国早期修建横贯东西的大铁路时做苦力开始，到如今硅谷等新兴产业的兴起，这 200 多年来他们为美国的建设和发展作出了巨大的贡献和牺牲。然而华人的贡献并未得到充分的、应有的肯定，一直到最近美国众议院才正式通过决议，就国会过去针对华人的歧视法案做出道歉。

在美国华人的命运与中国国力的强盛和中美关系的发展有着密切的内在联系。经过几十年双方共同努力，中美关系现在已经有了大踏步的发展，从 20 世纪 70 年代毛泽东和尼克松从两国战略需要出发相互打开国门，到今天全球化时代两国的经济互补互利，形成了"你中有我，我中有你"的命运共同体。两国关系的发展促进了双方的经济繁荣，推进了人民之间的广泛交往，目前中美双边年贸易额逾5000亿美元。中国大陆在美国的留学生达23.5597万，占在美国际学生的28.7%，每年为美国经济贡献240亿美元。目前每天往来中美飞越太平洋的有1万人之多。虽然两国有不少结构性的矛盾和问题需要处理，但是双方在双边关系和维护国际政治、安全、经济体系等众多领域的共同利益已经远远超过分歧和矛盾。斗则俱伤，和则两利，这已成为中美关系不争的事实。然而，从上述歧视华人事件仍可以看出，依然存在偏见和隔阂的巨大鸿沟，要真正做到人民间的相互了解、相互理解还需要双方作出长期艰苦的努力。国之交在于民相亲。对两国关系来讲，人民之间的了解、文化之间的融合、思想之间的沟通要比相互贸易和投资的增加更为困难，却更为重要。

中国领导人最近提出，太平洋很大，足够容纳两个强大的国家。中美两国应努力建立新型大国关系，发展互利共赢、和平竞争、不冲突、不损害各自核心利益、平等相待的双边关系，以造福两国人民和整个国际社会。具体而言，政治关系最重要的是尊重各自的主权、领土完整和制度选择。这是两国发展友好、互利关系的根本基础。美国在亚太极力推动的"再平衡"战略、"跨太平洋经济战略伙伴关系"（TPP）谈判等，都需要以此为准绳来作正确的衡量和判断。看看是有利于建立战略互信，为新型大国关系"添砖加瓦"呢，还是会增加猜忌和矛盾，给两国关系的长远发展"添堵"。中美在经济上更要站在新的起点上，将两国经济互补性的优势继续充分发挥出来，实现互利共赢、平等竞争、共同繁荣。譬如，两国人民都感到需要妥善解决的贸易顺差/逆差与中美两国债权/债务关系，也就是经济学家称为"经济严重失衡"的问题。众所周知，中美经济和贸易关系错综复杂，由于两国生产要素禀赋不同，加上经济全球化大势使然，中美经贸关系经过近几十年的快速发展，已呈现双赢局面，甚至可以说美国赢的更多，而绝非美国部分政客所称，美国经济中所产生的问题都是中国造成的。这种为自己的错误"寻找替罪羊"的做法是政客们整天玩弄的把戏，但却使普通美国人错误地认为，中国在实行人为高估人民币的货币政策和以邻为壑的贸易政策，结果中国得利了，美国人却失去了工作机会。事实是，中国2005年汇率形成机制改革以来人民币对美元已升值大约34%。大批价廉物美的中国制造商品进入美国，中国购买大量美国国债（已达1.3万亿美元），使美国可以从容地实施量化宽松的货币政策，长期维持低通货膨胀率，并实施赤字财政政策，来支撑美国经济的运行和复苏。

这样的误导难道还见得少吗？中国在自己经济发展的基础上努力实现国防现代化也被西方政客和舆论指责为"中国威胁"，好像发展军力是西方国家的"特权"，似乎中国宣布和平发展就没有权利发展国防了。中国的一些邻国或受此蛊惑，或自作聪明以为有机可乘，趁机在领土和海洋等主权问题上向中国发难。在这些问题上美国的影子总是挥之不去。

中美之间文化的交流与融合，相互补充、相互丰富，将使我们两国生存的世界更加色彩斑斓。中国不会去改变两国政治理念、文化传统的差异，那应该成为双方交流的推动因素，而不是相互猜忌、怀疑、互不信任的理由。

这些年来，华人在美国大多已融入主流社会，并与各族裔民众和睦相处。他们融通中美文化，熟悉两国政治、经济现状，希望而且愿意推动中美关系的全面拓展，希望他们在美国社会的生存和发展更加稳定、前景更加美好。他们是中美关系发展，尤其是人民之间交往的天然桥梁，而中美关系在各个方面的健康、稳定发展也将使他们受益匪浅。这几年中国在美移民不断增加，中美两国要积极采取措施，增进相互信任，保持两国关系的稳定发展，都要重视美国华人华侨的重要作用，充分发挥他们的优势和特长，以造福于两国关系和两国人民的未来。

建设海上丝绸之路与华商经济

  2014 年，中国将迎来与东盟国家打造中国－东盟自贸区升级版和建设海上丝绸之路的开局之年。2012 年，中国与东盟的双边贸易额达到 4000 多亿美元，为 10 年前的 5 倍，相互投资逾 1000 亿美元，为 10 年前的 3 倍。2013 年前 11 个月，贸易同比增长 10.9%，领跑中国与其他主要贸易伙伴增速。中国－东盟自贸区升级版的目标是，到 2020 年双边贸易额达到 1 万亿美元，新增双向投资 1500 亿美元。下一阶段，双方将发展金融合作、货币互换、建立基础设施银行、互联互通等超出传统意义的自贸区合作，中国－东盟自贸区升级版发展势头看好。古时自泉州启程的海上丝绸之路，如今将被赋予新时代的生命和活力。正如中国领导人所言，中国将与周边国家一起构筑共同发展、共同富裕的命运共同体。

  源于历史和地缘因素，东南亚传统上是华人华侨集聚的地方。虽然具体数字很难准确统计，但据估算，东南亚华人华侨超过 3000 万。东盟各国华商经济实力雄厚，《2009 年世界华商发展态势》统计表明，2009 年全球华商企业总资产约 3.9 万亿美元，其中东南亚华商经济总量估计为 1.1 万亿至 1.2 万亿美元。世界华商 500 强中约 1/3 分布在东盟国家。在东南亚证券交易市场上市的企业中，华人上市公司约占 70%。

  俗话说，"老乡见老乡，两眼泪汪汪"。华人华侨身居海外，但一直与祖国/祖籍国保持着十分密切的联系。中华文化源远流长，华人华侨融通中外文化、政治、经济，对住在国的社会、法律、风土人情了然于胸，在中国与世界各国的交往和合作中具有独特的优势，是连接中国与世界的"天然桥梁"。仅举一例就足以说明，中国改革开放以来吸收的外国直接投资

（FDI）60% 以上来自旅居海外的华人华侨，包括港澳台地区。在不少省份外资企业中超过 60% 至 70% 为华商企业。而今中国建设海上丝绸之路的大船已经扬帆起航，华人华侨将继续发挥不可或缺的重要作用。

首先，东南亚华商可以为中国化解产能过剩起到"牵线搭桥"的重要作用，帮助中国企业"走出去"顺利转型。大型东南亚华商企业在金融、贸易、制造业、房地产、农产品加工等方面都有充足的资源、实力和广泛的网络。中国因受国际市场有效需求不足、国内需求增速趋缓的影响，近年来钢铁、水泥、电解铝、平板玻璃、船舶等传统制造业产能过剩矛盾十分突出，既困扰许多企业，更是政府需要解决的紧迫问题。而东南亚则是"别有洞天"。据有关研究报告显示，未来几年东南亚基础设施建设将蓬勃兴起。2011 年以来印度尼西亚、泰国等先后公布基础设施建设中长期规划，预计 2011～2020 年东南亚地区基建投资规模将达 1.5 万亿美元。中国国内企业如果与华商强强合作，今后几年在东南亚的高铁、公路、港口、能源建设等方面有选择地加大投资，不仅将使中国企业在"走出去"战略上"柳暗花明"，还将给东盟各国带来互利双赢的可喜结果。

其次，中国是世界海外工程承包大国，而东盟则是中国重要的海外工程承包市场，也是双边合作的一大亮点。2011 年，中国企业在东盟十国完成承包工程营业额 165.8 亿美元，占中国对外承包工程的 16% 左右。东盟除文莱和新加坡以外，大多数国家仍处于工业化阶段，其工业化、城镇化和东盟一体化所需要的互联互通基础设施建设，给工程承包预留了巨大空间。由于东盟各国政策和其他因素使然，中国企业与华商企业在工程承包方面的合作前景潜力巨大。

再次，随着中国与东盟国家关系日益紧密，人民币在东盟各国得到广泛的使用。人民币国际化首先是实现东南亚区域化和成为贸易结算货币。这两点上人民币在东南亚的步子迈得又大又快。人民币在东盟地区已经成为仅次于美元的国际性货币。据统计，从 2009 年人民币跨境贸易结算试点开始至 2013 年 6 月底，中国与东盟各国的人民币跨境结算量累计已超过 1.12 万亿美元，且数量逐年增加。中国与东盟地区签署的双边货币互换协议总额达到 1.4 万亿美元以上。东南亚华商不仅在东盟各国的经济、金融行业占有至关重要的位置，而且在中国国内也有大量投资，因此在中国与东盟的贸易中占据不可替代的地位，在新加坡、印尼、马来西亚、泰国、菲律宾等国均是如此。如果中国政府对华人华侨企业给予适当的政策倾斜，譬如允许建立华商银行等，充分发挥他们在双边贸易和投资中的"桥梁"和"管道"作用，人民币区域化的脚步将走得更快、更稳。

最后，建设海上丝绸之路需要智力支撑，需要新的思路。东南亚包括港澳台地区拥有众多的华人智库和华人专家学者。如果再把视野放远，全球华人专家学者更是不计其数。中国需要挖掘这个智力宝库，充分发挥他们的聪明才智，为建设新时代的海上丝绸之路献计献策。在2014年4月即将举行的博鳌亚洲论坛上，建设海上丝绸之路必定是个热门话题。据了解，华商和华人专家学者将在博鳌论坛上就建设海上丝绸之路与华商经济进行专题对话会。各方都期待对话取得积极成果。

建设海上丝绸之路是中国体现睦邻、富邻、互利共赢政策和与邻国建立命运共同体战略构想的重大倡议，得到了绝大多数周边国家尤其是东盟各国的欢迎和支持。可以预计，中国经济将继续稳定向前发展，东盟经济增长同样前景光明。据东盟秘书处最新统计，东盟2012年国内生产总值同比增长5.7%。我们要高度重视东南亚华商在发展中国与东盟各国关系中的战略作用，让海上丝绸之路越走越宽广！

华商经济在建设海上丝绸之路中
应发挥至关重要的作用

　　2013 年，习近平主席在访问中亚和东南亚国家时，先后提出建设"丝绸之路经济带"和"21 世纪海上丝绸之路"的战略构想，描绘出"讲信修睦、合作共赢、守望相助、心心相印、开放包容"的美好蓝图，赋予古代丝绸之路全新的时代内涵，以实现"政策沟通、道路联通、贸易畅通、货币流通、民心相通"，给区域各国人民带来实实在在的利益。

　　这既是中国全面深化改革的内在需要，也将为区域经济一体化注入强大动力，同时为全球经济复苏与全球和区域经济治理体系改革的顶层设计作出贡献。

　　国际金融危机以来，世界经济至今仍在深度调整之中，资本、技术、人才、产业链以及商业模式都在进行历史性的重组。"新自由主义思想"和"华盛顿模式"的失败及金融危机的冲击，促使各国重新深入思考各自的发展道路、发展方式和区域合作等事关世界未来的重大问题。这是发挥华商经济在建设海上丝绸之路中重要作用的历史背景。

　　在亚洲各国寻找新的增长动力过程中，推动区域经贸关系更紧密的融合已成为重要的共识，而华商和华人经济在促进这一融合方面可以发挥至关重要的作用。

　　为什么这么说呢？至少有三个原因。

　　一，华侨华人具有融通中外的独特优势，他们熟悉住在国的社会、法律、文化环境与风土人情，对中国和家乡情况也熟悉，是连接口国与世界的"天然桥梁"。

二，长期以来，华侨华人积极拓展自身事业，积累了大量财富和资本，华商经济实力增强，在许多国家成为当地经济的重要支柱。据估算，全球华商企业资产约4万亿美元。中国改革开放以来吸收外国直接投资（FDI）60%以上来自华侨华人。如今中国正在全面深化改革，建设海上丝绸之路同样需要华商的深入参与。

三，近年来，随着经济全球化和华商实力的壮大，华商经济转型加快，将时代新元素注入传统企业和产业中。华商企业由家族式管理向现代化经营模式转变，从劳动密集型向知识技术密集型、资金密集型转移。一些华商企业实现了集团化和跨国化经营，成为行业领军者，进入世界500强。参与海上丝绸之路建设也是华商自身发展的需要。

亚洲是华侨华人传统聚居地区，有4000多万。也是华商实力最强的地区，占海外华商经济的70%以上。面对难得历史机遇，亚洲特别是东南亚华商应充分发挥优势，积极参与海上丝绸之路建设，以赢得自身事业的更大发展，助推住在国和中国经济的融合发展，并为区域经济一体化作出贡献。

华商经济可在五个方面大有作为。

第一，推动产业梯度转移和转型升级。当前中国和东盟产业发展状况并不均衡，大致分为三个梯度：①中国沿海地区、新加坡等处于工业化后期；②中国西部地区、泰国、马来西亚、菲律宾等属工业化中期；③越南、柬埔寨、老挝、缅甸等则是工业化初期。

多年以来，东南亚华商及港澳台同胞在中国与东盟合作中已形成一定规模的产业和资本布局。若能依据比较优势，通过产业转移与承接来实现多赢，将为区域经济转型升级和扩大就业带来成效，进而提升区域产业链，特别是制造业在全球经济中的优势地位。

第二，参与互联互通基础设施建设。研究报告显示，2011年以来，印度尼西亚、泰国等先后公布基础设施建设中长期规划。预计2011年到2020年期间，东南亚地区基建投资规模将达1.5万亿美元。华商企业与具有丰富海外工程承包经验的中国企业强强联合，在高铁、公路、港口建设等方面加大投入，不仅将为区域经济发展奠定基础，同时会给企业带来长期稳定的资本收益。

第三，推动人民币更加广泛的使用，实现区域化。随着中国与东盟经贸关系日益紧密,人民币在东盟的地位已仅次于美元。人民币国际化第一步是区域化,东南亚是区域化重要方向。目前人民币沿着贸易结算、金融交易、货币储备的逻辑递进关系由贸易结算向金融交易货币提升,在周边增加储备货币功能,推动人民币区域化势在必行。

2013年,中国货物贸易进出口超4万亿美元,成为第一贸易大国,为跨境使用人民币奠定基础。外贸人民币结算占比达11.7%,全年跨境人民币结算5.16万亿元,同比增长61%。

十八届三中全会提出构建开放型新经济体制,人民币利率汇率市场化、人民币资本项目开放将稳步推进,跨境使用人民币将更加便利。近年来,东盟国家对人民币接受程度提高。中国与东盟人民币跨境结算和双边货币互换协议,有力维护了地区发展利益。

东南亚华商在东盟各国经济、金融行业中占有重要位置,与中国又有大量经贸投资。进一步发挥华商金融的桥梁和管道作用,推动人民币更加广泛的使用,将对地区经贸发展和金融稳定产生积极作用。

第四,深化海洋经济开发与合作。当前,中国与部分东盟国家存在一些海洋权益争端,应通过双边协商妥善解决。21世纪是海洋的世纪,从产业合作到能源开发,从深海技术到现代海洋服务业,巨大的海洋经济利益为加深中国与东盟的关系提供了重要契机。在建设海上丝绸之路中,东南亚华商可依靠在运输业、仓储业、船舶、货运代理、能源开发等领域的坚实基础以及广泛的人脉网络,通过参与海洋经济开发与合作,推动中国与东盟的经济合作与友好关系。

第五,构建科技与智力支撑网络。建设海上丝绸之路需要新的发展思路、有力的科技和智力支撑。东南亚及港澳台地区拥有众多的华侨华人科技精英、专家学者及研究机构。华商经济若能有效配置区域智力资源,与科技和资本更好结合,将对海上丝绸之路建设产生广泛和基础性的影响。

建设21世纪"海上丝绸之路"是体现中国睦邻、富邻、互利共赢政策和与周边国家建立命运共同体的重大倡议,已得到广泛欢迎和支持。同时,海上丝绸之路建设为东南亚华商事业发展提供了更加广阔的舞台。

Overseas Chinese the Maritime-Silk-Road Builder

In 2014, China will embark on the new Maritime Silk Road that historically had contributed to China's flourishing economic ties with her neighbors in South-East Asia and beyond.

South-East Asia is an intricate part of this ancientMaritime Silk Road that originated in Quanzhou, now Fujian Province in Southern part of China. History is a mirror. The fastest growth of bilateral trade and investment for China in the past decade is with ASEAN. Statistics show that total trade between China and ASEAN reached 400 billion US $ in 2012, a five-fold increase in 10 years and two-way investments exceeded 100 billion US $, a three-fold increase in the same period. The first 11 months of 2013 marked 10. 9% growth over 2012. For the updated China-ASEAN FTA the target is set for 1 trillion US $ in bilateral trade and additional 150 billion US $ in two-way investments by 2020.

Financial cooperation, swap of currencies, creation of an infrastructure bank and increased connectivity are what is expected to come within the undated FTA. The Maritime Silk Road will inject new meaning and new life to the expansion of economic ties between China and ASEAN members in the years to come.

For historical and geographic reasons, there has been a large concentration of Chinese who migrated to South-East Asia. Though hard figures are difficult to come by, it is estimated that the total number runs to 30 million or more. And they are economically well-off. Based on "2009 Report on Global Overseas Chinese Business", total assets of overseas Chinese business globally are about 3. 9 trillion US $ of which 1. 1 to 1. 2 trillion are in the hands of Overseas Chinese in South-East Asia. Of the top 500 global overseas Chinese companies, about one third isin ASEAN countries. Moreover, 70% of the companies listed in South-East Asia stock markets are Overseas-Chinese-owned.

Overseas Chinese have been residing abroad for centuries. Distance apart, they are linked with China through the rich and colorful Chinese culture. They are the "natural bridge" connecting China and other countries withtheir unique advantage of being imbued with local politics, economics and culture that come in handy in exchanges between China and the countries they reside in. To illustrate, since China's opening-up in late 1970s over 60% of FDI into China are from overseas Chinese including those in Hongkong, Macao and Taiwan. With the concept of building new Maritime Silk Road being implemented this year, Overseas Chinese can play an essential role.

The first role that comes to mind would be "lubricant" . They can help move the excess capacity of China's manufacturing industry into ASEAN countries to build infrastructure and manufacturing capacity there. It will be an easily win-win situation wherein China's excess in steel and iron, cement, flat-penal glass, aluminum and ship-building can be assimilated and become an essential part of local industry. Many large businesses owned by Overseas Chinese in South-East Asia have extensive business network in addition to their capital and technology which can be of great assistanceto Chinese companies in their efforts to implement the "go-out strategy" .

It is reported that since 2011 Indonesia, Thailand and other ASEAN nations have made public their plans for long-term investment in infrastructure and it is estimated at 1. 5 trillion US $ between 2011 to 2020. It is highly possible and desirable for Chinese companies in liaison with Overseas Chinese business to co-invest in the construction of ports, railways and highways as well as in energy sector.

Moreover, ASEAN is China's biggest overseas contract construction market with a return of 16. 58 billion US $ for 2011 that constituted 16% of China's total.

Apart from Singapore and Brunei, other SAEAN members are still in the process of industrialization that opens up huge space for contract construction in theirindustrialization, urbanization and infrastructure connectivity. Therefore the cooperation between Chinese mainland and Overseas Chinese companies in the above-mentioned fields is potentially full of opportunities.

The opportunities for RMB to become currency in trade settlement and financing as well as investment and eventually as reserve currency are very much real in South-East Asia where RMB has already become an international currency next only to the US Dollar.

From 2009 when pilot project was launched for RMB as cross-border trade settlement currency to the end of June 2013, the amount of RMB in settling trade between China and ASEAN countries has reached 1.12 trillion US $ with increases year by year. The trade volume between China and Asia plus "BRICS" countries was 12.5 trillion RMB, taking up 57.2% of China's total in 2012. The potential is huge for RMB to gain in settling trade between China and Asia, in particular ASEAN. Thecurrency swap agreements up to date involve 1.4 trillion US $.

Overseas Chinese business in South-East Asia not only occupies a critical position in the economy and finance of ASEAN countries, but has also invested heavily in China. They are part and parcel of the booming trade between China and ASEAN members like Singapore, Indonesia, Malaysia, Thailand and the Philippines. Should the Chinese Government give overseas Chinese businesspreferential policies such as permission to open Overseas Chinese banks to bring their role as "bridges" or "lubricants" into full play, RMB's moves towards regionalization will be steady and faster.

To reinstitute Maritime Silk Road also needs intellectual support and new ideas. These can be gleaned from Overseas Chinese think tanks and experts in South-East Asia as well as from Hongkong, Macau and Taiwan, and with a wider perspective from other parts of the world too. These are China's treasure boxes wherein one can find "ideal solutions to almost all issues", as it is described in ancient Chinese novel "The Legend of Three Kingdoms". The soon-to-be-convened Boao Asia Forum will be featuring Maritime Silk Road and other concepts to develop Asian economic cooperation. It is learned that there will be a session devoted to the topic on Maritime Silk Roader—Overseas Chinese Business in South-East Asia. Much hope has been pinned on its outcome.

It is a major initiative by President Xi of China to build Maritime Silk Road together with China's neighbors in particular ASEAN member. The proposal has been widely hailed in the region to benefit all. Chinese economy is well on its way to sustained and moderately fast growth for years to come and the economic prospect for ASEAN is similarly bright with the latest figure by ASEAN Secretariat that put ASEAN's growth at 5. 7% in 2012 as compared with the year before. The strategic role to be played by Overseas Chinese business community in this great endeavor can't be overemphasized.

图书在版编目（CIP）数据

风云论道：何亚非谈变化中的世界 / 何亚非著 . —北京：社会科学
文献出版社，2015.6
（华侨华人·中外关系书系）
ISBN 978 - 7 - 5097 - 7733 - 6

Ⅰ . ①风…　 Ⅱ . ①何…　 Ⅲ . ①国际关系 - 文集　 Ⅳ . ①D8 - 53

中国版本图书馆 CIP 数据核字（2015）第 135840 号

华侨华人·中外关系书系
风云论道
　　——何亚非谈变化中的世界

主　　编 / 何亚非
著　　者 / 何亚非

出 版 人 / 谢寿光
项目统筹 / 王　绯
责任编辑 / 李　响

出　　版 / 社会科学文献出版社·社会政法分社（010）59367156
　　　　　地址：北京市北三环中路甲 29 号院华龙大厦　邮编：100029
　　　　　网址：www. ssap. com. cn
发　　行 / 市场营销中心（010）59367081　 59367090
　　　　　读者服务中心（010）59367028
印　　装 / 三河市东方印刷有限公司

规　　格 / 开　本：787mm × 1092mm　 1/16
　　　　　印　张：20.5　 字　数：324 千字
版　　次 / 2015 年 6 月第 1 版　 2015 年 6 月第 1 次印刷
书　　号 / ISBN 978 - 7 - 5097 - 7733 - 6
定　　价 / 85.00 元